本书系"黑龙江大学杰出青年科学基金项目合网络视域的高校科研团队知识创新研究（编号：JC2015101）""黑龙江大学学科青年学术骨干百人支持计划项目"支持成果之一

高校科研团队内部创新知识整合研究

赵丽梅　著

知识产权出版社
全国百佳图书出版单位

图书在版编目（CIP）数据

高校科研团队内部创新知识整合研究/赵丽梅著 .—北京：知识产权出版社，2019.6
ISBN 978-7-5130-6278-7

Ⅰ.①高… Ⅱ.①赵… Ⅲ.①高等学校-学术团体-科研管理-研究-中国 Ⅳ.①G644

中国版本图书馆 CIP 数据核字（2019）第 102155 号

内容提要

本书在国内外相关研究成果的基础上，对面向知识创新的高校科研团队内部知识整合的相关理论基础、知识整合的流程、知识整合网络的构建与分析、知识整合与团队知识创新绩效之间的关系以及知识整合的激励机制等进行研究，有助于更加深入地理解面向知识创新的高校科研团队内部知识整合的相关问题，丰富和完善面向知识创新的高校科研团队内部知识整合研究的理论和方法，为高校科研团队知识整合的顺利进行提供决策依据。

责任编辑：许 波　　　　　　　　　　责任印制：孙婷婷

高校科研团队内部创新知识整合研究
GAOXIAO KEYAN TUANDUI NEIBU CHUANGXIN ZHISHI ZHENGHE YANJIU

赵丽梅　著

出版发行：知识产权出版社有限责任公司	网　　址：http://www.ipph.cn
电　　话：010-82004826	http://www.laichushu.com
社　　址：北京市海淀区气象路 50 号院	邮　　编：100081
责编电话：010-82000860 转 8380	责编邮箱：xubo@cnipr.com
发行电话：010-82000860 转 8101/8029	发行传真：010-82000893/82003279
印　　刷：北京虎彩文化传播有限公司	经　　销：各大网上书店、新华书店及相关专业书店
开　　本：720mm×1000mm　1/16	印　　张：15.75
版　　次：2019 年 6 月第 1 版	印　　次：2019 年 6 月第 1 次印刷
字　　数：246 千字	定　　价：58.00 元
ISBN 978-7-5130-6278-7	

出版权专有　侵权必究

如有印装质量问题，本社负责调换。

前　言

由于大科学时代科学研究所需知识的日益复杂性和科学研究规模的日益扩大，科学研究活动不再是分散的、单纯的个人行为，知识创新的形式发生了根本性的变化，逐渐演变成以团队为主的方式进行知识创新活动。为了顺应科技发展的需求和响应国家对创建科研团队的鼓励，我国高校纷纷建立了科研团队。经过十余年的发展，我国高校科研团队在基础研究和应用基础研究方面已经取得了辉煌的业绩，但与国外科研团队相比仍然存在一定的差距，例如，我国很多高校科研团队是为科研立项而临时组建的，成员之间难以建立有效的知识协作关系，团队内部的知识资源处于一种低水平的整合状态，这都在一定程度上影响了我国高校科研团队取得高水平的知识创新成果。为了实现高水平的知识创新产出，就必须确保团队成员之间能够建立有效的知识整合关系，改善团队内部知识资源的整合态势。

本书在国内外相关研究成果的基础上，对面向知识创新的高校科研团队内部知识整合的相关理论基础、知识整合的流程、知识整合网络的构建与分析、知识整合与团队知识创新绩效之间的关系以及知识整合的激励机制等进行研究，有助于更加深入地理解面向知识创新的高校科研团队内部知识整合的相关问题，丰富和完善面向知识创新的高校科研团队内部知识整合研究的理论和方法，为高校科研团队知识整合的顺利进行提供决策依据。

首先界定了面向知识创新的高校科研团队内部知识整合的内涵，并对团队内部知识整合活动的参与人角色进行了明确定义。在此基础上，深入分析了高校科研团队内部知识整合的模式，为知识整合网络的构建提供了基本的分析视角。

以基于行为知识的信息融合过程模型为基本分析框架，从总体分析和详细分析两个方面论述了面向知识创新的高校科研团队内部知识整合的流程，提出知识整合的流程应包括知识整合目标的设定、知识资源获取、知识资源识别、知识资源筛选、知识资源配置、知识重构等阶段，并对每一阶段所涉及的相关问题进行了详细论述。

本书以社会网络分析为基本方法，以团队内部的知识创新成果为基本的联系单元分析了团队成员之间的知识整合关系，从团队成员之间的知识互引式知识整合关系、知识交互式知识整合关系、知识引用耦合关系、知识特征耦合关系以及知识被引耦合关系等五个方面构建了高校科研团队内部知识整合网络，为团队知识整合与团队知识创新绩效关系的实证研究奠定了理论基础。

运用偏最小二乘法对团队内部知识整合与团队知识创新绩效关系进行了实证研究，分别对测量模型和结构模型予以验证，根据各种验证指标对相关假设进行检验来确定高校科研团队内部的五种知识整合模式对团队知识创新绩效的影响方向及影响程度。根据实证研究结果，得出的结论是高校科研团队内部知识整合网络的存续是提升团队知识创新绩效的关键，而要维持知识整合关系网络的可持续性，就需要设定合理而有效的团队内部知识整合的激励机制。

本书从个体和团队两个层面论述了高校科研团队内部知识整合的激励机制。个体层面，激励机制的研究主要以信息经济学中的委托代理理论为分析方法，论述了个体成员参与团队知识创新的激励机制，为团队内部知识整合创新的实施奠定了基础；整体层面的研究主要以社会网络分析为基本研究方法，构建了团队内部知识整合网络模型，采用案例分析的方法论述了高校科研团队内部知识整合活动的利益分配机制，即团队层面的激励机制。

目　录

第 1 章　绪论 ……………………………………………………… 1

　1.1　研究背景与问题提出 …………………………………………… 1
　1.2　研究目的和意义 …………………………………………………… 4
　1.3　国内外研究现状及分析 …………………………………………… 6
　1.4　研究内容、研究方法及技术路线 ………………………………… 31

第 2 章　面向知识创新的高校科研团队内部知识整合研究的相关基础 …………………………………………………………… 35

　2.1　高校科研团队的内涵与特征 …………………………………… 35
　2.2　面向知识创新的高校科研团队内部知识整合的界定 ………… 37
　2.3　面向知识创新的高校科研团队内部知识整合研究的
　　　 相关理论基础 …………………………………………………… 44
　2.4　本章小结 ………………………………………………………… 52

第 3 章　面向知识创新的高校科研团队内部知识整合的流程 ……………………………………………………………… 53

　3.1　高校科研团队内部知识整合的总体流程 ……………………… 53
　3.2　高校科研团队内部知识整合的详细流程 ……………………… 59
　3.3　高校科研团队内部知识整合流程中的行为规则 ……………… 91

3.4 本章小结 ………………………………………………………… 93

第4章 面向知识创新的高校科研团队内部知识整合网络的构建与分析 …………………………………………… 94

4.1 基于知识互引行为的高校科研团队内部知识整合网络的构建 ……………………………………………………… 94

4.2 基于知识交互行为的高校科研团队内部知识整合网络的构建 ……………………………………………………… 97

4.3 基于知识特征耦合关系的高校科研团队内部知识整合网络的构建 ………………………………………………… 100

4.4 基于知识引用耦合关系的高校科研团队内部知识整合网络的构建 ………………………………………………… 103

4.5 基于知识被引耦合关系的高校科研团队内部知识整合网络的构建 ………………………………………………… 105

4.6 高校科研团队内部复合式的知识整合网络构建 ………… 107

4.7 高校科研团队内部知识整合网络的结构特征分析 ……… 107

4.8 案例研究：高校科研团队内部知识整合网络的构建与结构特征分析 ……………………………………………… 114

4.9 本章小结 ………………………………………………………… 133

第5章 高校科研团队内部知识整合与团队知识创新绩效关系的实证研究 …………………………………………… 134

5.1 问题提出与模型构建 …………………………………… 134

5.2 数据分析 ………………………………………………… 148

5.3 实证分析与讨论 ………………………………………… 157

5.4 本章小结 ………………………………………………… 161

第6章 面向知识创新的高校科研团队内部知识整合的激励机制 ·········· 163

6.1 个体层面的激励机制 ·········· 163
6.2 团队层面的激励机制 ·········· 180
6.3 本章小结 ·········· 191

结论 ·········· 192

附录 ·········· 195

附录 A ·········· 195
附录 B ·········· 198
附录 C ·········· 220

参考文献 ·········· 229

第 1 章 绪 论

1.1 研究背景与问题提出

1.1.1 研究背景

高校不仅具有学科领先的优势，而且具有学科综合的优势；不仅是人才培养的基地，也是科学研究的中心，特别是在基础研究方面更占有重要地位。由于大科学时代科学研究所需知识的复杂性和科学研究规模的扩大不断加强，科学研究活动不再是分散的、单纯的个人行为，知识创新的形式发生了根本性的变化，为了获取知识创新所需要的知识，需要建立和发展知识主体之间的最佳联系[1]，逐渐演变成以团队为主的方式进行知识创新活动[2]。

为了顺应科技发展的需求，2000年国家自然科学基金委员会设立了"创新研究群体科学基金"，用于培养和造就一批活跃在科学前沿、有较高学术水平、已取得突出成绩、具有明显创新能力和发展潜力的科学研究群体，这是国家鼓励创建科研创新团队（Innovation Team）的第一声清晰的号角。2003年中国科学院颁布了《创新团队组建和管理办法（试行）》，2004年教育部出台了《"长江学者和创新团队发展计划"创新团队支持办法》，作为教师队伍建设新的发展点，旨在为进一步发挥高等学校创新平台的投资效益，凝聚并稳定支持一批优秀的创新群体，形成优秀人才的团队效应和当量效应，提升高等学校科技队伍的创新能力和竞争实力，推动高水平大学和重点学科建设，有计划地在高等学校支持一批优秀创新团队。党的十七大，胡锦涛主席提出了建设中国国家创新体系的战略构想。2014年6月，习近平总书记在两院院士大会上提出"要把人才资源开发放在科技创新最优先的位置，改革人才培养、引进、使用等机制，努力造就一批世界水平的科学家、科技领军人才、工程师和高水平创新团队，注重培养一线创新人才和青年科技人才"。中共十八届五中全会上同样指出："人是科技创新最关键的因素。创新的事业呼唤创新的人才。我国要在科技创新方面走在世界前列，必须在创新实践中发现人才、在创新活动中培育人才、在创新事业中凝聚人才。"可见，人才的主体地位已经被提升到了科技创新的国家战略层面，无论是人才的培育还是集聚都离不开以创新团队为基础平台的创新活动和事业。

高校科研团队多以重点实验室或工程中心为依托，以重大的基础性研究和应用基础性研究为主要研究方向，是以知识创新为目的而组建的团队，从事与科技发展相关的知识创造性活动，比一般知识密集型组织更强调知识创新。

经过十几年的发展，高校科研团队在国家科学研究领域中已经呈现出了非常明显的中流砥柱作用。自2000年国家科技奖励体制改革以来，全国共产生国家技术发明奖一等奖13项，高校占12项（其中通用项目7项，专用项目5项）。高校在"十一五"期间共获得8项国家技术发明一等奖，占国家科技奖励体制改革以来获奖总数的近三分之二，其中通用项目和专用项目各4项。国家最高科技奖是中国科学技术研究领域的最高荣誉，每年授予数量不超过2项，自2008年以来，均有来自高校的科学家摘取桂冠，以2017年的国家科技奖获奖情况为例：2017年度国家自然科学奖一等奖高校获得1项，33项二等奖中以高校作为牵头单位的占22项；国家技术发明奖一等奖的2项均由高校获得，47项二等奖中，有31项由高校作为牵头单位获得；国家科技进步奖特等奖其中1项由高校获得，一等奖12项，其中3项由高校获得，二等奖118项，其中高校作为牵头单位摘得48项，其他非高校牵头的获奖团队多数有高校科研人员的参与。

根据2017年度我国科学技术奖励大会的统计数据，2017年度分别评出国家自然科学奖35项、国家科技进步奖132项、国家技术发明奖49项，其中高校作为第一完成单位获得上述奖项分别为23项、52项和33项，占总数的50%。这体现了高校科研团队的科学研究能力和知识创新能力的不断提升，说明高校科研团队在我国科技创新工作中发挥相当重要和不可替代的作用[3]。

从国际著名的科技评奖现象——诺贝尔奖的获奖现象也可以看出，大部分获奖者来自高校科研团队或知名实验室[4]，并出现科研团队成员相继获奖的现象，除了成员个体持续性的努力外，更重要的是处于一个良好的学术环境中，整个团队在知识创新中能够协作与互助，使成员个体不断吸收新的知识、新的思想，不断提出新的问题与解决问题，团队内部的知识资源达到良好的整合状态[5]。

虽然我国高校科研团队在基础研究和应用基础研究方面已经取得辉煌的业绩，但与国外科研团队相比仍然存在一定的差距。根据姜颖南等（2010）的研究，与国外相比，我国很多高校科研团队内部成员之间的知识交流较少，成员之间难以建立有效的知识协作关系，无法实现团队内部知识的有机整合，团队内部的知识资源还处于一种低水平的整合状态[5]，这在一定程度上影响了我国高校科研团队取得高水平的知识创新成果。为了实现高水平的知识创新产出，就必须确保团队成员之间能够建立有效的知识协作关系，确保知识资源深度整合，改善团队内部知识资源的整合态势。

1.1.2 问题提出

早在1934年熊彼特就提出了组织内部资源的重新组合是组织实现创新的源泉之一，这已经与知识整合（Knowledge Integration，KI）的概念非常接近[6]。Fong也对企业创新与知识整合的关系进行了研究，认为企业存在的根本原因是能够进行持续创新，而要实现持续创新必须进行知识整合[7]，Boer也认为企业竞争优势的获得依靠的不是单一的知识，而是知识整合[8]。研究表明，国外许多高新技术企业通过开展知识整合活动，不仅提高了现有的技术水平，而且在研发新技术和适应环境变革方面都有了重大突破[9]，因为凡是进行有效知识整合实践的企业在运营方面更加灵活，因此能够更有效地抓住战略机遇[10]。

国内很多学者也认为知识整合不仅仅是组织创新思想的源泉，而且伴随着组织创新的整个过程，通过知识整合使组织内部的知识不断得以更新、扩展与充实，在此过程中组织的创新能力也随着提高[11]。与企业知识创新相似的是，高校科研团队知识创新也需要系统整合团队内外的知识资源，这是实现团队知识创新的重要基础。与企业或企业团队的知识创新相比，高校科研团队的知识创新更关注基础创新、更强调科学研究的前沿性和知识的密集性，营利目的不强，应用环境和知识创新目标的不同将导致二者的知识整合活动存在显著性的差异。

通过对部分高校科研团队成员进行深入访谈（见附录 A）和对一些团队的实际调研发现：目前一些高校科研团队缺乏规范的知识整合流程，由于时间和精力有限，团队成员之间无法及时获悉最新的知识创新成果和获取彼此的知识资源，尤其是无法了解彼此最新的研究进展，造成团队内部知识获取与知识交流的时滞，无法保证团队内部知识吸收的及时性；缺乏有效的团队内部知识整合的激励机制，不仅过分偏重于团队成员个体的考评，鼓励团队成员的个体理性，而且知识整合的成本完全由参与的成员来承担，抑制团队成员之间集体理性的产生，但往往高水平的知识创新成果需要整合多人的知识能量才能取得重大突破，因此有可能会出现团队成员宁可选择独立完成较低一级的知识创新成果，也不愿意与他人合作完成较高一级的知识创新成果，这样不仅不利于团队内部知识整合的顺利进行，更不利于高水平的知识创新成果的产生。

自 Henderson 和 Clark（1990）提出知识整合的概念以来[12]，许多学者都针对不同的研究目的和应用情境从多个角度对知识整合进行界定，但多以企业知识创新（新产品研发）为主要目的或以企业研发团队为主要应用背景予以研究，以高校科研团队及其知识创新为应用背景或研究目的的论述相对较少。因此，有关高校科研团队知识整合的研究尚处于起步阶段。

团队内部知识整合是团队知识创新的基础，知识整合的流程可为团队成员之间网络式知识整合关系的确立提供实践平台，而团队知识整合流程的顺利进行和团队成员之间知识整合关系的存续需要相应的激励机制做保障。因此需要有针对性地对面向知识创新的高校科研团队内部知识整合的相关基础、知识整合的流程、团队内部知识整合网络、团队内部知识整合与团队知识创新绩效之间的关系、团队内部知识整合的激励机制等方面进行系统研究。

1.2　研究目的和意义

1.2.1　研究目的

本研究基于社会网络分析、信息经济学、多源信息融合、知识整合等相关知识领域的理论与研究方法，以面向知识创新的高校科研团队内部知识整合为研究对象，目的在于：①探索高校科研团队内部知识整合的相关理论基础；②探析面向知识创新的高校科研团队内部知识整合的流程，揭示高校科研团队内部网络式的知识整合关系；③论证高校科研团队内部知识整合网络的构建方法，分析高校科研团队内部知识整合网络的结构特征；④验证高校科研团队内部知识整合与团队知识创新绩效之间的关系；⑤从个体和团队两个方面论述高校科研团队成员参与团队内部知识整合活动的激励机制，优化知识整合中个体理性与集体理性的关系。进一步丰富和发展高校科研团队内部知识整合活动的理论和方法，为高校科研团队知识整合活动的实施提供理论参考与实践借鉴。

1.2.2 研究意义

本研究的理论意义在于以下 4 个方面。

（1）推进知识整合理论的深入研究。通过对高校科研团队内部知识整合的理论依据、知识整合流程、知识整合与知识创新绩效的关系以及激励机制等的深入研究，进一步完善和丰富知识整合的理论研究。

（2）为高校科研团队内部知识整合研究提供方法借鉴。鉴于高校科研团队进行知识创新所需知识的复杂性、模糊性以及综合性等特点，本书采用反映知识之间相互联系的科学知识图谱方法和社会网络分析方法解决高校科研团队知识整合过程中的知识资源识别、知识主体整合关系的构建、知识主体之间知识引用行为和知识交互行为关系的分析等技术难题，上述研究也可以为一般环境下的知识整合研究提供方法借鉴。

（3）从团队内部基于知识引用行为和基于知识交互行为的理论分析视角，分析了团队内部成员之间可能存在的知识整合关系，并采用社会网络分析和引文分析为主要方法论述了高校科研团队内部知识整合网络的构建过程，上述研究也可为其他科研组织中知识整合关系的识别和知识整合网络的构建提供理论和方法。

（4）在研究团队内部知识整合活动中个体层面的激励机制的基础上，运用社会网络分析的相关理论与方法研究了团队层面的激励机制，优化团队内部知识整合活动中个体理性与集体理性之间的关系，为我国高校科研团队知识整合的激励机制设计提供一定的理论依据。

本研究的实践意义在于以下2个方面。

（1）分析面向知识创新的高校科研团队内部知识整合的流程可以帮助高校科研团队制定规范的知识整合过程与规则。由于高校科研团队知识创新中知识的构成涉及众多学科和众多知识背景，本书以基于行为知识的信息融合模型为过程基线，对面向高校科研团队内部知识整合的流程进行系统分析，并根据流程各个阶段的任务与特点，有针对性地提出知识整合活动各个环节的具体实施方案。

（2）科学知识图谱作为一种重要的知识管理工具，可以为高校科研团队获取重要知识资源提供精准的信息依据，为分析知识特征之间的关联提供了可视化的辅助手段。科学知识图谱可以明确科学研究领域之间的知识输入与知识输出、关键知识所在位置、关键知识之间的关联、关键知识主体之间的关系等，这些将为高校科研团队快速有效地识别团队内外的知识资源提供重要的工具方法。

1.3　国内外研究现状及分析

本书立足于知识整合等相关的理论前沿，从知识整合、团队知识整合、高校科研团队知识整合三个方面对国内外相关问题的最新研究成果进行归纳和梳理并进行总体评价。

1.3.1　基于科学知识图谱的研究现状分析的基本框架

为了更系统、更科学地了解国内外相关研究领域的现状，本书将基于共词分析技术绘制国内外知识整合领域的科学知识图谱，以可视化的视角直观表达国内外知识整合领域的热点和知识结构。因为知识图谱是以知识为对象，显示知识的发展进程与结构的一种图谱，兼具"图"和"谱"的性质与特征，既是可视化的知识图形，又是序列化的知识体系。采用科学知识图谱的方法对相关领域研究现状进行分析，可快速、明确地揭示出某领域的相关研究主题、研究热点、研究范式、发展趋势，能够迅速缩小文献的查找范围。

1.3.1.1　数据来源

本书分别利用 CNKI 中的中国期刊全文数据库和 Elsevier 的 Science Direct

数据库作为国内外相关领域研究数据的主要来源。中国期刊全文数据库是目前国内最丰富的并动态更新的期刊全文数据库，内容覆盖自然科学、农业、工程技术、医学、哲学、人文社会科学等各个领域[13]。Science Direct 数据库是全球最大的科学文献全文数据库，涵盖理工类（数学、化学、物理、生命科学、天文学、计算机科学）、医学、商业及经济管理、社会科学等学科文献[14]。

在中文文献检索时，选择摘要中含有"知识整合"的核心期刊文献作为国内研究现状分析的基础数据来源，在外文文献检索时，选择"Abstract, Title, Keywords"中含有"Knowledge Integration"的文献作为国外研究现状分析的基础数据来源。因为文献摘要具有独立性和自明性，并且拥有与文献等量的主要信息，即不阅读全文，就能获得必要的信息，因此与以文献"主题"或文献"关键词"为检索标目相比，以"摘要"作为检索标目所获取的文献更加客观而全面，为分析国内外相关领域的范式结构提供充足而有效的文献集合。

为揭示国内外知识整合研究领域最新的研究热点和把握最近的研究范式，在进行文献检索时，将国内外文献发表的时限限于 2007—2018 年，分为 2007—2012 年和 2013—2018 年两个时间段的相关关键词作为共词分析矩阵的数据基础，并绘制知识图谱，以科学系统地揭示国内外知识整合领域的研究现状。

1.3.1.2 软件工具与方法

（1）共词分析法。共词分析方法在原理上与作品或作者共同被引的分析方法是相似的，该方法的主要前提假设是：文献的关键词代表了其内容的主旨思想，如果两个关键词共同出现在许多文献中，不仅表明这些文献的内容是相似的，而且也表明这类关键词的"距离"也是相近的。通过对文献关键词共同出现的频次进行分析，不仅可以找到某一领域或学科的研究热点，而且可以揭示该学科领域研究的范式结构。

（2）社会网络分析。利用社会网络分析软件 UCINET 6.0、Netdraw 2.4、Gephi 用于对关键词数据进行分析和绘制共词社会网络分析图谱，并采用多维尺度分析方法和社会网络分析中小团体理论的"K 核"（K - core）分析为主要研究方法[15]。

多维尺度分析（MultiDimensional Scaling，MDS）是分析研究对象的相似性或差异性的一种多元统计分析方法。采用 MDS 可以创建多维空间感知图，图中的点（对象）的距离反映了它们的相似性或差异性（不相似性），其主要目的是希望能发掘一组数据资料所隐藏的结构。在多维尺度分析的结果中，被分析的对象以点状分布，每个点的位置显示了分析对象之间的相似性，有高度相似性的点所表示的对象聚集在一起，形成一个类别，越在中间的对象越核心。MDS 有量纲式的多维尺度分析（Metric - MDS）和非量纲式的多维尺度分析（Non - metric MDS），量纲式的多维尺度分析以相对距离的实际数值为分析对象，希望在某个维度空间上找到坐标点，使其点间距离与给定的距离矩阵相同，即点之间的欧式距离（Euclidean Distance）尽可能接近于输入的相近性矩阵；而非量纲式的多维尺度分析则是以顺序尺度的数据作为分析对象，尝试在 K 维度空间中，使点间距离排序与原距离越一致越好。通过多维尺度分析，某研究领域、学术流派或研究共同体在学科领域内的位置越容易判断[16]。

K - core 的定义是，对于所有的网络节点 $n_i \in N_s$ 来说，如果 $d_s(i) \geq k$，则称子图形 G_s 是 K - core。其中 $d_s(i)$ 指相连的节点数，一个 K - core 是一个最大子图，即在一个小团体中其中每个点都至少与其他 k 个点相连，k 值越大，所形成的小团体关系越密切，K - core 分析在文献计量学中主要表现为引文分析中普赖斯所说的"无形学院"以及本书的共词分析中的热点研究领域和范式结构研究。

本研究首先采用非量纲式的多维尺度分析方法分析国内外相关领域研究关键词的数据结构，在此基础上采用社会网络分析中的 K 核分析法，建立不同连接度 K 核的共词网络图谱。其中，非量纲式的多维尺度分析确定了关键词的空间位置，而 K 核分析确定的是关键词的连接度，得到相关的可视化结果。

1.3.2 国内外知识整合研究现状的总体分析

1.3.2.1 基于科学知识图谱的国外知识整合研究现状分析

首先，基于共词分析分别建立 2007—2012 年和 2013—2018 年两个阶段的国外知识整合研究领域的关键词共词矩阵，见表 1 - 1 和表 1 - 2。

表1-1　国外知识整合研究共词矩阵（部分）（2007—2012年）
Tab. 1-1　Keywords co-occurrence matrix of research on knowledge integration abroad（Extract）（2007—2012）

项目	知识	知识获取	知识库	知识整合	知识管理
知识	0	0	0	0	0
知识获取	0	0	0	2	0
知识库	0	0	0	0	0
知识整合	0	2	0	0	1
知识管理	0	0	0	1	0

表1-2　国外知识整合研究共词矩阵（部分）（2013—2018年）
Tab. 1-2　Keywords co-occurrence matrix of research on knowledge integration abroad（Extract）（2013—2018）

项目	适应性管理	贝叶斯网络融合	整合	知识	知识融合	知识整合	知识管理	知识获取
适应性管理	0	0	0	0	0	0	0	0
贝叶斯网络融合	0	0	0	0	1	0	0	0
整合	0	0	0	0	0	0	0	0
知识	0	0	0	0	0	0	0	0
知识融合	0	0	0	0	0	0	0	0
知识整合	1	0	0	0	0	0	0	0
知识管理	0	0	0	0	0	0	0	0
知识获取	0	0	1	0	0	1	0	0

然后，采用社会网络分析方法利用UCINET、Netdraw和Gephi软件绘制科学知识图谱，并对该图谱进行非量纲式的多维尺度分析和K核分析，并去除孤立节点，最终的可视化结果如图1-1和图1-2所示。通过K核分析得到该研究领域的研究热点，如图1-1中的圆形节点。

图1-1 国外知识整合研究共词知识图谱（2007—2012年）

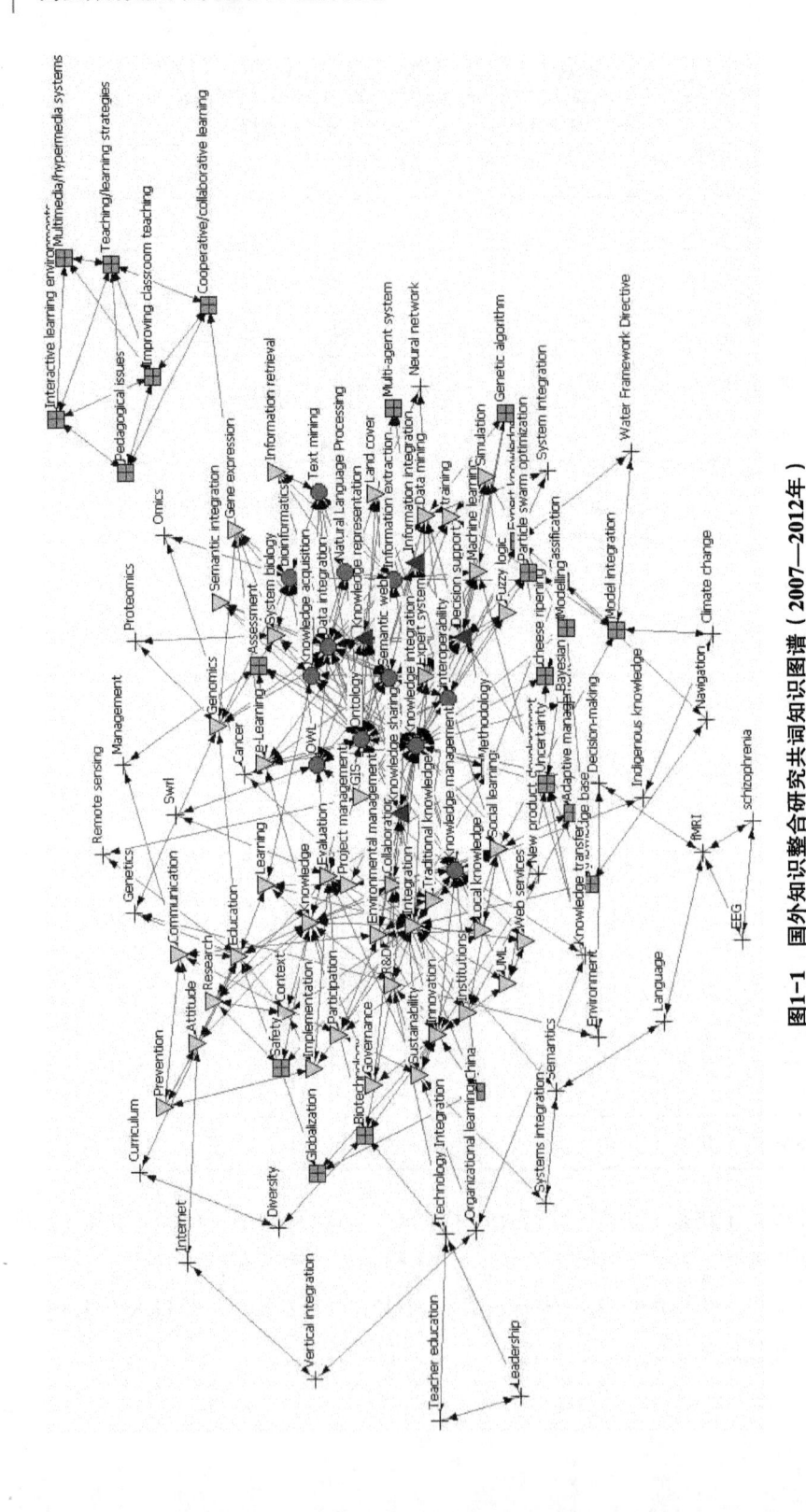

Fig.1-1 Keywords co-occurrence knowledge mapping on knowledge integration research abroad（2007—2012）

第 1 章 绪　　论　｜　11

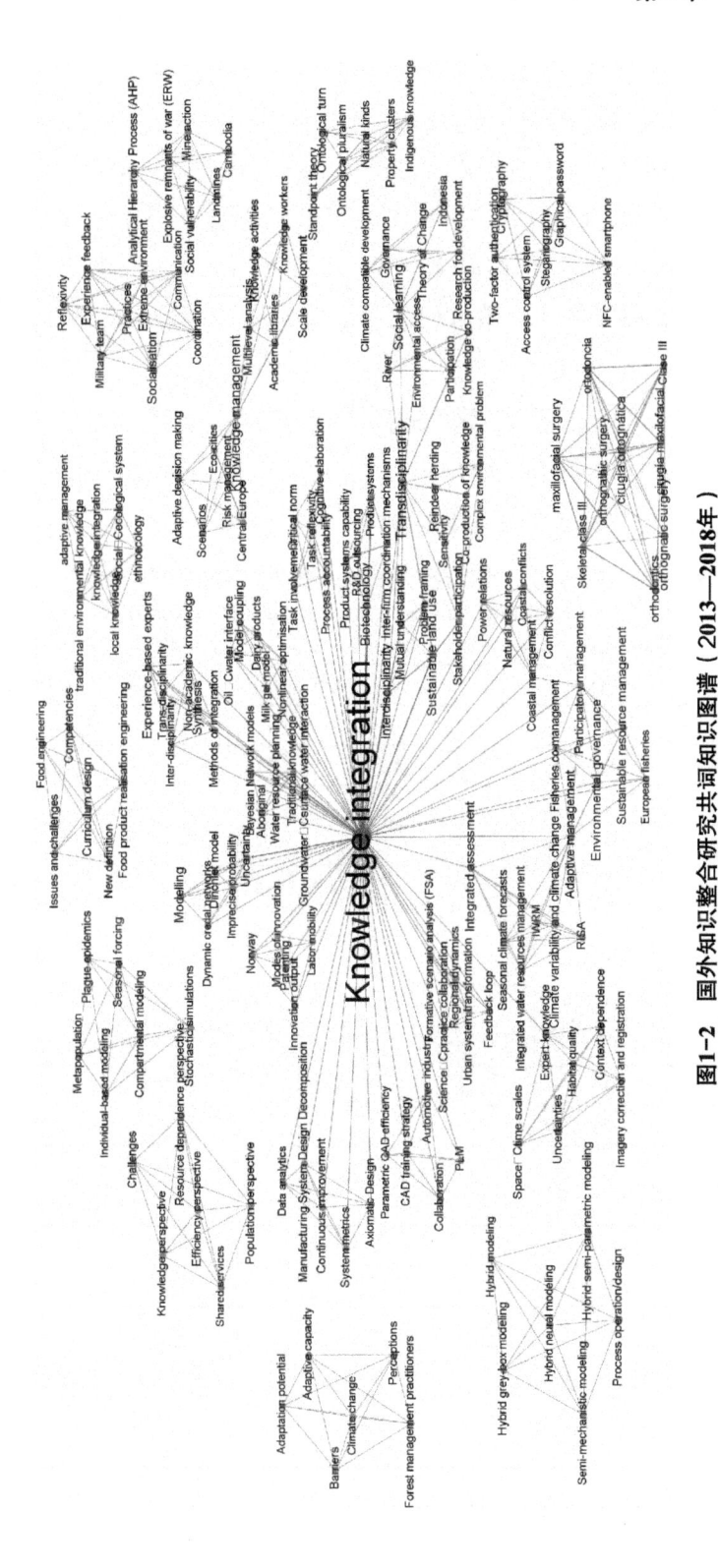

图1-2　国外知识整合研究共词知识图谱（2013—2018年）

Fig.1-2　Keywords co-occurrence knowledge mapping on knowledge integration research abroad（2013—2018）

从图 1-1 可以看出，2007—2012 年国外知识整合研究有"技术"和"行为"研究的分野，并且以技术应用研究为主，组织行为研究为辅。图 1-2 是采用软件 Gephi 进行 K 核分析（K-core 大于 5）得到的可视化结果。从图 1-2 可以看出，2013—2018 年国外知识整合研究与 2013—2018 年的同领域研究展现出不同的研究范式，主要为知识整合在多个领域的应用研究，此阶段的国外知识整合研究已经走出了基础理论和研究方法的范畴。

1.3.2.2 基于科学知识图谱的国内知识整合研究现状分析

首先，基于共词分析分别建立 2007—2012 年和 2013—2018 年两个阶段的国内知识整合研究领域的关键词共现矩阵，见表 1-3 和表 1-4。

表 1-3 国内知识整合研究共词矩阵（部分）（2007—2012 年）
Tab. 1-3 Keywords co-occurrence matrix of research on knowledge integration home (Extract) (2007—2012)

项目	整合	知识	知识冲突	知识创新	知识服务
整合	0	0	0	0	0
知识	0	0	0	0	0
知识冲突	0	0	0	0	0
知识创新	0	0	0	0	0
知识服务	0	0	0	0	0
知识共享	0	1	2	2	0
知识观	0	0	0	0	0
知识管理	0	0	2	1	1
知识扩散	0	0	0	0	0
知识链	0	1	0	0	0
知识能量	0	0	0	0	0
知识整合	0	4	3	0	4
知识整合机制	0	0	0	0	0
知识整合能力	0	0	0	0	0
知识转移	1	0	0	1	0
自主创新	0	0	0	1	0
组合知识	0	0	0	0	0
组织绩效	0	0	0	0	0
组织结构	0	1	0	0	0
组织学习	0	0	0	0	0

表1-4 国内知识整合研究共词矩阵（部分）（2013—2018年）
Tab. 1-4 Keywords co-occurrence matrix of research on knowledge integration home (Extract) (2013—2018)

项目	跨学科协作	科学数据共享	跨学科研究	跨学科团队
跨学科协作	3	0	3	2
科学数据共享	0	0	0	0
跨学科研究	3	0	4	2
跨学科团队	2	0	2	2
高校管理	0	0	0	0
管理队伍	0	0	0	0
深度学习	0	0	0	0

然后，采用社会网络分析方法利用 UCINET 和 Netdraw 软件绘制科学知识图谱，并对该图谱进行非量纲式的多维尺度分析和 K 核分析，并去除孤立节点，最终的可视化结果如图 1-3 所示。通过 K 核分析得到该研究领域的研究热点，如图 1-3 中的圆形节点。可见国内知识整合研究有与国外的研究呈现了完全不同的范式，是以组织行为研究为主，技术研究占了很小的比重。围绕图 1-3，可以看出组织行为研究范式主要分为两个方面：以知识管理为基本研究范畴的有关知识整合相关概念的探讨和围绕组织能力提升的知识整合研究。

按照同样的步骤，采用 Pajek 软件和 Gephi 软件绘制了 2013—2018 年国内知识整合领域的共词知识图谱，如图 1-4 所示，并进一步进行了 K 核分析，得到可视化图谱，如图 1-5 所示。

从上述 K 核分析结果可知，2007—2012 年国内知识整合研究的总体特征呈现出以组织行为研究为主，技术研究为辅的研究范式。2013—2018 年国内知识整合的研究范式呈现为单向度的模式，即以组织行为研究为主。

1.3.3 知识整合研究综述

从国内外知识整合领域两阶段的科学知识图谱可视化结果可以看出，2007—2012 年国内外知识整合领域呈现为"技术研究"导向和"组织行为研究"导向两大范式结构。其中"组织行为"导向的研究内容主要有知识整合基本概念及相关概念的界定与辨析、知识整合过程、知识整合机制、知识整合机理、知识整合实现途径、知识整合网络以及知识整合与组织绩效之间的

图1-3　国内知识整合领域共词知识图谱（2007—2012年）

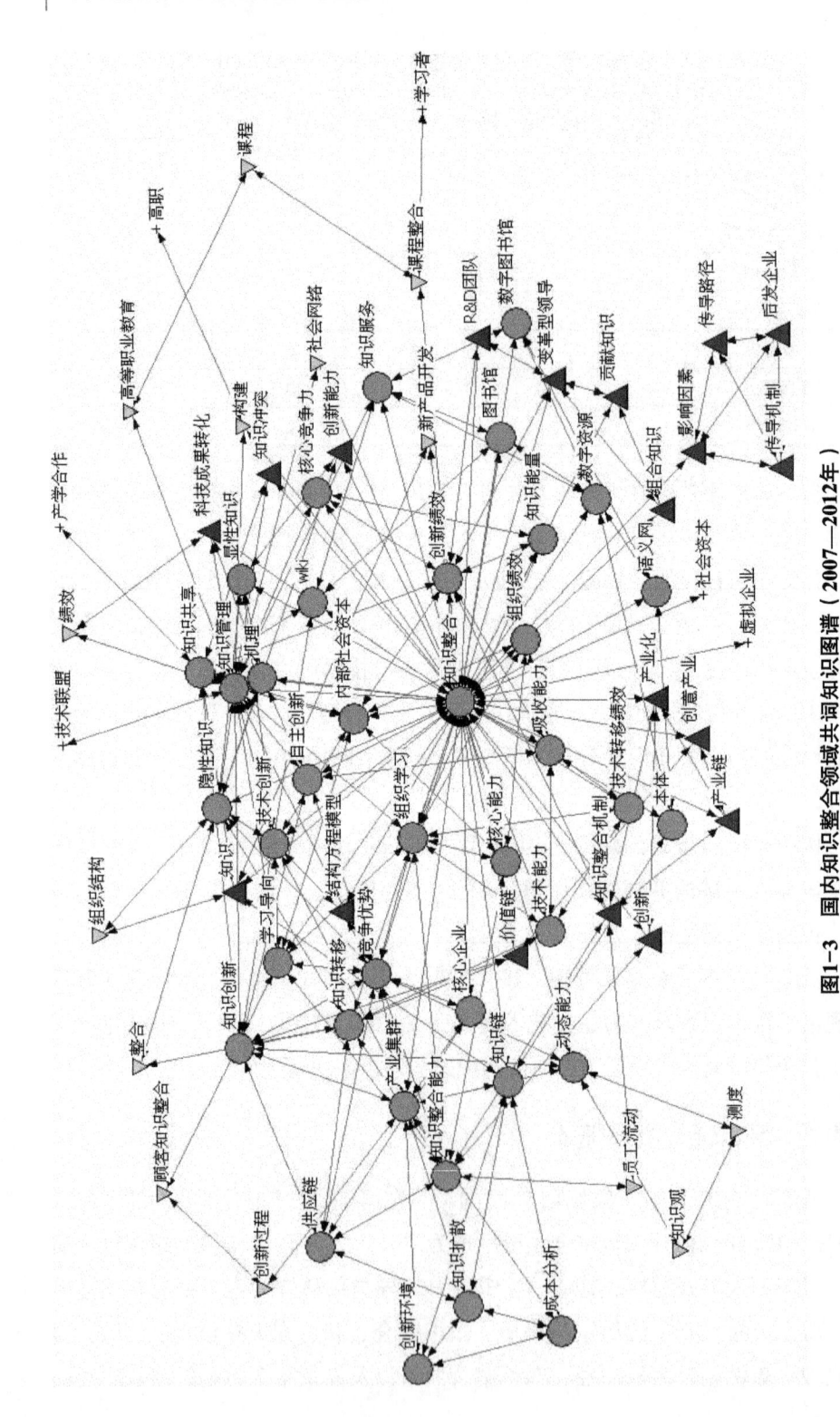

Fig.1-3　Keywords co-occurrence knowledge mapping on knowledge integration research home (2007—2012)

第1章 绪　论　15

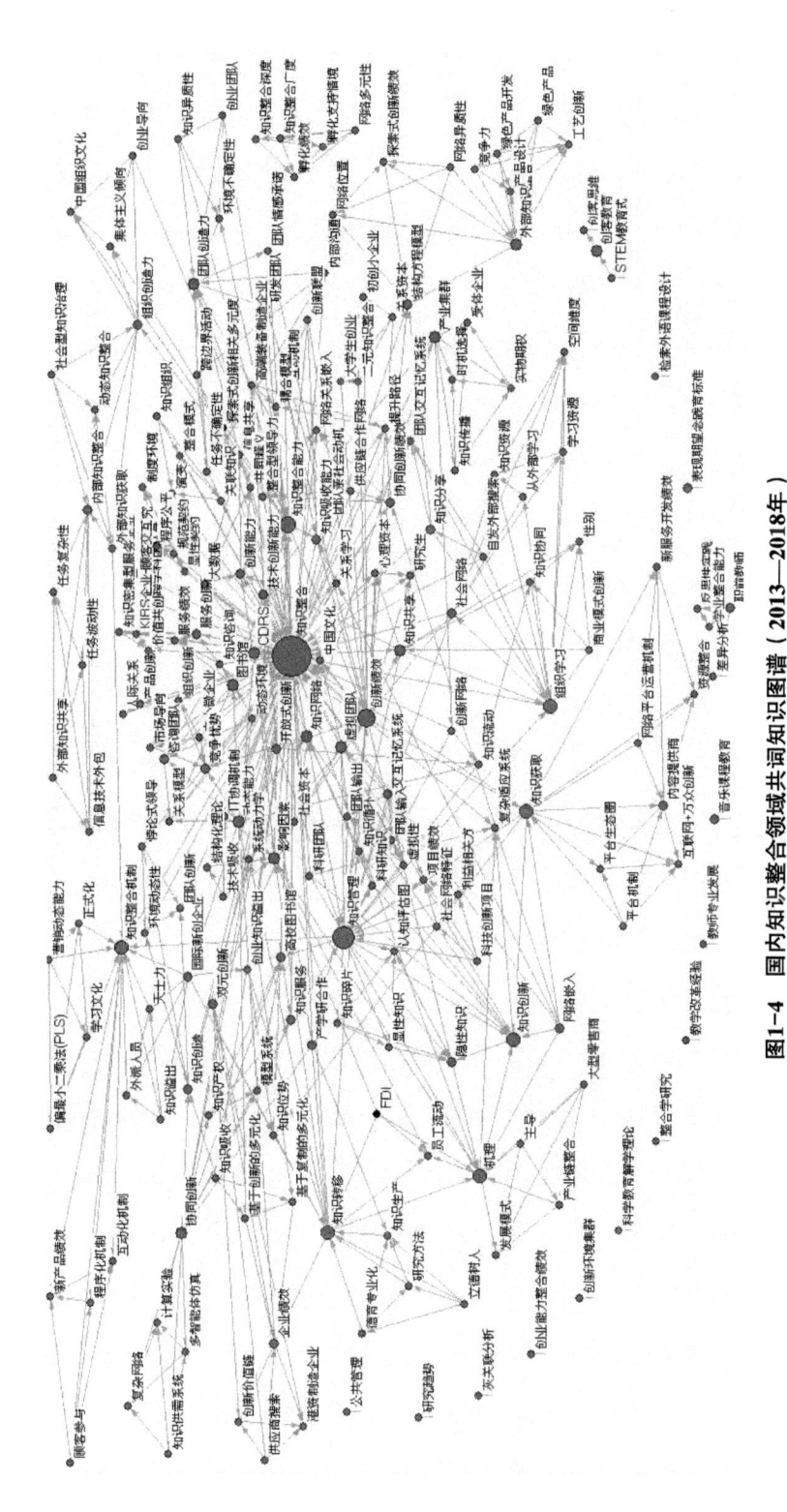

图1-4　国内知识整合领域共词知识图谱（2013—2018年）

Fig.1-4 Keywords co-occurrence knowledge mapping on knowledge integration research home (2013—2018)

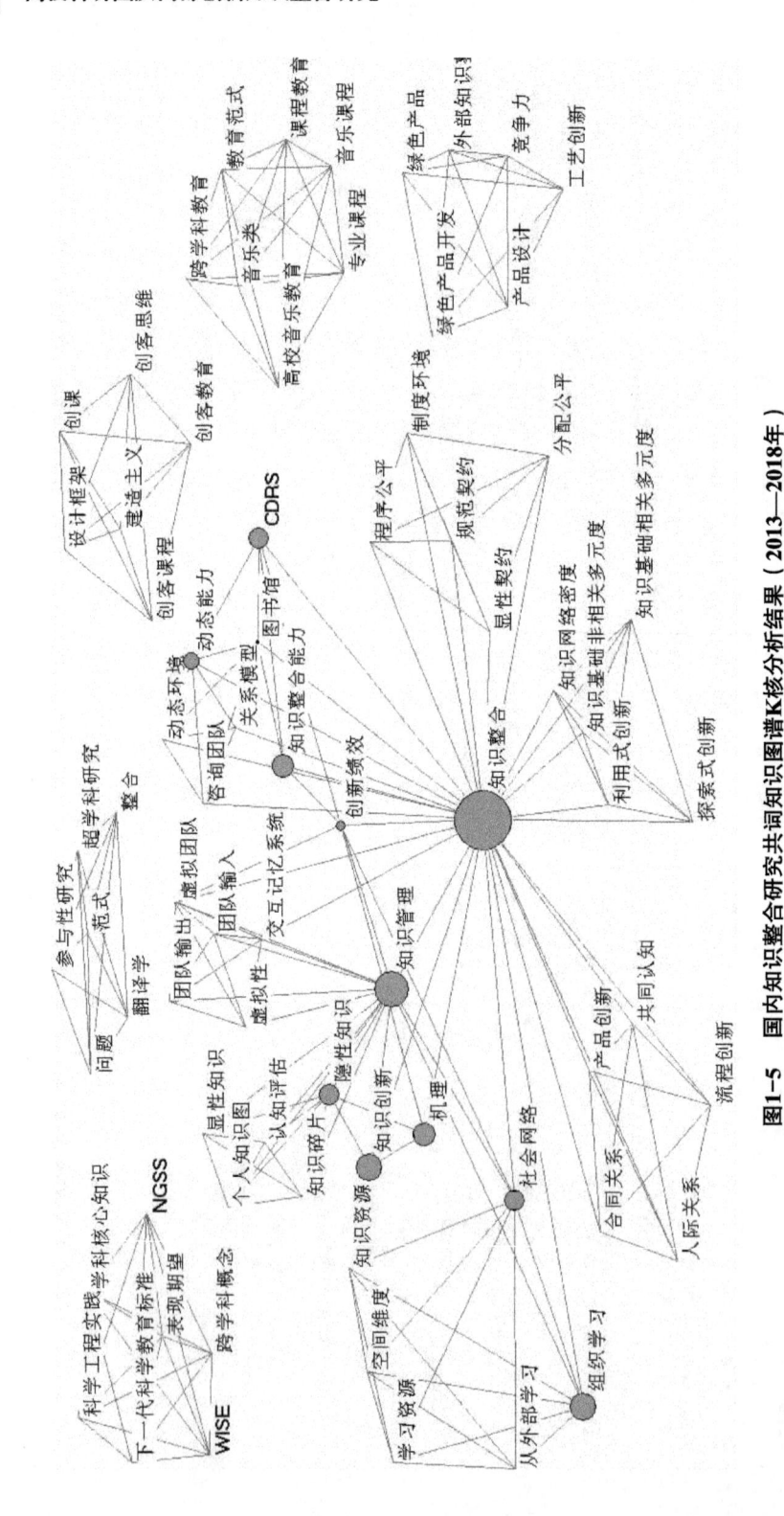

图1-5　国内知识整合研究共词知识图谱K核分析结果（2013—2018年）

Fig.1-5　K-core analysis of Keywords co-occurrence knowledge mapping on knowledge integration research home（2013—2018）

关系等，"技术研究"导向主要探讨了交互性技术（本体、语义网）在组织知识整合中的具体应用。2013—2018年国内外知识整合领域呈现出不同的研究范式，2013—2018年国内知识整合的研究范式以组织行为研究为主，而2013—2018年之间国外知识整合研究主要为知识整合在多个领域的应用研究，此阶段的国外知识整合研究已经走出了基础理论和研究方法的范畴。

1.3.3.1 知识整合概念与内涵

从目前的研究来看，国内外学者对知识整合概念的界定与内涵分析并不统一，通过梳理国内外比较有代表性的知识整合概念，发现目前学者对知识整合概念与内涵的研究主要分为"过程观"（认为知识整合是一个动态过程）和"能力观"（认为知识整合是利用知识与创造知识的能力），在知识整合的最终目的方面主要强调"新的知识体系形成"和"新的知识能力形成"两个维度。

（1）强调知识整合对新的核心知识体系形成的作用。任皓、邓三鸿（2002）认为知识整合就是根据一定的目的或动因，将不同知识要素按照科学合理的程序，对组织内部知识元素以及知识元素之间的联系和动态关系进行挖掘和分析，依据一定的配置方案，对各种知识单元实施再建构，最终形成新的知识体系的动态过程[17]。陈力、鲁若愚（2003）等认为知识整合是指企业为了其战略目标的实现，对其内部知识进行条理化，使之序化以利于知识融合，在条理化的过程中，对企业战略目标无用的知识已经被摒弃，使企业内部的知识具有更强的可适应性和整体性。在上述过程中，如果发现原有的知识体系已经不符合企业战略发展的需要，则对原有的知识体系予以重构，并以此形成新的核心知识体系[18]。Kugut和Zander（1992）认为组织知识整合是"对组织现有知识的深刻理解，并对现有的知识及知识能力进行重组，才能令组织学习到新的知识与技术"，这需要充分挖掘组织内部成员之间现有的社会关系，并提出组织现有的知识整合做法能够预测未来的知识整合行动，为了达到上述目的，企业知识的积累将对企业拓展未来的新的市场提供更多的选择[19]。Inkpen（1996）把知识整合定义为"知识的联结"（Knowledge Connection），即个人与组织利用彼此之间的各种关系经过正式或非正式的交互过程来促进彼此之间的沟通，实现知识的共享，最终使个体知识转化为组织知识，并将部分组织知识转化为个体知识[20]。胡婉丽

(2008)认为知识整合是以建立新的知识体系为目标的一个动态过程,在这一过程中,企业按照一定的整合框架,对企业需要吸收和利用的知识予以判断,摒弃无用知识,实现原有知识体系的重新整理和改造,并将企业内外部知识以及个体知识和组织知识进行有机融合,形成以任务为引导的新的完整的知识体系[21]。

(2) 强调知识的有效利用与组织能力的关系。Clark 和 Iansiti (1994) 认为组织的知识整合包括客户知识整合和技术知识整合,前者是由于市场条件的不确定性引起的,后者是由技术条件的不确定性引起的,并认为企业能力的形成是通过外部知识整合和内部知识整合的过程来实现的,通过对整合问题进行实证研究,使得知识整合的概念得到拓展和完善,确定了知识整合的概念框架[22]。Teece 等 (1997) 从组织战略层面论述了知识整合对于组织的作用,认为企业的基本职能和企业能力的本质就是对现有的知识进行整合[23]。沈群红等 (2002) 早在 2002 年就以组织能力提升的视角来进行知识整合研究,他们以中国电力自动化行业技术集成为基本案例分析,将知识整合定义为对组织内部和外部的知识进行有效的识别、利用,从而提升组织对所能掌握的知识的利用效率,促进不同主体维度上知识的彼此互动并产生新知识的能力[24]。高巍等 (2004) 从知识整合的概念出发,论述了知识整合与组织知识与能力之间的关系,认为知识整合概念应包含以下几个方面的含义:①知识整合的对象主要是企业内外部的既有知识;②知识整合是企业知识的重新组合或需要在知识之间建立相应的联结;③组织成员之间充分的知识交流与深入的知识沟通是实现知识整合的基础;④对组织知识进行整合的能力是组织的基本职能和组织能力的本质[25]。李辉和张爽等 (2008) 从企业能力论的角度定义了知识整合的内涵,认为知识整合是企业所特有的能力,使企业能够与外界持续进行知识交换,改造自身现有的知识状况,实现企业知识增值与扩散及持续创新[11]。

1.3.3.2 知识整合的过程与具体阶段

王彦博、和金生等 (2010) 以知识增长观点为相应的理论基础,对知识有机整合的过程进行了深入探讨,认为知识整合的过程分为受激、认知、融知、重构和扩散等五个阶段,并通过丰田汽车公司开发混合动力车普锐斯的案例研究,验证了该过程模型在组织知识整合实践中的可操作性,为组织的知识整合实践提供了基础框架[26]。陈力、鲁若愚等（2003）从动态的角度来研究组织知识整合的过程和知识能力的形成过程[18]。魏江等（2008）的论述最具有代表性，其认为知识整合是基于特定的外部市场环境，为实现企业技术、产品和服务创新，对不同来源、不同形态的知识进行甄选、转移、重构的一个动态循环的过程[27]。

Doris Fay 等（2006）采用实证研究的分析方法在科研创新团队成员的知识、技能的多学科整合性对团队创新绩效的影响的研究中，发现只有高质量的团队流程才能使多学科的知识整合对科研创新团队的创新结果产生积极的作用[28]。胡婉丽（2008）认为知识整合流程是由知识搜索、知识过滤、知识诊断、知识编码并最终建立新的知识体系的一系列过程组成[21]。

1.3.3.3 知识整合机制、实现途径与机理

Yuh-Jen Chen（2010）采用系统的分析方法对合作式（Collaboration）模具设计和生产过程中的知识整合和共享机制进行了研究，研究结果表明，知识整合理论的应用满足了生产参与者的知识需求，提升了模具产品的研发能力，减少了研发周期，降低了研发成本，提升了产品的市场竞争力[29]。

Hung Tai Tsou 等（2010）以资源依赖和权变理论的相关概念为理论基础，研究了知识整合机制和技术整合机制对企业之间合作研发竞争力和电子服务创新的中介效应，而且研究了两种机制对于合作伙伴匹配的调节作用。以财务服务和信息服务公司的 IT 部门作为实证研究案例，发现这些行业的公司都强调电子服务创新中合作研发竞争力的提升，但采用不同类型的电子服务创新提升机制，展现了企业之间在合作研发竞争力提升方面的合作伙伴匹配实践方式。得出的研究结论是 IT 管理者应该将企业之间合作研发竞争力与知识整合机制和技术整合机制紧密结合起来来达到电子服务创新的目的，而且选择兼容式的合作伙伴是推进电子服务创新的关键所在[30]。

Xu 等（2011）研究了如何采用知识整合方法来帮助设计者有效地实现创新目标，并在这种整合方法的基础上，研发了分布式创新知识管理系统的原型，并将其应用于一个创新项目中，其应用的最初结果表明这种整合方法和系统原型具有实践应用的功能，验证了该方法的有效性[31]。

张庆普、单伟（2004）研究了企业知识转化过程中知识整合的概念，认为知识整合是在企业知识转化过程中的一种客观存在的核心机制，在各种相

关条件的激发和企业所处环境的各种有利因素支撑下，知识要素经过复杂的相互作用，从而实现企业知识的有序化、系统化、转化、集成、融合等[32]。

魏江、王铜安、喻子达（2008）以知识形态、知识主体及知识平台为基本维度，论述了企业知识整合基于上述三个维度的实现途径，以海尔公司的知识整合实践对这三种知识整合途径进行了深入探讨[33]。

单伟、张庆普（2008）从适应进化、协同旋进、择优弃冗、互补相容等维度对企业自主创新过程中的知识整合机理进行综合剖析，进而提出了企业自主创新能力形成与提升过程中不同阶段、多维度、多层面知识整合演化模式，并对其协调机制进行了深入剖析[34]。林向义、张庆普、罗洪云（2009）根据集成创新中知识的特性以及知识整合的过程，提出了集成创新中知识整合应遵循动态优化、自组织、黏性削弱和择优去冗等原理[35]。

曾德明等（2011）在对供应商知识整合研究现状进行分析和激进式创新中供应商知识整合的意义进行论述的基础上，详细论述了以激进式产品创新为导向的供应商知识整合的过程机制，认为该知识整合过程分为知识的识别、知识的获取、知识的评估与融合、知识的利用与创新三个阶段，并分别论述了每个阶段所应采取的策略[36]。

孔凡柱等（2012）在对跨组织知识整合的实现机制进行研究时，提出为获取知识整合所需的有效知识资源，必须积极拓展外部关系网络和优化企业内部关系网络等来构建企业自主创新过程中的跨组织知识整合的实现机制[37]。

1.3.3.4 知识整合网络

Saad Aqeel Alzarooni等（2011）基于角色扮演的方式通过合作创新网络让受试者获得相应的业务经验和学习方法，并与自身原有的知识进行整合，提出了跨学科合作创新的基本实施方案[38]。Catherine Beaudry等（2011）基于加拿大纳米技术发明者的合作网络特征对专利发明质量的影响，主要研究了网络中是否存在高度中心化发明者（Highly Central Inventors）和明星发明者（Star Inventors）、重复的合作关系（Repeated Collaboration）以及国际合作关系（International Collaboration）等变量对专利发明的质量影响。研究结果表明，创新团队网络中如果存在高度中心化发明者和明星发明者对专利质量具有正向的影响；重复的合作关系对专利质量具有负向的影响；具有国际合作关系的且专利权属于国外组织的专利质量较好；加拿大本国公司是否是专利代理人对专利质量的影响并不显著[39]。詹勇飞等（2009）论述了知识整合与知识网络之间的辩证关系，认为知识网络是知识整合活动实施的基础和前提，知识整合是知识网络的最终归宿，知识整合能够进一步提高知识网络节点之间的连通能力，是企业动态能力的核心和实现途径，知识整合和知识网络共同构成了企业动态能力[40]。

1.3.3.5 知识整合与组织绩效之间的关系

进行此方面研究的学者认为，组织绩效包括组织能力的提升和组织成果的形成两个方面，因此在研究知识整合对组织绩效的影响时也主要从这两个方面入手：一方面通过知识整合过程有利于组织创新思维的产生以及新的核心知识体系的形成，组织成员可以利用更多的知识创新资源，从而提升组织的知识能力；另一方面，通过组织成员的交互过程、创新思想的碰撞过程、对彼此知识的利用、吸收过程，实现优势互补，不断完善共同的知识创新目标，而形成新的知识创新成果。

Krista 等（2011）通过实地观察一个高科技的纺织生产虚拟创新项目的实际运作情况对虚拟创新项目中的团队合作模式进行了研究，观察和分析了该项目的不同参与人之间预期的合作状况。研究表明合作创新是不同组织部门之间进行功能整合和协调努力的重要形式，通过合作，即使创新活动本身存在着某些问题，团队成员之间也能够以高度一致和协调的方式了解和掌握本团队的任务所在。整合知识资源，正是因为创新过程本身的复杂性，团队成员之间高度依赖彼此的资源，从而产生显著的创新绩效[41]。

谢洪明等（2007）以华南地区的 144 家企业为基本分析样本，采用结构方程模型（Structural Equation Model）的分析方法研究了企业组织学习、知识整合对组织核心能力和组织绩效的影响，得出企业知识整合能力对组织绩效具有正向影响进而对组织核心能力具有正向影响的研究结论[42]。

国维潇等（2014）研究了授权型领导、知识整合和团队绩效的影响，发现知识整合在二者之间发挥中介作用[43]。

Nambisan 等（2013）以美国 168 家无线通信企业为样本，以企业的吸收能力和知识整合机制为调节变量，研究了参加行业技术协会对企业创新绩效的影响问题。研究发现参与对企业现有的生产技术和产品至关重要的行业技术协会（即低技术差距），对提升企业竞争力的创新具有促进作用，而参与对企业现有的生产技术和产品不重要的行业技术协会对提升其新竞争力的创新具有促进作用，体现了外部知识资源度对企业竞争力的作用[44]。

1.3.3.5 交互性技术对于组织知识整合的影响

国外有关知识整合的技术研究范式中更强调本体技术、语义网技术可以有效地解决对知识内容的统一性描述和表示以及知识系统之间的互操作性，为组织实现知识整合的目标提供了技术上的可行性。

随着组织知识密集型的趋势愈加明显，将多样化的知识整合起来已经成为一种挑战，很多组织已经意识到本体技术将成为组织开展知识整合活动的一项重要方法。本体技术的核心功能在于能够对某一领域内的概念体系以及概念之间的关系作出明确而详细的说明，是一种重要的知识描述与知识表示（Knowledge Representation）方式，为知识交流的各方或知识整合活动的参与人提供一个统一的认识，在这种技术的支持下，组织或行业内部的知识搜索、知识积累、知识共享以及知识整合的效率将大幅度提高。Huang 等（2008）从本体构建、动态工作流程和知识表示的规则与限制条件等三个方面论述了本体技术在企业知识整合中的应用研究[45]。

语义网（Semantic web）的本质是将网络信息进行结构化处理，为信息或知识系统之间的互操作提供了便捷的手段，提高了信息的可读性，从而可以为人们将多种信息进行关联提供了简单而有效的方法。语义网技术的应用主要是将信息概念及其之间的关系以显性的形式表示出来，不仅能够应用在如 Web 这种开放的信息环境中，而且还可以应用在封闭的企业系统环境中，广泛应用在企业网络服务、企业应用集成、知识管理、电子商务等领域，为企业信息集成、知识共享、数据整合（知识整合）等提供了技术上的可行性。John G. Breslin 等（2010）通过回顾语义网如何从一个纯学术研究的对象转变为被广泛应用的行业技术（如语言网所要求的不同的语种、逻辑和表示机制都需要经过 W3C 协议的标准化处理），论述了语义网技术应用所面临的种种挑战[46]。

Aristeidis Matsokis 等（2010）以闭环产品生命周期管理（Closed - Loop Product Lifecycle Management，PLM）为基本应用背景，利用本体技术的优势和特点，采用 WOL - DL（Web Ontology Language - Description Logic）语言设计了用于 PLM 中进行产品数据和产品知识管理的语义对象的本体模型，新模

型在不仅发挥了该语言原有的功能特点，而且提升了 WOL–DL 语言的多种功能，并将之应用到汽车行业中，有效地解决了产品生命周期管理中的数据整合（Data Integration）和互操作（Interoperability）问题，并展现了强大而数量可观的推理能力[47]。

Elpiniki I Papageorgiou 等（2012）采用模糊认知图（Fuzzy Cognitive Maps, FCMs）和语义网方法对医药知识的规范化处理进行了研究。他们将研究方案应用于成人尿路感染问题研究的知识管理实践，发现采用模糊认知图方法和语义网技术对临床治疗方案知识进行建模与整合是可靠而有效的[48]。

Adrien Coulet 等（2010）从 MEDLINE 数据库中选取 1700 万个文献摘要，在对摘要中的 8700 万语句进行语法解析和关键药物基因组实体词汇进行描述的基础上，描述了药物基因组学关系本体，最终的分析结果是对 200 多个具有明确语义关系的实体类型建立了具有 40000 个关系的实体网络，该网络可以用于对药物基金组学知识进行有效管理，并为知识发现、信息抽取提供可计算的资源[49]。

国内以技术视角来研究知识整合相关问题主要体现在本体、语义网、数字图书馆等方面，其中数字图书馆领域的知识整合研究是国内此方面研究的主要特色，主要原因是国内知识管理研究领域的部分主体力量是具有图书馆领域工作背景的专家学者，这在以往的研究中已经得到验证[50]。

陈勇跃、夏火松（2009）从标准化建设推动企业整合、以本体建模来建立知识模型和面向服务架构（Service–Oriented Architecture，SOA）的建立，对企业知识整合机制构建进行了研究，认为知识整合机制的构建可以从三个方面展开：以标准化工作推动整合、以本体建立统一的模型和以 SOA 框架实现互操作[51]。

李亚子等（2011）以一体化医学语言词表 UMLS 的语义关系为基础，根据疾病与症状、检查、药物、医疗器械与医疗、法规之间的关联关系，构建语义网络，建立概念术语、本体实例之间的交互关系，实现疾病知识的整合，并通过实例展示疾病知识整合的过程[52]。

黄晓斌等（2009）以数字资源整合为基本分析视角，论述了数字图书馆基于系统、资源、服务和知识整合的从简单到复杂的四个层次，得出的结论是知识服务将是数字图书馆追求的最终目标，而知识整合网络将是开展数字知识服务的基础[53]。

1.3.3.6 知识整合的方法和模型研究

Thomopoulos 等（2013）认为在复杂环境或有机生物体等许多领域中，应用数据驱动模型可以仿真和推测成本高昂的实验和设计支持决策工具，并且依据数据模型，采用学习方法可以构建可解析的模型。他们采用迭代方法设计本体感知和相关的数据驱动模型，利用本体对专业知识进行建模，采用学习方法构建可解析模型（决策树），并采用主客观并用的评价方法，在食品行业领域验证了上述知识整合方法的有效性[54]。

Scheuer 等（2013）将知识整合理念应用于洪水风险管理领域，构建洪水风险评估模型。其认为洪水风险评估除了依靠专家的知识外，还需要整合洪灾事发地的地域知识，因为洪灾事发地有大量的利益相关主体，这些利益相关主体对风险评估指标和评估结果的偏好至关重要但却经常被忽略，提出将利益相关主体的偏好信息载入知识库中，并作为洪水风险评估中的一项指标予以利用，其研究通过案例分析方法验证了基于语义的该种评估方法的优势[55]。

Reboiro-Jato 等（2013）将知识整合的方法和模型应用于对不同的微阵列样本分类过程，采用融合聚合方法和整合生物学的相关知识提出了兼具二者优势的新的分类模型，将该模型应用于分析不同数据集的微阵列数据分析时，显示了其具有极强的鲁棒性，通过实验结果比较，通过整合生物学知识的模型比其他简单的分类模型的实验效果更佳[56]。

Kern 等（2013）研究了知识整合理论在数据仓储联盟中的应用研究。由于检索指令解析和多源知识整合程序运行是数据仓储联盟管理系统运行的核心环节，Kern 等（2013）提出了数据仓储联盟中的检索指令解析和知识整合模型，并针对从不同数据仓储中所抽取的指涉同一主题的知识之间的非一致性，提出了相应的处理算法[57]。

Baudrit 等（2016）采用动态贝叶斯网络模型和非精确概率计算等方法对复杂动态系统中的异质多源知识整合问题进行了建模估计，以灵活便捷地处理迥异的不确定性，整合新的知识片段以降低计算复杂度[58]。

1.3.3.7 知识整合在实践行业的应用研究

相较于2007—2012 年，知识整合理念在实践行业的应用研究是2013—2018 年的重要研究范式。Maleszka 等（2013）基于知识整合领域的方法论，提出了一种利用层次结构进行用户建模的协同画像推荐方法。在信息检索系统中，基于层次结构的用户画像主要用于文献的个性化检索，基于其他相似用户的画像行为对新用户进行信息推介，为了完成信息推介的目标，需要考虑4个维度的指标：可靠性（为了保持正确的画像结构）、O1 和 O2 原型最优性（通过最小化与其他画像的距离以计算最优的用户输出结构）以及冲突消解（用于优化展示与用户画像推介的应用情境）[59]。

Bodein 等（2016）将知识整合理论与方法应用于汽车行业产品设计与仿真中的 3D CAD 系统优化中[60]；Liedloff 等（2013）研究了本土生态知识整合用于水资源管理决策。由于本土生态知识对于优化水资源管理决策具有正向影响，但是由于在水资源规划和政策制定中，本土生态知识的价值并没有得到充分发掘。因此，Liedloff 等（2013）提出为了深入理解更加宽广的生态系统，必须整合本土生态知识对于物种和水生栖息地之间的因果关系。首先构建了贝叶斯网络，从当地居民进行扎根调研，融合季节性的水生知识，并将其与当地水文采样自身进行整合。研究发现由水资源治理所引起的水流速度变化可能会对高品质的水生食物物种的获取产生负面影响，但是对于有些生物物种会产生正向影响。因此，对于水资源的治理需要当地居民、科学家群体和水资源管理者之间知识的融合，以优化水资源治理中的水资源生态系统[61]。

1.3.4 团队知识整合研究综述

有关团队知识整合的最早论述是 Katz 等（1982）的研究，在对非自主发明综合症现象进行研究时发现，知识除了可以在个体成员的心智中进行独立整合外（即本书第 2 章中所提到的独立式知识整合），还可以再分为程序知识整合与团队知识整合，第一次对团队知识整合的相关内容进行了研究表述[62]。将知识整合定位在团队范围内予以考虑，已经形成如下研究维度：

1.3.4.1 团队知识整合的影响因素

通过梳理相关文献，发现国内外学者主要从信息技术因素、团队的人文因素以及团队的知识因素等方面探讨了团队知识整合的影响因素。

国外较早从技术角度来研究团队知识整合问题的是探讨知识管理系统在团队整合中的作用。Maryam Alavi 和 Amrit Tiwana（2002）研究了知识管理系统在虚拟创新团队的知识整合活动中所发挥的作用，以传播学的研究视角，分析了虚拟团队的知识整合活动所面临的四个挑战，即记忆系统的限制、不足的相互理解、情境知识共享和保存的缺失以及缺乏灵活的组织联系，针对这4个挑战，建议采用知识管理系统（KMS）方法来解决上述问题[63]。

陈文春（2012）研究了团队信任对团队知识整合的影响，将团队信任分为认知信任和情感信任，将团队知识整合分为系统式整合和协调式整合，对我国高科技企业中的93个工作团队进行了实证研究，研究了团队信任对团队知识整合的影响，研究结果表明团队信任对团队知识整合具有正向影响，其中情感信任对团队的协调式知识整合具有显著性影响，认知信任对团队的系统式知识整合具有显著性影响[64]。

张可军等（2009）对知识整合过程的阶段及其关键影响因素（团队环境和组合能力）模型进行了分析，从理论上分析团队环境和组合能力对团队知识整合的作用[65]。2011年，张可军等又基于知识的离散性特征，从人际互动和知识连接两个方面研究了团队的知识整合途径，得出团队知识整合要从知识组合和人际互动两个方面进行的结论[66]，并归纳出影响团队知识整合的四类关键因素：渠道、氛围、动机和能力[67]。

董太安（2010）研究了虚拟团队知识整合所面临的挑战，认为虚拟团队知识整合存在四方面的限制：①团队成员之间知识交互活动的限制；②团队成员是否对某一方面的知识存在着共同的理解；③是否能够将情境知识予以分享和保存；④组织联系是否缺乏弹性[68]。

Erkelens R.等（2010）对多个跨国组织研发部门的知识整合过程进行了定性研究。依据企业知识观和实践知识的观点，借鉴大量研究组织知识整合和知识专业化的文献的相关观点，挖掘了研发部门之间知识整合过程的主要影响因素[69]。

1.3.4.2　团队网络与团队知识整合的关系

张喜征等（2006）论述了通过构建"导师－学生"型结对工作模型来建立节点之间的强关系社会网络，为团队知识主体提供知识搜寻的路径与平台，建立双向的知识交流渠道，及时对知识传递和知识应用中的问题做出反应，从而实现虚拟项目团队中知识的有效整合[70]。

张鹏程（2010）假设个体网对知识整合具有直接影响和间接影响两种作用机制，并且不同丰富度的媒介将起到不同的作用。采用结构方程模型

(SEM)方法对所调查的数据（对知识型团队发放问卷）进行分析，研究结果表明，个体网对知识整合具有直接的正向的影响，而且通过知识定位和合作满意度的中介效应，对知识整合产生正向的间接影响，并分析了不同丰富度媒介的个体网连接模式对团队知识整合的影响，发现在众多不同丰富度的媒介中，面对面交流的个体网对知识整合的影响最为显著[71]。

Hansen（1999）结合社会网络分析中的弱连接概念和复杂知识的概念，对弱连接关系在组织部门项目团队之间的知识共享作用进行了深入探讨。研究发现，弱连接关系有助于项目团队进行知识搜索，但却不利于复杂知识的传递，因为复杂知识的传递往往需要团队之间具有强健的连接关系[72]。

Newell S 等（2006）研究大型 IT 实施项目团队所面临的知识整合挑战，分析了知识整合对社会网络化过程的依赖方式，通过两个不同公司的两个项目团队迥异的 ERP 系统设计和实施经验来研究知识整合的相关问题，两个案例主要的差异源于项目管理与组织的方式有所不同，这些管理与组织方式的差异对项目实施过程中团队成员之间的社会网络活动具有重要影响，对采取不同的知识整合方式和团队识别组织转型机会的能力提供了有益的启示，研究表明社会网络活动能够促进具有生产力的知识整合活动的顺利进行，因此管理者应该鼓励项目团队成员积极参与网络化知识交互活动[73]。

1.3.4.3 团队知识整合对团队绩效的影响

Stefano Basaglia 等（2010）以团队氛围为基本理论框架，提出了"团队氛围能够推动知识整合进而正向影响团队绩效"的假设，在对 69 个团队负责人和 410 个团队成员进行调研的基础上，得出了"团队氛围对团队 IT 知识整合能力产生正向影响，从而团队知识整合能力对团队绩效具有正向影响"的结论[74]。

Maaike Kleinsmann 等（2005）采用案例分析中的学习历史分析法从团队成员、项目团队和公司等三个层次定性研究了合作式新产品研发团队中知识整合的影响因素，并对因素之间的相互关系进行了分析[75]。

邹凌飞等（2013）研究了研发团队中领导自我牺牲行为对团队员工知识管理参与行为的影响，其中组织认同是领导自我牺牲行为与知识创新的中介机制，而且知识整合在组织认同和知识创新之间起到部分中介作用[76]。彭伟等（2013）以企业研发团队为实证研究样本，研究了知识整合在团队内部社会网络和团队创新绩效影响的中介机制，发现适中的网络密度对团队创新绩效具有正向影响，并且要避免具有高中心性的网络结构出现[77]。

李杰义（2018）以虚拟团队为具体应用情境，研究了中国文化情境下的社会资本与知识整合对团队创新绩效的影响，研究结果表明社会资本对知识整合和创新绩效具有显著的正向影响，而且知识整合在二者之间起到中介作用[78]。

1.3.4.4 团队决策中的知识整合

团队决策是由多人共同参与组织决策并制定决策的过程，需要充分发挥集体的智慧，因此需要整合团队多个成员的知识和技能优化决策目标。

Kannan Mohan 等（2007）采用追踪理论与方法研究了团队决策和谈判（Group Decision and Negotiation）中的知识整合问题，鉴于团队决策和谈判环境具有分布合作性的特点，所需要的知识也具有广泛性特点，因此他们认为将零碎知识整合起来可以改进 GDN 的过程。他们展示了如何利用追踪理论与方法将知识整合起来，包括：识别需要整合的关键知识元素的追踪框架以及由该框架所表征用于知识元素的获取、整合和利用的原型系统[79]。

Nicole L Klenk 等（2011）提出了采用虚拟、匿名、协商、解析型的参与式团队决策过程，并将之应用于一项规划研究中。该决策过程由概念图（Concept Mapping）和政策德尔菲法（Policy Delphi）融合而成。概念图/政策德尔菲法采用迭代的方式形成关于某个问题的团队式批判性的、各持己见的思考方式，为团队头脑风暴式创意思维的形成、整合团队知识和价值提供了一个交流平台，最终创造出关于所讨论问题的被共同认可的概念框架，并将其与其他决策中的公共参与机制进行了对比研究，得出的研究结论是基于概念图的政策德尔菲法适用于以下领域：需要整合不同观点的知识与信息来厘清问题的论据与价值而进行预测与决策过程；民主与协调式的公共参与过程；对某一规划抉择提供战略建议；缓和面对面式群体决策过程可能出现的冲突[80]。

1.3.5 高校科研团队知识整合研究综述

目前，以高校科研团队知识整合为主要研究对象的文献相对较少，但研究者也在相关方面进行了一些研究工作。

晋琳琳等（2012）从知识管理和知识创造的视角，采用理论分析和实证分析相结合的方法以知识交流、知识共享与知识整合为中介变量，研究了科研团队学科背景特征对团队知识创新绩效的影响和作用机理[81]。

刘泽双等（2018）采用多元回归分析方法考察知识异质性、知识整合能力对团队创造力的影响，并检验了环境不确定性在知识整合能力和团队创造力二者之间的调节作用，研究发现：团队异质性正向作用于知识整合能力和团队创造力，其中知识整合能力在二者之间起到部分中介作用，并且环境不确定性起到正向调节作用[82]。

以上研究虽然没有将这些问题置于高校科研团队的应用背景中予以研究，更没有考虑以知识创新实现为目标导向的高校科研团队内部知识整合问题，但也涉及了一些与高校科研团队内部知识整合有关的问题，并将为本书的进一步研究提供相关的基础。

王磊等（2016）以团队知识整合能力为中介变量，研究了团队特征对高校科研团队个体创造力的影响，其中任务创新性和创新氛围是正向的影响因素，团队内外知识整合能力不仅对团队个体创造力起到正向影响，而且在团队特征因素和团队创造力中起到部分中介作用[83]。

张宝生等（2014）以耗散结构理论为工具，分析了跨学科科研团队的知识整合机理。基于团队知识整合的耗散结构特征及其知识整合机制，构建团队知识整合的耗散结构演化模型，分析知识整合系统的演化趋势和稳态条件[84]。

1.3.6　国内外研究现状的总体评述

以往成果对知识整合、团队知识整合和高校科研团队知识整合的相关探讨，将为本书的研究提供理论参考与借鉴。

国内外关于知识整合领域的研究范式具有一定的相似性，可大致分为"组织行为"导向和"技术应用"导向的研究范式，并且多以企业或医疗领域为主要的应用背景。所不同的是国外是以技术在组织知识整合活动中的应用研究为主，组织行为导向的研究处于相对次要的地位；国内是以组织知识的优化组合以培养和提升组织核心竞争力的研究范式为主，而技术的研究却处于附属地位；国外的技术应用研究相对比较深入，并能从实践应用的角度深入剖析技术在组织知识整合活动中的应用，而国内的相关文献多数还处于理论分析的阶段，鲜有实践应用的案例分析。

从研究对象来看，存在如下特点：①国内的知识整合领域的专家学者更重视基本概念的辨析和基础理论的探讨，如知识整合机制、知识整合机理、知识整合的过程研究等方面；而国外的知识整合研究却多以实际问题的解决为基本切入点，采用一定的技术与方法对组织绩效提升、创新能力提升的应对方案予以研究。②很多学者对影响知识整合的前因变量（知识整合的影响因素）和结果变量（如知识整合对组织绩效的影响）从理论和实证两个方面进行了大量的、非常精细的研究，但对知识整合过程进行较为细致的系统的研究相对较少。③以往的研究多以企业或企业团队本身作为最基本的分析对象，而很少以知识整合活动的参与主体为主要分析对象，研究参与主体之间的知识整合关系（知识寻求与知识贡献关系）、分析知识主体参与团队知识整合激励机制的研究相对较少。

从研究的应用背景来看，国内外有关知识整合的研究其应用背景主要集中在企业或企业团队的知识创新，以高校或高校科研团队的知识创新为应用背景的研究相对较少。

虽然前人已对知识整合、团队知识整合等进行了一些研究，但仍然存在一定的问题和不足，有待进一步完善。

（1）国内外相关研究很少对知识整合活动参与人的角色予以划分，对不同角色参与人在团队知识整合中所发挥的作用缺乏论述。高校科研团队的知识创新需要整合团队成员的知识特长，角色划分使知识整合参与主体能够明确自身所承担的知识创新任务和知识整合责任。因此，知识整合参与主体的角色划分是本书研究的重要理论前提。

（2）对面向知识创新的高校科研团队内部知识整合的流程研究方面还很缺乏。对知识整合流程本身的研究多停留在定性分析方面，对知识整合流程的阶段划分的研究相对较多，但对各个阶段进行较为细致论述的研究较少，在现实应用中可操作性不强。对于面向知识创新的高校科研创新团队内部知识整合活动而言，可操作性强的知识整合流程更具有现实指导意义。高校科研团队知识创新中所需要的知识能量来源于多个成员个体，知识整合的过程实际就是不同来源的知识进行有机融合实现知识创新的过程，而从多源信息融合理论的视角研究知识整合流程的成果还是十分鲜见的。

（3）对高校科研团队内部知识整合关系模式和知识整合网络构建的研究相对较少。高校科研团队内部成员之间知识整合关系的建立是以各自所掌握的知识为基础的。根据团队成员的知识互引关系、知识交互关系、知识引用耦合关系、知识特征耦合关系、知识被引耦合关系等为框架对团队内部知识整合关系模式进行分析，并基于上述维度对团队内部知识整合网络构建的研究尚未见到。

（4）高校科研团队内部知识整合与团队知识创新绩效的关系缺乏实证分析。关于团队内部知识整合与团队知识创新绩效的研究主要还是以企业为应用背景，以高校科研团队为应用背景的研究甚少，其实证研究结果将为揭示团队内部知识整合活动所存在的问题和提出相应解决策略提供现实的依据。

（5）高校科研团队内部知识整合激励机制研究的成果甚少。面向知识创新的高校科研团队内部知识整合网络的形成基础是参与团队知识创新的个体成员，团队所制定的知识整合激励机制是团队内部成员之间可持续知识整合关系的保障机制。目前，完善团队内部知识整合策略的研究相对较多，而对知识整合激励机制的研究较少。

1.4　研究内容、研究方法及技术路线

1.4.1　研究内容

高校科研团队知识整合分为团队内部知识整合和团队外部知识整合，而团队对外部知识进行整合依靠的是团队成员个体的知识获取与知识吸收能力，团队成员将从外部获得的知识整合到自己原有的知识体系中，增加自身的知识存量，为团队层面的知识整合提供知识储备。如果令团队外部的知识真正在团队知识创新中发挥作用，需要将个体成员从团队外部获取的知识与自身原有的知识体系进行有机融合，进而与团队其他成员的知识进行有机重构，从而实现团队内部知识整合，为实现团队知识创新目标奠定知识基础和提供创新思想的来源。因此高校科研团队知识整合主要是团队内部的知识整合，从团队外部获取的知识以及整合外部知识的结果可以看作团队或团队成员个体知识存量的变更，所以本书将研究问题界定为面向知识创新的高校科研团队内部知识整合。

（1）绪论。本章首先从理论和实践两个角度论证了研究背景和阐明所研究的问题，在此基础上，阐明了本书研究的目的与意义，然后对本书所涉及的主要研究主题的国内外研究现状予以总结、分析与评介，最后对研究内容

作了清晰界定、对研究方法和所采用的关键技术路线进行了说明。

（2）面向知识创新的高校科研团队内部知识整合的理论基础。本章在剖析面向知识创新的高校科研团队内部知识整合特征与内涵的基础上，详细阐述了研究高校科研团队内部知识整合流程、知识整合网络构建、团队内部知识整合与团队知识创新的关系以及团队内部知识整合的激励机制等方面所涉及的相关理论，包括多源信息融合理论、D－S证据理论、社会网络分析理论、社会资本理论、引文分析理论、委托代理理论等。

（3）面向知识创新的高校科研团队内部知识整合的流程。本章以多传感器多源信息融合理论中的基于行为知识的信息融合模型为逻辑主线，从总体分析和具体分析两个方面研究了面向知识创新的高校科研团队内部知识整合的流程，包括知识整合目标设定，知识资源获取、识别、筛选、配置、知识重构以及知识整合流程中的行为规则。

（4）面向知识创新的高校科研团队内部知识整合网络的构建与分析。在第2章对本书研究对象内涵界定的基础上，基于知识互引关系、知识交互关系、知识特征耦合关系、知识引用耦合关系以及知识被引耦合关系等高校科研团队内部知识整合关系建立的若干维度，采用引文分析、社会网络分析等理论论述了基于知识互引行为的团队内部知识整合网络、基于知识交互行为的团队内部知识整合网络、基于知识特征耦合关系的团队内部知识网络、基于知识引用耦合关系的团队内部知识整合网络、基于知识特征耦合关系的团队内部知识整合网络以及基于知识被引耦合关系的团队内部知识整合网络的构建原则与实现方法。在上述知识整合网络模型构建的基础上，从整体网络分析的视角对上述网络的中心性和凝聚性特征进行了分析，详细阐释了不同网络结构特征所表征的团队内部知识整合态势。

（5）高校科研团队内部知识整合与团队知识创新绩效关系的实证研究。在第4章团队内部知识整合网络模型构建的基础上，首先采用社会资本理论、社会网络分析等理论方法构建了实证研究的理论模型和概念模型及假设模型，然后采用结构方程的分析方法研究了团队内部知识整合与团队知识创新绩效的关系，并对团队内部知识整合网络中节点之间的资源依赖结构即知识权力关系予以解析，依据对样本的研究结论，深刻剖析了所收集样本团队内部知识整合活动中所存在的问题。

（6）面向知识创新的高校科研团队内部知识整合的激励机制研究。综上所述，为获取知识创新所需要的知识资源，团队内部知识创新引领人和知识创新跟随者之间形成了知识寻求和知识供应的知识整合关系，经过系统的学习或深度的知识交流，成员个体的知识体系得以重构，团队成员之间就存在着有向的知识整合网络，设计一个什么样的激励机制使团队成员愿意参与团队内部的知识整合活动，并愿意为团队内部知识整合活动提供知识能量，以保证团队内部知识整合活动的顺利进行。本章主要从个体和团队两个层面来研究面向知识创新的高校科研团队内部知识整合的激励机制。首先采用委托代理关系的分析视角对个体层面的激励机制予以研究，然后采用社会网络分析方法对团队层面的激励机制予以研究，并结合实证分析的研究结果，对团队层面激励机制设计的启示做了较为深入的探讨。

1.4.2 研究方法

（1）文献调查研究法。查阅课题相关领域的中外文研究文献，通过对国内外相关文献进行梳理、归纳、概括及总结来了解国内外相关主题的研究现状，重点研究和学习现有理论研究的优势，揭示相关内容和相关理论研究的不足，丰富本书研究的理论基础。

（2）理论分析与实证研究相结合。本书采用理论分析的方法对高校科研团队内部知识整合的流程进行研究；构建高校科研团队内部知识整合网络，并利用实证研究方法来分析知识整合与团队知识创新绩效的关系；采用理论分析与实证研究相结合的方式从个体和团队两个层面来研究高校科研创新团队内部知识整合的激励机制，通过知识整合激励机制的研究在理论上完善了知识整合的策略与建议。

（3）系统分析法。本书对高校科研团队内部知识整合的流程、知识整合网络模型的构建、知识整合与知识创新绩效的关系、知识整合的激励机制等方面进行了系统分析。

（4）定性分析和定量分析相结合。除了定性分析研究高校科研团队、知识整合基本理论外，还要采用定量分析法结合所调研高校科研团队内部知识整合的实际情况来研究高校科研团队内部知识整合与团队知识创新绩效的关系。

（5）统计分析法。本书利用 UCINET 社会网络分析软件、Smart PLS 结构方程分析软件对所收集的高校科研团队内部知识整合的实证数据进行分析，分析高校科研团队内部知识整合活动的现存态势，重点研究高校科研团队内部知识整合活动的现存问题，为知识整合激励机制的设计提供明确的指导方向。

1.4.3 技术路线

本书的技术路线如图 1-6 所示。

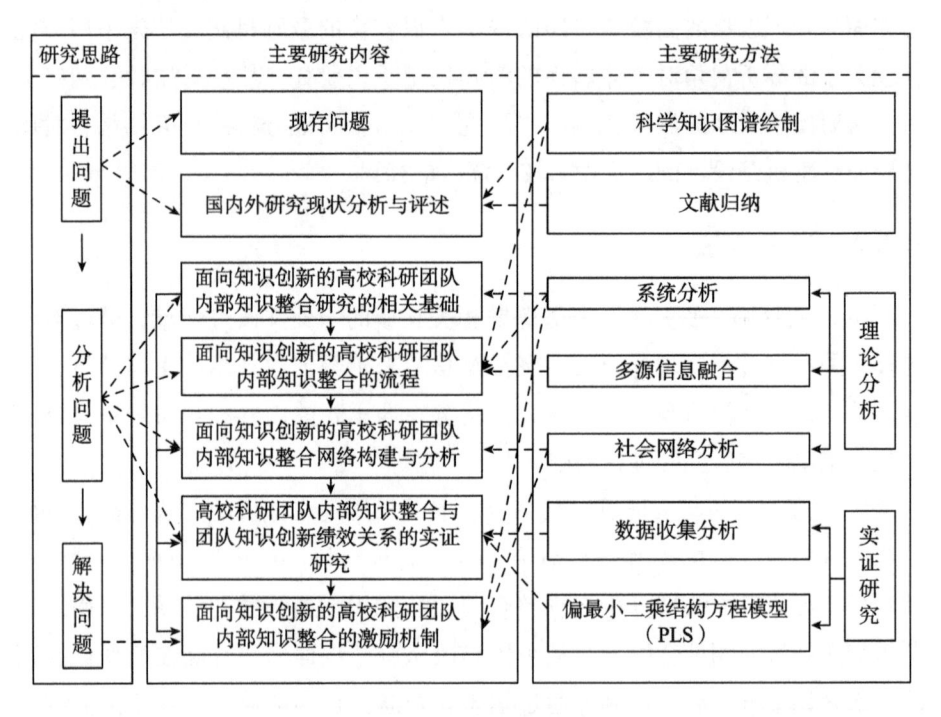

图 1-6 技术路线图
Fig. 1-6 Technical route

第 2 章 面向知识创新的高校科研团队内部知识整合研究的相关基础

为了本书和后续研究的需要，本章在分析面向知识创新的高校科研团队内部知识整合内涵和知识整合特征的基础上，详细探讨了高校科研团队内部知识整合研究中所涉及的相关理论，包括多源信息融合理论、D-S 证据理论、社会网络分析理论、引文分析理论、社会资本理论、委托代理理论等。

2.1 高校科研团队的内涵与特征

2.1.1 高校科研团队的内涵

高校科研团队属于一种集体研讨进行知识创新的科学研究组织形式，为了获取知识创新所需要的可靠知识，建立和发展知识主体之间的最佳联系，在知识创新的道德规范等行为规则的约束下，呈现的是知识创新的集体理性态势，不仅顺应了科技发展的要求和建设与完善国家创新体系的需要，而且也是推动高校知识创新快速发展的强大动力。

杨映珊等（2002）认为科研团队是以科学技术研究与开发为内容，由为数不多的技能互补、愿意为共同的科研目的、科研目标和工作方法而相互承担责任的科研人员组成的群体[85]。该定义被目前有关科研创新团队或高校科研团队的研究者们陆续引用或借鉴[86-87]。本书结合上述对科研团队定义和《"长江学者和创新团队发展计划"创新团队支持办法》中有关创新团队的陈述，认为高校科研团队的内涵如下：

高校科研团队一般以重点实验室、重点学科、重要研究基地等为依托，以承担重要的基础或应用基础类项目为目的，由若干具有相同或相关的学科知识背景、在专业技能方面互补，致力于团队知识创新的共同愿景，能够彼此承担责任的科学研究人员组成，具有集中的研究方向和共同的研究主题，知识创新目标明确，知识结构、职称结构、年龄结构合理，并已经取得一定的科研成果。

可见，高校科研团队需要对团队所能利用的知识资源进行有机整合才能取得重大的知识创新成果，而在对知识资源进行有机整合的过程中，团队成员之间知识的相互学习、借鉴和密切的知识交互活动是实现知识资源有机整合的关键环节，吸引个体成员参与团队知识创新和激励团队成员进行密切的知识交互活动是实现团队知识资源有机整合的制度保障。

2.1.2 高校科研团队的特征

1. 高校科研团队成员的知识特征

从最本质的意义上讲，高校科研团队存在的主要缘由为团队成员之间存在着知识势差，成员之间存在的知识势差或者由于知识背景相似，但对知识创新目标所需要知识的掌握程度有所差异，或者由于知识背景的差异，但对同一研究主题所涉及的不同维度知识的掌握有所差异，前者称为同构知识势差，后者称为异构知识势差。同构知识势差可实现知识创新目标的纵向专深化，而异构知识势差可实现知识创新目标的横向综合化，因此这些同构知识势差和异构知识势差决定了团队成员的知识在一定程度上呈现出互补特征。知识势差是团队式知识创新行为进行的前提条件，这就暗含着成员之间在知识创新的过程中势必存在着知识寻求与知识贡献关系。

2. 高校科研团队的组织结构特征

高校科研团队是一个开放的知识创新系统，因此团队的知识资源具有一定的流动性，在组织结构方面体现出非稳定性，但从可持续性的角度而言，虽然组织结构呈现出一定的非稳定性，一个高校科研团队如果能够长久存在，其核心部分相对比较稳定的、流动的是那些边缘成员。我国高校科研团队的成员一般由团队负责人、普通教师以及博士生和硕士生组成，团队负责人一般由在学术界具有一定学术地位并取得一定知识创新业绩的教授或博士生导师担任，普通教师主要是该团队中某些研究方向的主要负责人，而博士生和硕士生是详细研究任务的具体执行者，团队负责人和方向负责人是一个团队的核心成员，一般都是所在高校的职工，而博士生和硕士生是以学生的身份参与团队知识创新活动的,一旦毕业,多数学生都会离开所在团队而投身于新的岗位及其研究任务中,因此这些成员具有很大的流动性。

3. 高校科研团队知识创新运行特征

高校科研团队以国家科技战略需求为导向,以科研任务和知识创新为基本出发点,以预期的知识创新成果为实践平台,充分尊重团队成员的独立思考,鼓励团队内部知识资源整合,寻求知识资源的优势互补,以期实现基础理论创新突破、应用研究创新的拓宽以及科技服务创新的深化等目标。

高校科研团队根据最终的知识创新目标以及团队内部成员的知识特征,可将团队内部总的知识创新任务分为若干个子任务,并且每个子任务都有其相应的规划者,各个子任务的规划者根据子任务目标的需要,寻求并吸纳其他团队成员或合适的知识资源,为子任务目标的实现贡献知识能量。高校科研团队知识资源整合式的知识创新模式,不仅为团队知识创新的实现提供丰富的知识资源储备,而且也为团队成员提供了交流平台,促进团队内部知识资源的深度融合。

2.2 面向知识创新的高校科研团队内部知识整合的界定

2.2.1 面向知识创新的高校科研团队内部知识整合的特征

1. 任务引导特征

任何知识整合活动都是有一定动因驱动的动态过程,面向知识创新的高校科研团队内部知识整合的动因就是实现知识创新。通过对高校科研团队内部知识创新目标的系统分析,确立为实现知识创新目标所要完成的任务,然后判断完成相应知识创新任务所需要的知识,搜集并引导相应的知识力量汇聚在任务中,以完成知识创新任务为契机来实现知识的集结。

2. 所需知识的离散性特征

知识的离散性特征是指团队内部的知识主体在为知识创新目标的实现而开展知识整合活动的过程中,部分所需知识以各种形式或方式与知识的最终应用处于分离状态。知识的离散特征分为客观离散特征和主观离散特征。客观离散特征是指知识寻求者无法接触到所需知识,主要是由知识的空间分布性特征和主体分布性特征造成的；主观离散特征是指知识主体由于认知能力原因造成的不能对已经拥有的知识资源进行利用[67]。

3. 所需知识的类型与状态取决于团队成员的知识能力

按照知识存在的形态，可将知识分为显性知识和隐性知识。而在团队内部知识整合活动中，为了实现知识创新目标，需要利用两种知识，一种是已经脱离于知识主体的显性知识或隐性知识，另一种是没有脱离于主体的显性知识或隐性知识。对于团队内部的成员个体而言，知识创新目标所需知识的显性或隐性是相对的：成员个体已经掌握、能够利用或通过再学习的过程并以较低的成本能够利用的知识，就个体而言就是显性知识或者假隐性知识[88]，而不管其是否脱离知识主体或团队其他成员是否已经掌握；那些对于成员个体而言，没有掌握的、无法直接利用的或者通过再学习的过程需要以较高的成本才能够利用或者无法利用而令个体成员不愿意花费时间与精力去掌握的知识，就个体而言就是隐性知识或者假显性知识[89]，同样不管其是否脱离主体或团队其他成员是否已经掌握。

4. 参与人角色的多重性

根据参与人是否主动提出知识创新目标，为知识创新目标设定详细而明确的规划，并主动寻求为实现知识创新目标而所需的知识资源（主体资源和客体资源），将团队内部知识整合活动的参与人分为两种角色：知识整合活动的主动参与人和知识整合活动的被动参与人。前者是团队内部某些知识创新目标的最初倡导者，并在目标规划中起到绝对的主导作用，能够把握知识创新目标的最终方向，称之为知识创新引领人；后者是知识创新引领人为实现知识创新目标根据任务需要而寻求的具有完成任务所需知识类型的参与人，即为实现团队内部其他成员所提出的知识创新目标而贡献自身知识能量的知识主体，称之为知识创新跟随者。这样在面向知识创新的高校科研团队内部知识整合活动中，对于每一个知识创新目标的实现，团队内部成员都可能扮演着上述两种角色，即以最微观的知识创新活动为实践平台来分析团队内部知识整合活动参与人的角色。

在团队内部知识整合活动中，根据参与人是否发挥其主观能动作用可以为知识创新目标的实现随时调整自身的行为，知识整合活动的参与人又分为现实参与人与虚拟参与人，这种角色划分方式是由参与人所掌握的知识类型状态所决定的。以一个成员独立完成知识创新目标的情况为例，如果知识创新引领人能够依靠个人的知识能力，通过整合团队内外已有的知识或者通过再学习的过程掌握知识创新任务所需的全部知识，能够胜任知识创新过程的全部工作。那么在团队内部知识整合活动中，真正发挥主观能动性去整合知识创新目标所需知识的实际参与主体只有知识创新引领人一个人，而他所利用的知识创新成果的主体们只是扮演着完全被动的团队内部知识整合参与人的角色，只是确定了被整合的知识的类型、特征与状态，称之为团队内部知识整合的虚拟参与人。同样，在多个成员完成知识创新目标的知识整合中，这些实际参与的成员就是团队内部知识整合的现实参与人，而被利用知识的创造主体就是虚拟参与人。因此从上述分析可以看出，团队成员还可能扮演着现实参与人和虚拟参与人的角色。

5. 团队内部知识整合模式的多样性

同时基于上述分析，也可以依据团队内部知识整合活动中现实参与人的数量特征，将团队内部知识整合分为独立式知识整合和合作式知识整合。独立式知识整合中现实参与人只有一个，合作式知识整合中现实参与人有多个，即使现实参与人中存在非团队成员，也可以将之看作为潜在的团队成员，为团队吸纳新的知识力量提供人力资源储备。

如果从知识是否被直接利用和参与主体是否具有交互行为的角度看，将团队内部知识整合活动分为基于引用关系的知识整合模式和基于交互行为关系的知识整合模式。

知识寻求主体从团队内部其他知识主体已有的知识创新成果中汲取有用的知识，并将所汲取的知识与自身原有的知识体系予以整合以实现知识创新目标，而整个过程中没有与被寻求知识的拥有主体进行深度的知识交流，知识的寻求主体将所寻求知识与实现知识创新目标所需的其他知识予以整合，知识的寻求主体在知识整合的过程中发挥了主要作用，被寻求知识的拥有主体是以虚拟参与人的身份参与团队的知识整合活动的。在这种知识整合模式中，知识的寻求主体和被寻求知识的拥有主体之间呈现的是知识的直接利用与直接被利用的关系，诸如科学计量学中知识主体之间的引用关系（排除自引）即是典型的案例。本书借用科学计量学中的引文分析概念，将这种直接利用知识本身进行知识整合实现知识创新目标的模式定义为基于引用关系的知识整合模式。

如果知识的寻求主体无法直接利用团队其他成员所拥有的知识，并将其与自身原有的知识体系予以整合实现知识创新目标,必须经过与他人的深度交流才能将创新目标所需知识予以整合,知识利用的方式表现为基于其他主体的间接利用方式,参与主体需要经过能动式的交互行为实现知识整合进而实现团队内部的知识创新目标,诸如科学家之间的合作关系即为典型的案例,本书将其称为交互式的知识整合模式。交互式的知识整合模式为知识主体提供了相对紧密的物理空间或缩小了成员彼此间的心理距离,为团队内部知识的深度交流提供了机遇,相对于基于引用关系的知识整合模式,通过交互式知识整合模式,团队内部的知识主体将会获取更具有隐匿性的知识、方法或技能。

按照被整合知识的形态,可将团队内部的知识整合分为显性知识整合和隐性知识整合,这两种知识整合模式不是独立存在的,是嵌入在引用式或交互式的知识整合活动中的。在引用式知识整合模式中,团队成员将自身的显性知识、隐性知识以及他人的显性知识进行整合,以实现知识创新的目标;在交互式知识整合模式中,团队成员将自身的显性知识、隐性知识整合,与他人的显性知识及隐性知识予以整合,以实现知识创新的目标。

2.2.2 面向知识创新的高校科研团队内部知识整合的内涵

从20世纪90年代初Henderson和Clark（1990）对知识整合进行完整表述至今,虽然国内外学者对"知识整合"的内涵研究取得了丰硕的成果,但始终没有达成统一,国内外学者从不同角度、不同层面对知识整合的内涵进行了界定,这为本书的面向知识创新的高校科研团队内部知识整合的内涵界定奠定了理论基础。根据对研究综述的梳理,发现目前关于知识整合内涵的观点大致可分为两类:能力论和过程观。以能力论视角来研究知识整合内涵的以Teece等（1997）[23]、沈群红等（2002）[24]的论述最具有代表性[90]。以过程观视角来研究知识整合内涵的以魏江等（2008）的论述最具有代表性[27]。

综合上述研究,有关知识整合的内涵大致分为如下维度:①知识整合是有动因驱动的,诸如产生新知识、培养组织的核心能力或实现创新目标;②知识形态、知识来源的多样性;③知识主体之间的知识利用与知识交互活动;④由一系列的知识活动构成,诸如知识识别（甄选）、利用、转移和重构等；⑤多以企业或企业团队为主要的应用背景[91]。

在借鉴已有的知识整合概念表述、提炼已有成果思想观点的基础上，结合高校科研团队的内涵和面向知识创新的高校科研团队内部知识整合的特征，本书对面向知识创新的高校科研团队内部知识整合的内涵进行了如下界定：

知识创新引领人根据知识创新目标的需要，在对团队内外的知识环境进行感知的过程中，获取与知识创新目标相关的知识资源（知识主体与知识客体）信息，对所获取的知识资源信息进行整理，关注对知识创新目标有益的知识主体，以便充分利用团队内部各个知识主体的知识优势，在其相互学习或交流的过程中通过对创新目标所需的来源于多个知识主体的多种功能的知识资源进行识别、筛选、配置，并经过个体融知和团队知识的有机重构等环节，最终使其适应知识创新目标的需求，同时实现个体知识体系更新与优化和团队内部知识体系优化的动态过程。

本书对面向知识创新的高校科研团队内部知识整合内涵的理解包含如下几个方面：

（1）知识创新目标的实现及团队内部知识体系的优化是高校科研团队内部知识整合活动的最终体现。

知识整合的结果包括如下三个层面：知识创新目标的实现、个体知识体系的优化、团队知识体系的优化，其中个体知识体系的优化和团队知识体系的优化是团队知识创新目标实现的副产品，即为了实现知识创新目标，通过知识整合的过程实现了知识体系的优化与更新。

（2）知识整合的过程知识是高校科研团队内部知识整合活动的具体体现。

知识整合的过程知识是指团队成员在知识整合过程中所获得的有关知识资源获取、知识资源识别、知识资源筛选、知识资源配置、知识重构等方面的经验以及解决问题的方法与途径。这对于团队来说是一种宝贵的知识财富，能够增强团队成员整合知识资源的能力，增加团队成员的知识存量[92]，如果能将这些过程中所获取的经验和方法在团队内部充分分享和扩散，也能体现新知识的产生与增长[26]。

（3）知识整合由一系列以实现知识创新为目标导向的知识活动构成。

针对本书的研究主题，知识创新是目标，知识整合是实现过程与手段，与知识创新紧密相关的知识整合的前续过程和后续过程都应该理解为保证以知识创新为导向的知识整合活动顺利进行的一系列活动。

通过上述定义，可以归纳出面向知识创新的高校科研团队内部知识整合的流程包括：知识整合目标设定、知识资源获取、知识资源识别、知识资源筛选、知识资源配置、知识重构（个体融知、团队知识的有机整合）等一系列知识活动。

（4）在知识整合的过程中，团队内部的知识主体之间形成了错综复杂的复合式的知识整合网络。

根据对团队内部知识整合活动中参与人的角色划分，作为现实参与人和虚拟参与人的团队成员之间可形成基于知识引用行为的知识整合网络，作为知识创新引领人和知识创新跟随者的团队成员之间可形成基于知识交互行为的知识整合网络。

在知识引用行为中，团队成员在知识引用方面和知识被引用方面可能存在着共性特征，如果在知识引用方面存在共性特征，团队成员之间就存在着知识引用耦合关系，如果在知识被引用方面存在着共性特征，团队成员之间就存在着知识被引用耦合关系，因此根据知识引用和知识被引用方面的共性特征，团队成员之间可形成知识引用耦合关系网络和知识被引用耦合关系网络，这两种网络是基于知识引用行为的知识整合网络的共生网络，本书也将其看作团队内部知识整合网络。

根据知识整合参与人的角色划分，在基于知识交互行为的知识整合关系中，知识整合参与人之间如果存在着共同的知识资源或共同的知识特征，参与人之间就可能存在着共同的交流主题，参与人之间的知识交互活动可以顺利进行。因此，参与人之间知识特征耦合关系与基于知识交互行为的知识整合关系是共生的，本书也将其看作团队内部知识整合网络的一种。

综上所述，团队内部的知识整合网络包括基于知识互引行为的知识整合网络、基于交互行为的知识整合网络、基于知识引用耦合的知识整合网络、基于知识特征耦合的知识整合网络、基于知识被引用耦合的知识整合网络，并且这五种网络不是完全分离的，通常存在着交叠关系。诸如存在知识引用关系的主体之间也可能存在着知识交互关系或知识引用耦合关系，而存在知识交互关系的主体也可能存在着知识特征耦合关系或知识被引用耦合关系。因此团队内部的知识整合关系网络是由上述五种网络组成的复合式知识整合网络，这种复合式的知识整合网络如图 2-1 所示。

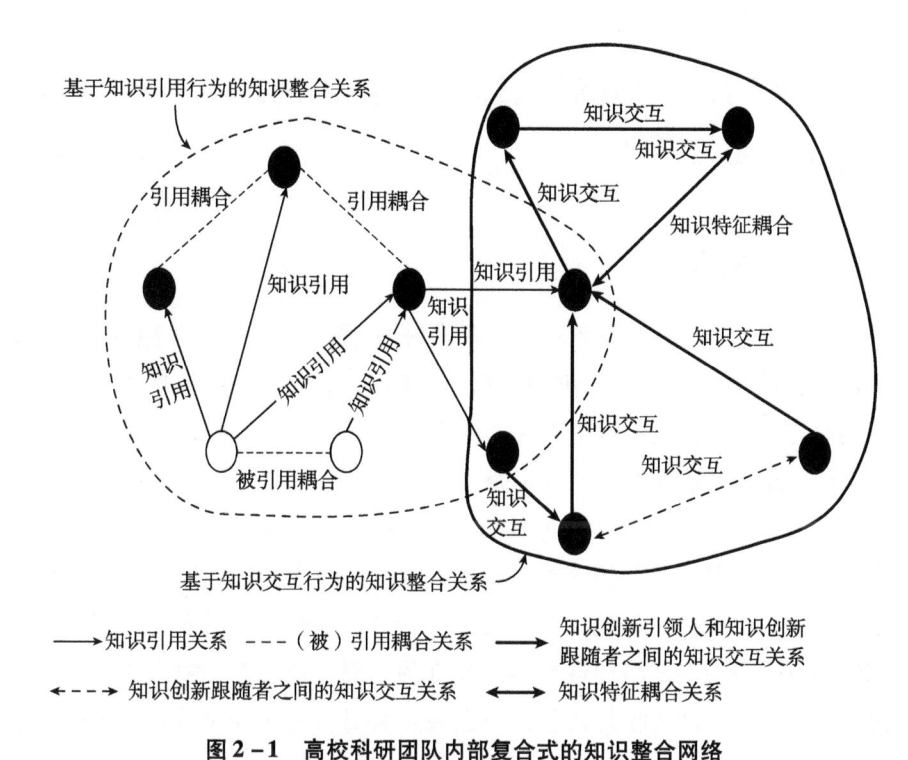

第2章 面向知识创新的高校科研团队内部知识整合研究的相关基础 | 43

图 2-1 高校科研团队内部复合式的知识整合网络
Fig. 2-1 University scientific research team's internal mixed knowledge integration network

（5）团队成员的参与行为和贡献知识的意愿是团队知识整合进行的基础，因此团队的激励机制是成员参与知识整合的保障，并能够激发成员贡献知识的意愿。

根据知识创新目标确立知识创新任务以及根据任务确定需要整合的知识类型，也就确定了知识整合活动参与人的类型，即知识整合活动参与人应该具备任务所需的知识类型，如何激励团队成员（包括潜在的团队成员）为知识创新目标的实现贡献其个体知识，激发参与团队知识整合的热情和动力，是面向知识创新的团队内部知识整合活动顺利进行的保障机制，这种激励机制主要体现在个体和整体两个层面，对于参与知识整合的成员个体而言，即是激励其参与团队的知识创新活动，为团队内部知识整合的激励机制奠定微观基础，对于参与知识整合的成员集体而言，根据个体成员对知识创新目标实现的知识贡献量大小，设定合理的利益分配机制，从而实现"兼顾内在动机与外在激励、兼顾个体与整体、兼顾内部公平与外部公平"的团队内部知识整合激励机制。

2.3 面向知识创新的高校科研团队内部知识整合研究的相关理论基础

2.3.1 信息融合理论

信息融合（Information Fusion）有多种称谓，诸如传感器融合（Sensor Fusion）、数据融合（Data Fusion）等，这些概念之间虽然有所区别，但大多数研究对这些概念已经不做明确区分，统一将其称为"信息融合"，甚至多传感器多源信息融合也简称为"信息融合"[93]。

信息融合是所有生物系统（包括人类）中普遍存在的一种基本功能。人类本能地通过自身的各种传感器（眼睛、耳朵、鼻子、四肢等）所获取的各种信息（触觉、知觉、味觉）与自身的先验知识进行综合处理，以对不同时间和空间范围内的各种物理现象做出精准的判断。通过这一复杂而又自适应的过程，将各传感器所收集的各种信息转换为对自身所处系统环境的合理而有价值的解释。但由于信息在表现形式上的多样性、在数量上的巨大性、关系的复杂性以及信息应用的时效性要求，超出了人脑对信息的综合处理能力，人们对信息融合的理论研究和实际应用探讨应运而生[94]。

多传感器多源信息融合是对人脑综合处理复杂信息过程的功能模拟，充分利用系统的多个传感器资源，通过对系统中的多种传感器及其观测信息进行合理支配与使用，将各种传感器获取的关于观测目标对象在时间与空间上的互补与冗余信息依据某种规则进行优化组合，产生对观测目标及其环境的统一性描述及解释[95]。

信息融合作为理论概念最早出现于 20 世纪 60 年代，当时将其定义为"数据处理的数学模型"。其最早应用于实践却在 20 世纪 70 年代，采用信息融合技术进行了声纳信号理解系统的研究。从此，信息融合技术便迅速应用于军事和民用等多个领域。诸如机器人通过信息融合技术，确定预识别对象的方位；遥感系统采用信息融合技术通过协调所使用的传感器，对地面进行监视，识别地貌、气象模式、矿物资源以及地质勘探或者威胁（如辐射泄漏或某一地域原油泄漏）等[96]。

多传感器多源信息融合对于解决复杂系统的各种问题，具有如下优势：

①系统的生存能力得到增强，当若干个传感器无法执行提供信息的任务时，总有一些传感器可以提供信息，使系统不受干扰地持续运行；②降低不确定性，多个传感器能从多个维度联合收集观测目标的多种信息，同时确认同一观测目标，对目标的多种观测信息进行有效融合，提高了系统探测的有效性，能够降低目标辨识的不确定性；③增强了可靠性，多个传感器协同工作、相互配合，不仅在功能上存在着内在的冗余度，而且在所收集的信息上也存在着冗余，对于系统本身而言，这也产生了一些不利因素，诸如系统的复杂性和成本都会增加[97]。

为了实现知识创新的目标，高校科研团队内部知识创新引领人及其知识创新跟随者通过对团队内外知识系统的感知，获取有用的知识资源，将来源于多个知识主体的不同领域的知识进行有机融合，使知识主体及其所拥有的知识构成相互关联统一的知识系统达到知识创新的目的。在这个过程中，多个知识主体参与可以弥补单一知识主体当前知识创新能力的不足，力图对团队内部的知识创新提供充足而可靠的知识能量。简而言之，这个过程的关键就是设置有效的知识整合规则和机制，使得多个主体多个领域的知识能够互补集成，降低知识创新中的不确定性程度，提升团队内部的知识整合效果以优化知识创新目标的实现。这与多源信息融合理论的思想精髓是一致的，多源信息融合理论研究的重点是提供各种有效的特征识别方法和算法，对多传感器所收集的信息进行组合和综合，以期得到比单一信息源更准确、更可靠的估计或推理，改善不确定环境中的决策过程[94]。

鉴于面向知识创新的高校科研团队内部的知识整合活动具有明显的行动导向（所有活动都围绕知识创新而展开）以及所需知识的多领域性、多主体性等特点，本书采用基于行动导向的多传感器多源信息融合理论的观点来研究面向知识创新的高校科研团队内部知识整合的流程。高校科研团队内部的知识整合活动是一个多主体参与的复杂过程，团队内部各个主体的作用如同传感器的作用，具有获取知识创新目标所需知识并与系统内部的已有知识进行综合的能力，并且彼此之间能够协同作用、相互配合参与团队内部的知识整合活动完成知识创新的目标。因此，多传感器多源信息融合提供了一种阐释知识整合现象的理论方法，有助于认识高校科研团队内部知识整合系统的特征，并了解高校科研团队内部知识整合活动的运作流程。

2.3.2 D-S 证据理论

D-S 证据理论是一种用于处理不确定性问题的数学工具，对于不确定性问题及信息的处理方式，比较适合人类处理问题的思维习惯，能够较好地融合来自于不同证据源的不同证据信息。采用信任函数（Belief Function）而非概率作为对事件的度量，通过对一些事件发生的概率设定相应的约束以建立信任函数，而无须阐明这些事件较为精确的难以获得的概率，如果这些约束被限制为精确的概率，证据理论就成了概率论。因此，从这个意义上讲，概率论是 D-S 证据理论的特例[98]。

定义 2 −1：设 U 为一识别框架，则函数 $m: 2^U \to [0, 1]$（2^U 为 U 的所有自己构成的集合）满足下列条件：

(1) 空集的基本概率赋值为 0，即 $m(\varphi) = 0$。

(2) U 中所有关于某一命题的概率赋值总和为 1，即 $\sum_{A \subset U} m(A) = 1$；

其中，$m(A)$ 为命题 A 的基本概率赋值，表示对命题 A 的精确信任程度，表示了对 A 的直接支持[99]。

定义 2 −2：设 U 为一识别框架，$m: 2^U \to [0, 1]$ 是 U 上的基本概率赋值，定义函数 BEL: $2^U \to [0, 1]$ 为

$$\text{BEL}(A) = \sum_{B \subset A} m(B) \quad (\forall A \subset U)$$

其中函数 BEL 是 U 上的信任函数（Belief Function）。$\text{BEL}(A) = \sum_{B \subset A} m(B)$ 表示 A 的所有元素的可能程度的度量之和，即 A 的信任程度，信任函数表示对命题的信任程度估计的下限（即悲观估计）。因此，空集 $\varnothing$ 的信任函数 $\text{BEL}(\varnothing) = 0$，$U$ 的信任函数 $\text{BEL}(U) = 1$[100]。

定义 2 −3：若 A 为识别框架 U 的一个子集，并且 $m(A) > 0$，则称 A 为信任函数 BEL 的焦元，所有信任函数 BEL 焦元的并集称为核。对于 A 的不知道信息可用 $\overline{A}$ 的信任程度来度量[101]。

定义 2 −4：设 U 为某一识别框架，似真度函数 PL(Plausibility Function) 可以定义为：$\text{PL}(A) = 1 - \text{BEL}(\overline{A}) = \sum_{B \cap A \neq \varnothing} m(B)$。其中 PL($A$) 表示不否定 A 的信任度，是 A 所有交集的基本概率赋值之和，即似真度函数表示对命题的信任程度的上限估计（即乐观估计）。可见，$\text{BEL}(A) \leqslant \text{PL}(A)$，并以 PL($A$) −

BEL(A) 表示对 A 的不确定信息，称为 A 的不确定程度（Uncertainty）[102]。

不确定性理论研究领域认为，D-S 证据理论能够克服概率论的"非此即彼"的分析视角，并拥有模糊集理论的"亦此亦彼"的模糊处理手段以及粗糙集理论的可以有效地处理不完全、不精确信息等在不确定性分析中的优势，将概率区间化、一般化，以信任函数（信度函数）来分析不完全信息状态下的不确定性程度并提供统一的不确定性建模框架[103]，因此信任函数（信度函数）的获取是 D-S 证据理论进行不确定性分析的关键。

对于以知识创新目标实现为导向的高校科研团队内部的知识整合来说，在其他知识创新所需知识资源都具备的情况下，知识整合活动参与人知识创新能力的不确定程度是需要考虑的重点。特别是在合作式知识整合模式中，知识创新引领人不仅要寻找到拥有知识创新目标所需知识特征的知识创新跟随者，而且还需要寻求拥有与知识创新目标相关知识特征的知识创新跟随者，即针对同一知识创新任务，允许在人力资源的储备上存在着冗余，但知识整合活动的参与主体要尽可能降低冗余，因此知识整合活动所需知识资源的选择存在着取舍，需要对备选的知识主体知识创新能力的不确定性进行分析。

2.3.3 社会网络分析理论

社会网络认为每个行动者与其他行动者之间都存在着或多或少的联系，社会网络分析就是运用一定的方法和技术建立社会网络中各个行动者之间的关系模型，对表达这种关系模型的社会网络数据作出恰当的解释，说明社会网络中的各个行动者之间的关系属性与结构[104]。从研究对象的角度看，社会网络分析的基本分析单位不是网络中的行动者，而且行动者之间的资源流动关系或彼此依赖关系，这些关系构成了行动者所组成群体或组织的社会结构，并且认为行动者之间的关系可以作为"外在变量"对行动者产生一定的影响。从方法论的角度讲，社会网络分析掀起了一种全新的社会科学研究范式，在经济学研究范式和社会学研究范式之间找到了一个中间地带，认为人既不是像经济学所假设的那样是"低度社会化的"，也不是社会学所假设的那样是"过度社会化的"，这两者忽略了社会行动者之间时刻可能存在的社会关系，没有考虑到社会行动者的行为是嵌入在社会网络中的，这种全新的研究范式主要归功于格兰诺维特对嵌入理论的研究[105]。

高校科研团队的任何一个成员都不是不受团队的任何影响而独立行动的，

同样其行动也不是完全受制于团队的知识创新环境。如果其知识创新行为和知识创新成果与团队总的知识创新目标契合度很低，一方面其无法利用团队内部的知识资源，另一方面也无法为团队的知识创新提供有用的知识能量，这种过分的独树一帜已经使其不适合成为该团队的一员，这种成员资格已经名存实亡；在满足团队知识创新总体目标的前提下，成员的知识创新可以有所突破，呈现出不同于团队以往的研究范式，为团队内部的知识整合提供新的知识能量，为团队未来的知识创新积聚知识存量。因此，研究高校科研团队内部的知识整合活动，要采用社会网络分析这种全新的研究范式，即社会嵌入的观点，人是适度嵌入在团队内部的社会网络中的，在遵循团队知识创新规范的同时，又保持了其独特的知识创新精神与气质，真正体现出高校科研团队内部知识整合中"以人为本"的理念。

2.3.4 引文分析理论

引文分析方法通过科学期刊、科学文献以及知识主体之间的引用和被引用关系来研究科学思想传递的进程、知识交流的特点以及知识创新主体之间的知识传承关系。引文分析方法的主要创始人是美国著名的科学情报学家尤金·加菲尔德。引文分析方法最早源于法律业务工具书《谢泼德引文》(*Shepard's Citation*)，《谢泼德引文》以法院所审理的案件为基本标目，每个案件下面列出了案件审理所参照的法律条文以及所参考的其他案件以及可能对律师有用的法律资料，无须考虑法律案例属于哪种类型，只体现引用与被引用的关系，这样案例和法律条文之间就形成了一个网络[106]。

在《谢泼德引文》的启发下，尤金·加菲尔德提出建立整个自然科学领域文献的综合性科学引文索引的具体方案，并撰文发表在1955年《科学》杂志上。相对于知识创新成果的主题内容分析方法，引文分析方法能够揭示知识创新成果之间的关系以及知识创新工作者之间的知识交流关系，而这些关系在主题内容分析时是无法体现出来的[107]。引文分析方法通过揭示知识创新成果之间的关联数据，将知识创新工作者们联系在一起，从而全面地反映出整个知识创新系统的属性而非仅仅揭示单个行动者的属性，对于关系属性的研究者而言，即使不了解知识创新工作者所在学科的专业知识，也能研究知识创新系统中知识流动、知识交流以及知识整合之间的网络关系。科学技术日新月异的发展可能会导致专业术语的变化，而这些变化丝毫无法影响科学工作者对科学领域发展的跟踪，因为引文分析方法的基本分析对象是知识创新成果之间的关系数据而非单个知识创新成果所独有的数据。

在知识创新成果的引证关系中，除了成果之间单一的相互引用关系之外，还存在引文耦合和同被引的关系。引文耦合是指在两篇或多篇知识创新成果之间建立的关系。同被引关系是指已经发表的两篇或多篇知识创新成果同时被其他知识创新成果引用时所建立起来的关系。在引文分析研究领域，除了引文耦合分析和同被引分析外，科学计量学家还提出了共词分析方法，该方法在原理上同作品或作者同被引的分析方法是相似的，该方法的主要前提假设是：知识创新成果的关键词代表了其内容的主旨思想，如果两个关键词共同出现在许多知识创新成果中，不仅表明这些知识创新成果的内容是相似的，而且表明这类关键词"距离"是相近的。通过对知识创新成果关键词共同出现的频率进行分析，不仅可以找到某一领域或学科的研究热点，而且可以揭示该学科领域研究的范式结构。

在本书中，采用如下思路：如果团队成员之间存在着引文耦合关系，则认为他们之间存在着相同的知识创新来源，即使他们不存在相互引用关系（即基于知识引用行为的知识整合关系），也不存在着合作关系（即基于知识交互行为的知识整合关系），他们同样具备知识整合的基础，至少在知识创新的方法或者理论方面具有交叉空间。如果团队成员之间存在同被引关系（即知识被引耦合关系），可认为团队成员的知识创新成果之间存在新的知识创新的逻辑增长点，可认为他们的研究主题之间在某些方面存在相互联系，通过同被引分析，可揭示出联系特征以及知识创新方向分化的发展变化状况以及未来发展趋势。知识创新成果的关键词可看作成果的基本知识特征，如果团队成员彼此的知识创新成果之间存在共词关系，那就说明团队成员之间存在着共同的知识经验范畴，具备知识整合关系建立的知识根基。将团队成员之间的共词关系称为知识特征耦合关系（或基于知识特征耦合的知识整合关系），并通过团队内部知识特征耦合关系来分析团队成员之间在研究主题上的关联，解释团队内部以往或现存的科学知识结构甚至预测未来的科学知识结构发展态势。

2.3.5　社会资本理论

社会资本的概念最早由法国著名社会学者布迪厄（Bourdieu）提出，他从社会系统的总体层面对社会资本的概念进行了定义，认为个体或团队通过所拥有的所有社会连带关系的建立与维持而取得相应的社会资本。因此根据布迪厄的观点，社会资本具有两个方面的含义：①社会资本存在于个体或群体社会的连带关系中；②社会资本源于连带关系的建立、维持，并在此基础上，通过资源交换或社会互动等环节获得[108]。后来经济学家劳瑞（Loury）在布迪厄关于社会资本先驱性研究的基础上将社会资本与人力资本发展结合起来，认为社会资本是社区或家庭环境内的特殊资源，对年青一代的人力资本发展起到了关键作用。此时的社会资本定义还局限在能带来资源的社会连带关系中[109]。

真正对社会资本进行较为系统而深入的研究是从科尔曼开始的。科尔曼认为理性的社会行动者为了实现自身的某种利益，彼此之间进行着各种交换，这些交换的结果形成了社会行动者之间持续存在的社会关系。这些社会关系具有双重身份，不仅是整个社会结构的组成部分而且是行动者们可以利用的一种社会资源。由此引出了社会资本的基本概念，并将这种社会结构和社会资源作为社会行动者所拥有的资本财产，称为社会资本。科尔曼关于社会资本理论研究的核心思想是"目的驱使行动，行动建立关系，关系创造资源"[110]。

通过上述分析可以看出，布迪厄和科尔曼的研究都是围绕社会行动者之间所建立的各种连带关系及其所带来的资源而展开的。波茨在上述研究的基础上，从网络分析的视角对社会资本进行了更为精致和完整的表述，认为社会资本是社会行动者通过自己的成员资格在社会网络中或更大的社会结构中获取稀缺资源的能力，并且这种获取资源的能力不是个人所固有的，而是个体与其他成员关系中包含的一种资产。波茨关于社会资本的定义可以总结为社会资源与个人能力的集合体，即社会机构中存在资源，但如果要让这些资源真正发挥价值，个体还必须拥有获取这些资源的能力[111]。相对于波茨的"资源与能力结合"的社会资本观，林南关于社会资本的研究可总结为"资源、目的与能力"的三体论，林南认为社会资本来源于嵌入社会结构网络中的资源，根植于社会网络关系中，将社会资本定义为嵌入一种社会结构中的通过有目的的行动可以获得的或动用的资源，因此林南关于社会资本的研究主要包括三个方面：存在于社会网络结构中的资源；社会行动者的某种行动目的；社会行动者获取资源的能力（能够获取的资源会因人而异）[112]。

本书主要借鉴林南关于社会资本研究的观点，对于高校科研团队而言，其存在的主要目的是实现知识创新或对预期的知识创新进行知识积累，这种目的的实现主要是团队能够获取和利用的知识资源，而团队成员对知识资源的获取能力是基本保障。因此，采用社会资本理论对高校科研团队内部的知识整合活动进行研究具有如下意义：首先，能够厘清团队内部知识整合网络中的各种知识资源；其次，为预期的知识创新目标选择团队内部知识整合网络中可能存在的合适的知识资源；最后，为分析知识资源整合与知识创新能力的关系提供了基本的分析框架。

2.3.6 委托－代理理论

信息经济学中的委托－代理关系是一个信息概念而非契约概念，对某一事件有较多信息的人即具有信息优势的一方为代理人，对这一事件的信息掌握较少的人即处于信息劣势的一方称为委托人[113]。

委托－代理关系的基本模型研究分为对称信息和不对称信息两种情形。在对称信息情况下，委托人可以观察到代理人的行为，可以根据观察到的代理人行为实行奖惩措施，因此帕累托最优（最优风险分担和最优努力水平）可以实现。在不对称信息情况下，代理人的行为是无法被观察到的，只有与代理人行为相关的一些变量（由代理人的行为和其他外生的随机因素共同决定）可以被观察到[114]。两种情形下委托代理关系能够产生，参与约束是必备条件，激励相容约束是不起作用的；在非对称信息情形下，委托人无法使用强制性合约来约束代理人选择委托人希望的努力水平，此时委托人的问题是选择一个满足参与约束与激励相容约束的激励合约来实现自身效用的最大化。

显然，在委托－代理关系的基本模型的研究中，委托人为了激励代理人选择自己所希望的行为，必须依据可观测的结果来奖惩代理人，因此所有的激励机制都是"显性激励机制"，这种显性的激励机制是有成本的，在多次的动态的委托代理关系模型中代价过于沉重，伦德纳（Radner）(1981)[115]和罗宾斯坦（Rubbinstein）(1980)[116]等研究了在没有显性激励机制的情况下，用"路遥知马力，日久见人心"的时间规则来无经济成本地解决代理问题，这就是长期合约相对于短期合约的优势，因为长期合约可以利用代理人的"声誉效应"来解决问题，但伦德纳（Radner）和罗宾斯坦（Rubbinstein）并没有明确提出代理人的市场声誉效应，真正明确提出市场声誉问题的是法玛（Fama）。法玛（1980）认为，激励机制在委托代理关系的研究中似乎被夸大了，在现实中，长期的雇用关系使代理人市场对代理人具有约束作用，"时间"可以"免费"地解决问题，即代理人更看重的是自己的未来收益而非现有收益，代理人努力工作的内在动机在于以往业绩所能带来的预期收益以及自身在人力资本市场上的价值，而短期的显性的激励机制的作用没有那么大[117]。如果从动态角度来分析代理人的市场声誉模型，可将其分为声誉建立阶段与声誉获利阶段，代理人努力工作不仅可以获取短期的显性的激励收益，而且努力工作所建立起的声誉还可以获取长期的未来收益。

在面向知识创新的高校科研团队内部知识整合活动中，各个团队成员彼此之间构成了交互式的委托代理关系。对于独立式知识整合活动而言，需要满足团队知识创新的参与约束原则，如果不满足这一原则，团队成员可能不会进行知识创新或即使从事知识创新活动但可能会游离于团队之外，不能为团队的知识创新和知识积累做出实质性的贡献。对于合作式知识整合活动而言，知识创新引领人不仅要制定出知识创新跟随者能够接受的知识创新活动的参与约束原则，而且要说明能够激发知识创新跟随者选择合适的努力水平，为知识整合活动贡献自身知识能量的激励相容约束原则。因此，采用委托代理关系理论对高校科研团队内部的知识整合活动予以研究，能够在明晰知识整合活动参与人角色的基础上，制定出合理的激励机制（包括显性激励机制和声誉激励机制）和利益分配原则来推动高校科研团队内部知识整合的顺利进行进而提高团队知识创新的绩效。

2.4 本章小结

本章在论述高校科研团队内涵的基础上，分析了面向知识创新的高校科研团队内部知识整合的任务引导特征、所需知识的离散性特征、所需知识的类型与状态取决于团队成员的知识能力、参与人角色的多重性和知识整合模式的多样性等特征，论述了面向知识创新的高校科研团队内部知识整合的内涵，阐释了面向知识创新的高校科研团队内部知识整合研究中所涉及的相关理论基础，包括信息融合理论、D-S证据理论、社会网络分析理论、引文分析理论、社会资本理论和委托-代理理论。

第 3 章 面向知识创新的高校科研团队内部知识整合的流程

面向知识创新的高校科研团队内部知识整合所需知识的多来源性、参与人的多主体性，决定了其流程目标是降低知识资源利用的不确定性，提高知识整合的效果，优化知识创新的质量。故本章采用多传感器、多源信息融合过程模型，对面向知识创新的高校科研团队内部知识整合的流程进行研究。

3.1 高校科研团队内部知识整合的总体流程

团队内部知识整合活动的知识创新引领人及其知识创新跟随者会根据知识创新的需要，获取团队内外相关的知识资源，并经过知识资源的识别、筛选与配置，对来源于多个知识主体的不同领域的知识进行有机融合，使知识主体及其所拥有的知识构成相互关联统一的知识系统，达到知识创新的目的。在这个过程中，多个知识主体参与知识创新可以弥补单一知识主体知识创新能力的不足，力图对团队内部的知识创新提供充足而可靠的知识能量。简而言之，就是设置有效的知识整合过程与规则，使多个主体、多个领域的知识能够互补集成，降低知识创新中的不确定性程度，提升团队内部的知识创新效果。这与多源信息融合理论的思想精髓是一致的，多源信息融合理论研究的重点是提供特征识别和算法，对多源信息进行组合和综合，以期得到比单一信息源更准确、更可靠的估计或推理，改善不确定环境中的决策过程[95]。

可见，面向知识创新的高校科研创新团队内部的知识整合活动以知识创新为基本出发点，以团队内外原有的知识体系为基础，以预期的知识创新成果为实践载体，在完成知识创新成果的过程中使知识主体获得相关的知识，改变其原有知识结构以及团队的知识体系，并为将来的知识创新储备新的知识能量。

鉴于面向知识创新的高校科研创新团队内部的知识整合活动具有明显的行动导向（所有活动都是围绕知识创新而展开的）以及所需知识的多领域性、多主体性等特点，本书采用基于行为知识的信息融合模型来研究面向知识创新的高校科研创新团队内部知识整合的流程。

3.1.1 基于行为知识的信息融合模型

基于行为知识的信息融合模型由 Pau 于 1988 年在 *Sensor Data Fusion* 一文中提出，该模型是一个按照顺序融合的结构框架，如图 3-1 所示。将传感器获得的原始信息经过特征提取（Features Extraction）、位置融合（Registration/Position Fusion）、关联融合（Association Fusion）处理后，进行属性融合（Sensor Attribute Fusion），通过数据分析和聚类技术（Analysis and Aggregation），利用行为规则集合信息，表示系统最终的融合输出（Representation）[118]。

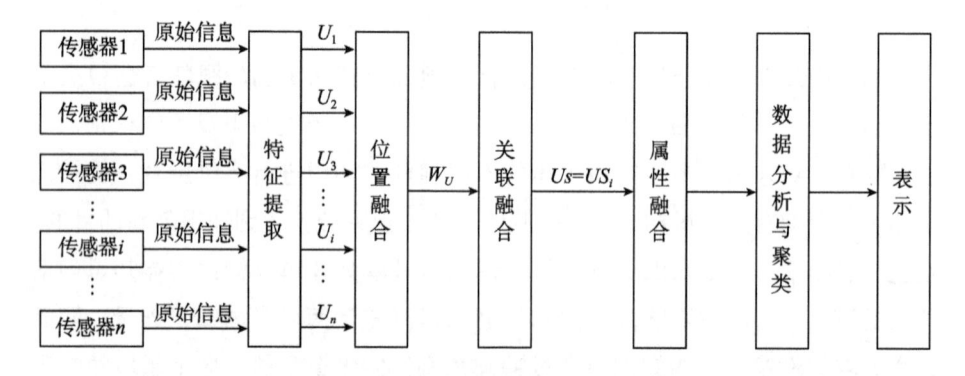

图 3-1　基于行为知识的信息融合模型
Fig. 3-1　Information fusion model based on behavioral knowledge

特征提取是指从各个传感器对观测目标所获取的原始信息中提炼有关观测目标的各种特征，图 3-1 中的 U_i 为从传感器 i 所收集的原始信息中所提炼的特征集合。对于高校科研团队而言，特征提取就是从团队成员所获取的知识资源中提取知识特征的过程。

位置融合是指获得目标的各种特征信息，检验传感器所收集的数据和知识是否具有相同的时空特征，即如果 $U_i \cap U_j \neq \varnothing$，证明两个传感器所观测的对象具有相同的特征，如果 $U_i = U_j$，证明两个传感器所观测的对象是同一个，因此 W_U 是所有传感器观测到的原始信息经过有序整理后的特征向量。对于高校科研团队成员而言，如果所获取的知识资源具有相同的知识特征，一方面证明这些知识资源可能属于相同或相近的研究领域，至少在研究对象或研究方法方面存在着交叉；另一方面也展示了团队成员之间具有相同或相似的研究兴趣。

关联融合就是采用相关分析将特征向量 W_U 划分成有意义的群组。对于高校科研团队而言，对所获取知识资源的知识特征进行关联分析能反映相关研究领域的知识结构、研究范式，对团队内部知识主体的知识特征进行关联分析能为团队研究方向的设定提供参考依据。

属性融合是指对来自多个传感器对目标识别（属性）数据进行组合，以得到对目标身份的联合估计。高校科研团队成员可利用所获取知识资源或团队知识主体的知识特征对知识创新任务的属性进行联合估计，实现对团队知识资源的有效配置。

分析与聚类主要是确定实体及实体集合之间的关系，以获得更高级别的推理结果。对于高校科研团队而言，分析和聚类就是考虑知识主体之间可能存在的知识整合关系，从而确定团队内部可能存在的知识整合模式。

属性融合从结构上主要分为三类：决策层属性融合、特征层属性融合和数据层属性融合。在决策层属性融合中，每个传感器不仅提供从各自收集的原始信息中所抽取的特征，并逐一对上述特征进行属性识别，然后顺序融合来自每个传感器的属性识别（图3-2）[119]；在特征层属性融合中，每个传感器提供从观测数据中提取的有代表性的特征，并将这些特征融合成一个单一的特征向量，然后融合这些特征向量，并基于联合特征向量做出属性识别（图3-3）[120]；在数据层属性融合中，将各传感器的全部观测数据融合，从融合后的全部观测数据中提取特征，并进行识别和判断（图3-4），在这个过程中关联融合要基于原始数据完成，而且为了完成这种数据层融合，传感器必须是相同的[121]。就数据准确度而言，三种属性融合中，数据层属性融合的数据准确度最高，决策层属性融合的数据准确度最低；就对系统通信能力的要求而言，数据层属性融合对系统通信能力的要求最高，而决策层属性融合对系统通信能力的要求最低。

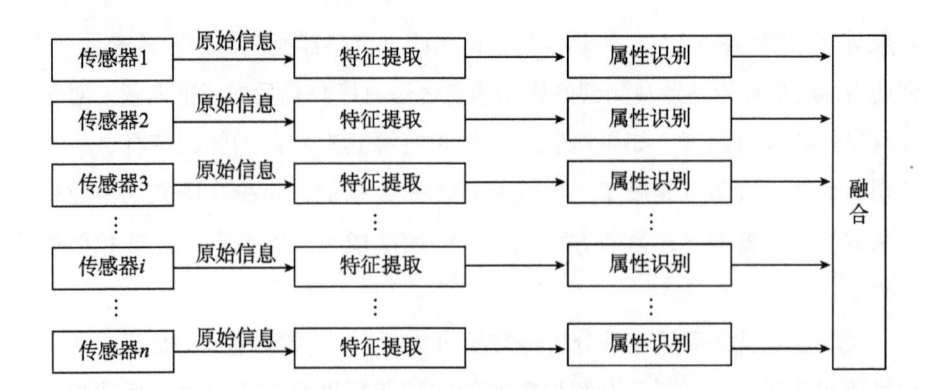

图 3-2　决策层属性融合
Fig. 3-2　Attribute fusion inthe decision layers

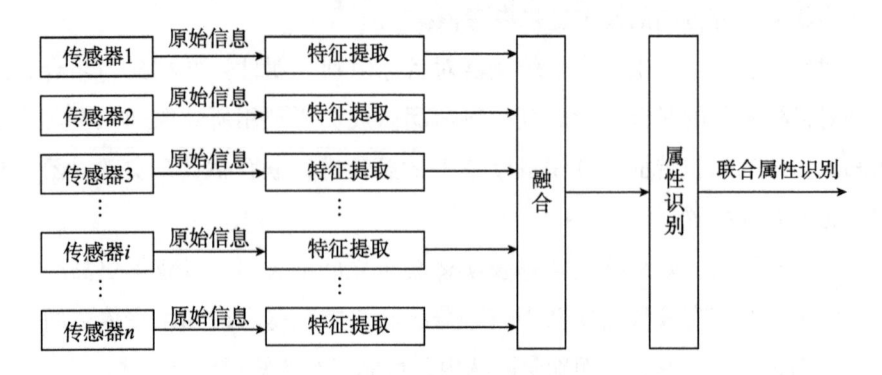

图 3-3　特征层属性融合
Fig. 3-3　Attribute fusion in the feature layers

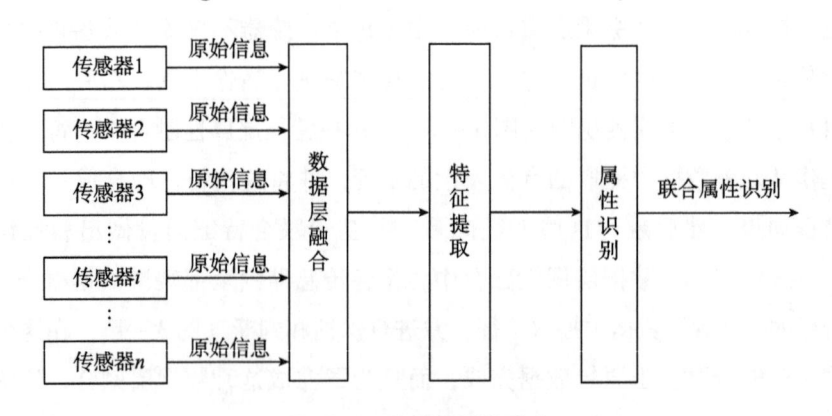

图 3-4　数据层属性融合
Fig. 3-4　Attribute fusion in the data layers

基于行为知识的信息融合模型中的属性融合属于数据层融合，即在原始数据资料中进行特征抽取，建立特征向量，将特征向量进行排序并与已定义的特征进行关联分析，然后进行传感器属性融合，并进行数据分析和聚类。在模型的最后一个步骤"知识表示"中包含若干行为规则，这些行为规则可从最后的融合输出结果中抽取出来。

可见，基于行为知识的信息融合过程包括原始信息获取、信息识别（特征提取、位置融合、关联融合、属性融合）、信息分析与聚类、知识表示。在基于行为知识的信息融合系统中，各个传感器所获取的关于观测目标的原始信息经过特征抽取和关联分析过程，其属性（目标识别）的相关参数（诸如飞行器的飞行高度和速度等）得以判别，并经过分析和聚类过程（与各种飞行器的相关参数做比对分析，判定飞行器类别），得到系统的融合输出，即得到所观测对象的融合估计结果。上述融合模型对面向知识创新的高校科研团队内部知识整合的流程研究具有重要启示，因为二者都是多主体参与的资源融合型并为目标的实现而开展的活动，并强调行为规则。

3.1.2　基于信息融合模型的高校科研团队内部知识整合流程

在高校科研团队内部知识整合活动中，知识主体的作用如同信息融合系统中传感器的作用，系统获取实现知识创新目标所需的知识资源，对所获取的知识资源进行知识特征抽取，并对知识特征进行关联分析，根据知识资源对知识创新的作用对其应用属性予以判定，知识创新引领人对判定后的知识资源进行筛选，并根据知识创新目标的需要对筛选后的知识资源予以配置，经过个体融知和团队知识有机重构的过程，最终实现知识整合的目标，即实现团队内部的知识创新任务。虽然二者都强调过程中的行为规则，但二者差异是，高校科研团队内部的知识整合活动更强调主体的主观能动性，因此知识整合流程中有效的行为规则是吸纳知识主体参与团队内部知识整合，并敦促知识主体积极为团队内部知识整合贡献自身知识能量的保障。

综合上述分析和第2章对高校科研团队内部知识整合内涵的界定，本书认为面向知识创新的高校科研创新团队内部知识整合流程包括知识整合实施的具体过程和实施中的行为规则（图3-5），其中知识整合实施的具体过程包括如下环节：(1) 知识整合目标设定；(2) 知识资源获取；(3) 知识资源识别；(4) 知识资源筛选；(5) 知识资源配置；(6) 知识重构：个体的知识融合和团队知识的有机重构。

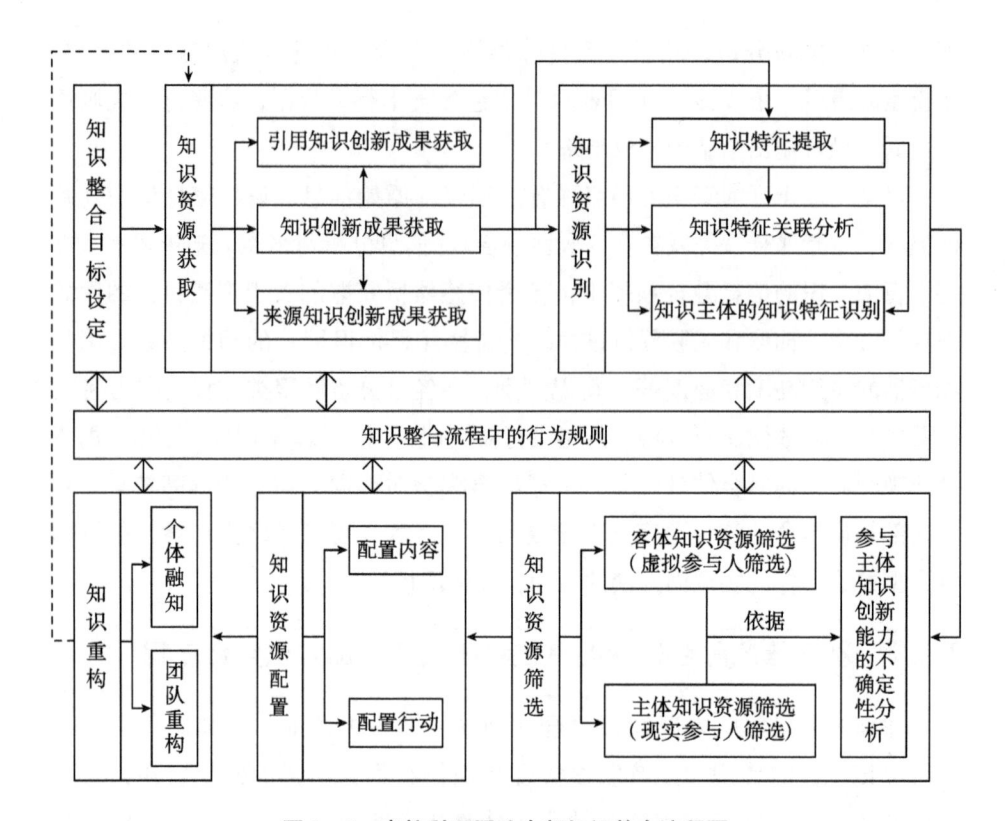

图 3–5　高校科研团队内部知识整合流程图
Fig. 3–5　University scientific research team's internal knowledge integration process

　　针对当今高校科研团队内部知识整合流程中由于知识资源获取的非完备性、时滞性，导致知识吸收的非及时性等问题，在知识资源获取环节的论述中提出了相应的优化策略。为快速有效地对团队内外的知识资源予以识别，提出采用绘制知识图谱的方法对团队内部的主体知识资源、客体知识资源以及知识资源之间的关联予以辨别和分析。为降低知识资源筛选的不确定性程度，提出采用D-S证据理论方法对知识整合参与主体知识创新的不确定性程度予以分析。为明确知识资源配置中的内容与行动，采用有向无环图（Directed，Acyclic Graph，DAG）的绘制方法对知识资源配置规划进行了结构化分析。知识重构环节包括个体层次的知识融合和团队层次的知识有机重构，成员个体在知识融合过程中的努力程度与团队知识有机重构过程中的参与程度至关重要，因此设置有效的行为规则可为团队内部知识整合的顺利进行提供保障机制，一方面可吸引成员个体积极参与团队内部的知识整合活动，另一方面可激励团队成员为彼此的知识创新提供自身的知识，从而为团队内部知识整合活动做出贡献。

3.2 高校科研团队内部知识整合的详细流程

3.2.1 知识整合目标设定

在知识整合活动开始之前必须明确团队内部知识整合所要达到的目标，根据以往的研究结论，知识整合目标的实现主要分为组织知识体系的更新与优化[19]、实际问题的解决[26]和知识创新任务的实现[31]。根据第2章中面向知识创新的高校科研团队内部知识整合内涵的界定，团队内部的一切知识整合活动都是围绕知识创新而展开的，因此本书所探讨的知识整合的最终目标是实现团队内部的知识创新。

团队内部的知识创新引领人根据相关研究领域中所存在的问题，利用以往的知识创新经验或已经掌握的知识技能设定知识创新目标，以解决自己在实践中所发现的问题，即知识创新引领人首先决定的是"想做什么"，这是团队内部进行知识整合的基本动因。

在高校科研团队内部的知识整合活动中，知识创新引领人不仅要知晓团队内外部知识系统的知识结构体系，而且要掌握实现知识创新目标的方法论。知晓团队内外部知识系统的知识结构体系需要获悉团队内外相关的知识资源及其特征。

3.2.2 知识资源获取

知识资源获取是知识整合活动的准备阶段，是为适应知识创新所需，从团队内外获取知识资源的过程[92]。成功的知识资源获取是提升组织绩效的关键因素[122]，对于知识密集型组织而言，知识资源获取对知识整合活动的成功实施具有能动作用[123]。

团队内部知识资源获取是一个动态的持续的行动，几乎每一个创新目标的实现以及平时的个体学习，都要进行知识资源获取行动。团队内部已有的知识资源是不断累积形成的知识资源库，是团队所有成员共同努力的结果，并成为团队后续的知识创新奠定基础。知识资源获取不是单个人的行为，而是整个团队的行为，但知识创新的目标导向和知识主体将决定所获取的知识资源的类型和状态。

在面向知识创新的高校科研团队内部知识整合活动中，知识资源获取就是知识创新引领人和知识创新跟随者根据知识创新的任务，收集团队内外部的相关的知识资源，以便对所处的知识环境进行了解。知识资源的获取包括两个方面：一方面是对主体知识资源的获取，了解哪些知识主体具有与知识创新所需的相关知识或技能；另一方面是对客体知识资源的获取，即检索或查阅现实世界中与团队知识创新目标有关的已经客观存在的知识，这样不仅可以确认是否存在相同或相似的知识创新成果，避免重复的知识创新，还可以了解与自身的知识创新目标有关的知识资源辅助自身的知识创新。一般情况下，主体知识资源与客体知识资源往往是相匹配的，主体知识资源往往已经生产出一定的客体知识资源，而客体知识资源也有其相应的知识主体，因此对于上述任何一种知识资源的获取即是对上述两种资源的获取，对于客体知识资源而言往往可以获取其本身，而对于主体知识资源而言，获取的往往是主体资源的相关信息。

对于高校科研团队及其成员而言，为实现知识创新目标所需要获取的知识资源主要是指团队内外的主体知识资源及这些知识主体所完成的知识创新成果；如果某些知识主体并没有公开发表的知识创新成果，可从其以往的经历（例如曾经学过的专业、从事的工作性质等）中判断出其所掌握的知识和所具备的知识技能等。

以客体知识资源中的科研论文为例，如果想获取相对完备的科研论文资源，需要从三个方面着手：①科研论文本身的信息（包括科研论文完成主体的信息）。②科研论文所引用的参考文献信息。③引用科研论文的来源文献信息。参考文献是科研论文创作思想的来源，来源文献反映了科研论文所取得知识的被利用程度，是科研论文创作思想的进一步拓展。因此为了系统了解与知识创新目标有关的知识资源信息，还需要获取知识资源所引用的知识资源（即知识资源产生的理论基础或技术背景等）和知识资源的来源知识资源（知识资源的进一步利用）。

3.2.2.1 建立团队内（外）知识主体及其知识创新成果集合

首先，构建团队内（外）部知识主体的集合，即列出参与团队知识创新的所有成员，$S = (S_1, S_2, \cdots, S_i, \cdots, S_n)$，其中 S_i 表示团队内部任意一个知识主体，n 表示团队内部知识主体的数量。团队外部相关领域知识主体的集

合可表示为 $S = (S_1, S_2, \cdots, S_i, \cdots, S_m)$，$m$ 为团队外部相关领域知识主体的数量。

其次，构建团队内（外）部知识主体所拥有的知识创新成果集合，这些知识创新成果可以看作知识主体所拥有的知识特征的观测值集合。团队内部知识创新成果集合可表示为 $Z_I = (Z_1, Z_2, \cdots, Z_i, \cdots, Z_n)$，其中 $Z_i = Z_i(S_i)$ 为知识主体 i 的知识创新成果；团队外部相关领域知识创新成果集合为 $Z_O = (Z_1, Z_2, \cdots, Z_j, \cdots, Z_m)$，同理 Z_O 中的 $Z_j = Z_j(S_j)$ 为知识主体 j 的知识创新成果。

因为团队内（外）部的知识创新是动态变化的，所以需要不断记录团队内（外）部的知识创新成果，是实现团队知识资源获取的基础，也为团队成员的彼此了解提供了信息基础，不了解彼此知识创新的兴趣在哪里，面向知识创新的团队内部知识整合也无从下手，即使团队成员能够自己收集其他成员的知识创新成果，但也是低效率的，并且每个成员的知识创新都至少要重复一次这样的知识资源收集活动，浪费大量的时间和精力。

为了使团队内部的知识创新成果快速在团队内部的知识整合活动中发挥其价值，采取成果一经录用，马上被收录到团队内部的知识创新成果数据表单中。为了尽快对团队外部知识系统的变化作出响应，也要对团队外部的知识创新前沿予以关注，以便为团队内部的知识创新提供相应的启示。

对于高校科研团队而言，基本的知识创新成果为发表的学术论文或申请的专利等，可建立拥有如表 3-1 所示属性特征的数据表单。

表 3-1　团队内部知识创新成果数据表单结构
Tab. 3-1　Team's internal knowledge innovation outputs'data form structure

知识主体	知识创新成果名称	出版时间	成果来源	关键词

该知识创新成果数据表单的主键为"知识主体+知识创新成果名称"，可抽取不同知识主体或不同知识创新成果所反映出来的知识特征（如以关键词为基本表征的知识特征），采用知识特征共现分析的方法来揭示知识创新成果，研究主题的相似性或知识主体之间共同的知识创新兴趣，即通过构建知识特征耦合网络或知识主体耦合网络，了解团队内部知识特征之间或知识主体之间的网络结构形式，判定知识特征之间的关联程度，或团队成员之间潜

在的知识传递与学术交流关系。

如果辅以动态的分析过程，还可了解团队内部知识创新的发展过程及其趋势，把握其知识创新发展和变化的规律，预测知识创新主题分化和组合的发展态势，为团队内部的知识整合提供参考依据，也可作为团队建设的一种鉴别标准，去鉴别团队建设是否存在拉郎配式的临时拼凑的现象。

3.2.2.2 建立团队内部知识主体所引用的知识创新成果集合

如果为了更加深入地了解知识主体的创新思想的来源，有必要建立团队内部成员所引用的知识创新成果集合。知识主体的知识引用耦合关系能够反映他们之间有共同的知识创新思想的来源，如果两个团队成员之间知识引用耦合的强度越高，证明他们共同的知识创新兴趣越多，他们潜在的建立知识整合关系的概率越高。可建立拥有如表3-2所示属性的引用知识创新成果数据表单。

表 3-2　团队内部主体所引用的知识创新成果数据表单结构
Tab. 3-2　Team's internal knowledge innovation outputs' references data form structure

知识主体	知识创新成果名称	所引用的知识创新成果	出版时间	成果来源	关键词

因为该数据表单的数据冗余较多，例如同一主体的不同知识创新成果可能引用不同的知识创新成果，不同主体可能引用同样的知识创新成果，因此该数据表单的主要标识符为"知识主体＋知识创新成果名称＋所引用的知识创新成果"，其中所引用的知识创新成果字段的著录规则为"知识主体．知识创新成果名称．出版时间．成果来源．关键词"。

3.2.2.3 建立团队内部知识主体的来源知识创新成果集合

除建立知识创新成果数据表单或引用知识创新成果数据表单之外，还需建立团队内部知识创新成果的来源知识创新成果数据表单（表3-3），研究知识创新成果被后续的知识创新成果的引用情况，不仅能够了解团队内部知识创新成果的被利用程度，反映团队的对外学术影响力，而且能够揭示出团队知识创新成果可能产生的新的知识创新逻辑增长点。通过团队内部成果之间或与团队内外部成果之间的被引耦合关系所反映出来的知识创新成果之间的关联，可以揭示出团队内部知识特征之间或与团队外部知识特征之间的关联，进而揭示出二者之间可能存在的知识创新的逻辑增长空间，另外还可能为知识主体之间建立合作式知识整合关系提供信息依据，因为存在被引耦合关系的知识主体之间也可能存在着合作的空间。可建立拥有如下属性的来源知识创新成果数据表单。

表3-3　团队内部知识创新成果的来源知识创新成果数据表单结构
Tab.3-3　Team's internal knowledge innovation outputs' citations data form structure

知识主体	知识创新成果名称	来源知识创新成果	出版时间	成果来源	关键词

该数据表单同样存在着数据冗余，因此主键为"知识主体＋知识创新成果名称＋来源知识创新成果"，其中来源知识创新成果字段的著录规则为"知识主体．来源知识创新成果．出版时间．成果来源．关键词"。

虽然可利用公共知识数据库收集上述知识资源（团队知识创新成果、团队引用的知识创新成果和团队来源知识创新成果），但相对分散，信息整合程度不高，在检索知识创新成果时，很难做到查全率与查准率，例如有些主体所引用的知识创新成果在公共知识数据库下载不了，这些都可由知识主体本人提供。

另外还需要获得外部知识环境信息，特别是与团队内部具有相同或相似知识特征的知识创新成果及其知识主体信息，也可采取上述团队内部知识创新成果的记录方法，动态关注团队外部相关的知识创新，诸如建立团队外部的知识创新成果数据表单、团队外部知识创新成果所引用的知识创新成果数据表单以及团队外部知识创新成果的来源知识创新成果数据表单等，以分析团队外部相关知识创新的来源、现状、研究的演化趋势以及知识创新的逻辑增长空间。

根据上述知识资源获取步骤和规则，以团队内部知识资源获取为例，以H大学的某一科研团队为例，分别建立该团队内部知识主体及其知识创新成果集合、团队内部知识主体所引用的知识创新成果集合、团队内部知识主体的来源知识创新成果集合，见附录B（团队内部所有成员姓名采用人员代码代替）。

3.2.3　知识资源识别

知识资源的识别就是对所获取的知识资源进行辨别，了解团队内外，从事相关领域的知识主体及其所具备的知识能力，展现知识创新成果中的主要知识特征，进而挖掘知识主体及其知识特征之间的隶属关系，并能够揭示出知识特征之间的关联，以判别知识资源对团队内部知识整合的适用性。因此知识资源识别的主要任务就是知识特征抽取及揭示知识元素（知识主体、知识创新成果、知识特征）之间的关联或隶属关系。

知识图谱的绘制是以知识网络的构建为基础的，而知识网络中的节点是诸如文献、作者、机构、文献来源、学科、主题词和关键词等知识元素，节点之间的链接或联线是知识元素之间的关系，并且这种关系的强度通常以节点之间的距离或联线的粗细来表示，将知识网络采用图形或图像等可视化的形式显示出来，就会形成完整的知识图谱[124]。

知识图谱能够显示出知识体系的发展进程与结构关系，依靠知识图谱的帮助，能够清晰了解和识别出知识体系中各个领域的结构、关键知识元素和边缘知识元素以及知识元素之间的复杂关系，并能够预测出知识前沿的发展态势。因此绘制知识图谱能够为团队知识资源的识别提供简洁而有力的工具，绘制团队内外知识系统的知识图谱，为团队内部成员清晰了解和识别团队内外部知识系统的知识结构体系以及知识元素之间的关联，了解相关领域的研究现状与衍化趋势，整合团队内外有利于知识创新目标实现的知识提供了有价值的信息[125]。

社会网络分析方法（SNA）根据网络中所包含的社会实体集合类型的数目，将网络分为1-模网络（由一个社会实体集合构成的网络）和2-模网络（由两个社会实体集合构成的网络）。于是根据社会网络分析的观点，知识图谱的定义不应仅仅包括研究知识客体（知识特征）之间关系和知识主体之间关系的1-模知识图谱，还应该包括研究知识主体-知识客体（知识特征）之间关系的2-模知识图谱，甚至包括知识载体-知识载体之间关系的1-模知识图谱以及知识载体-知识客体（知识特征）之间关系的2-模知识图谱[126]。

本部分以绘制知识图谱为基本分析方法来阐释知识资源的识别过程，根据知识图谱的分析方法，知识资源识别主要分为三个部分：①知识特征提取；②知识特征的关联分析——客体知识资源的识别；③知识主体的知识特征识别——主体知识资源的识别。

3.2.3.1　知识特征提取

从知识创新成果中抽取其知识特征有多种科学而可行的方法，但对于高校科研团队而言，从团队内外的知识系统抽取出相应的知识特征仅为知识资源的快速识别提供基础信息而对整合目标实现起到辅助作用，因此本研究拟采用简单易行的方法对知识创新成果的知识特征予以提取。

一般认为，规范的知识创新成果中的关键词能鲜明而直观地表述其论述或表达的思想主题，即使未看到知识创新成果的摘要和正文也能直观地了解其论述的主题思想。在科学计量学研究中比较著名的方法是知识创新成果中有效词的分辨方法（文献标引控制），并根据齐夫定律找出知识创新成果的知识特征标识[127]。在操作的过程中，需要分析每个知识创新成果的关键词，辨别这些关键词之间是否存在同义词、缩略表述与完整表述、不同语言表述等，如果存在上述一词多种表述的现象，以业界的通用表述作为其知识特征标识表述。基于上述分析，本研究将知识创新成果的关键词作为知识特征的基本标识。

本书采用向量空间模型（VSM）来表示知识创新成果与知识特征之间的隶属关系，并介绍该方法用于知识特征提取的基本步骤[128]。其基本思想就是将每一知识创新成果看成由一组知识特征标识（f^1, f^2, …, f^i, …, f^X）构成，在本书中，每一知识特征标识就是知识创新成果中的一个关键词或其业界的通用表述；对于每一特征标识，根据其在知识创新成果中的重要程度赋予一个权值 ω^i，于是知识创新成果的特征标识就可以看作一个 X 维的向量，(ω^1, ω^2, …, ω^i, …, ω^X) 为对应的值。本书为方便分析，假定同一知识创新成果中的所有知识特征都具有相同的重要程度。

利用 VSM 模型对知识创新成果及其知识特征予以表示之后，知识创新成果集合就变成了一个矩阵，每一行表示某一个知识创新成果，每一列表示某种知识特征[129]，将该矩阵定义为 $P-f$，具体形式如下：

$$P-f \rightarrow \begin{array}{c} \\ P_1 \\ P_2 \\ \vdots \\ P_i \\ \vdots \\ P_y \end{array} \begin{pmatrix} f^1 & f^2 & \cdots & f^i & \cdots & f^X \\ f^p_{11} & f^p_{12} & \cdots & f^p_{1i} & \cdots & f^p_{1x} \\ f^p_{21} & f^p_{22} & \cdots & f^p_{2i} & \cdots & f^p_{2x} \\ \vdots & \vdots & \ddots & \vdots & \ddots & \vdots \\ f^p_{i1} & f^p_{i2} & \cdots & f^p_{ii} & \cdots & f^p_{ix} \\ \vdots & \vdots & \ddots & \vdots & \ddots & \vdots \\ f^p_{y1} & f^p_{y2} & \cdots & f^p_{yi} & \cdots & f^p_{yx} \end{pmatrix}$$

该 $P-f$ 矩阵中的任意元素 f_{ij}^p 为该知识特征 j 出现在团队内部的知识创新成果 i 中,即如果团队内部的知识创新成果体现了某种知识特征,元素 f_{ij}^p 取值为 1,否则取值为 0。y 表示团队内部一定时限内知识创新成果的总数。

以"3.2.2 知识资源获取"小节中所介绍的高校科研团队为例(见附录 B),该团队在统计的时间范畴内,共发表了 10 篇学术论文(知识创新成果),从这些知识创新成果中共提取出 34 个知识特征项,建立"知识创新成果 – 知识特征"矩阵如下:

$$\begin{array}{c} & f^1 \quad f^2 \quad \cdots \quad f^i \quad \cdots \quad f^{34} \\ \begin{array}{c} P_1 \\ P_2 \\ \vdots \\ P_i \\ \vdots \\ P_{10} \end{array} & \begin{pmatrix} f_{11}^p & f_{12}^p & \cdots & f_{1i}^p & \cdots & f_{1,34}^p \\ f_{21}^p & f_{22}^p & \cdots & f_{2i}^p & \cdots & f_{2,34}^p \\ \vdots & \vdots & \ddots & \vdots & \ddots & \vdots \\ f_{i1}^p & f_{i2}^p & \cdots & f_{ii}^p & \cdots & f_{i,34}^p \\ \vdots & \vdots & \ddots & \vdots & \ddots & \vdots \\ f_{10,1}^p & f_{10,2}^p & \cdots & f_{10,i}^p & \cdots & f_{10,34}^p \end{pmatrix} \end{array}$$

最终的"知识创新成果 – 知识特征"矩阵如图 3 – 6 所示(知识创新成果和知识特征均用相应的代码表示,每个代码所代表的知识特征见附录 B)。

根据图 3 – 6 所示矩阵绘制的 $P-f$ 图谱如图 3 – 7 所示,其中圆点标志代表论文,方框标志代表知识创新成果中的知识特征,从该图可以看出哪些知识特征是该团队成员研究的重点领域或边缘领域以及团队知识创新的核心主题,哪些知识创新成果具有非常相似的研究主题,如果想深入挖掘某些研究主题,可参照这些知识创新成果。

3.2.3.2 知识特征关联分析——客体知识资源的识别

知识关联分析是知识有序化的必要条件,为团队内部知识整合的顺利进行奠定了基础[130]。知识管理研究机构 kmpro 首席分析师王振宇认为,知识关联是知识与知识之间以某一中介为纽带,所建立起来的具备参考价值的关联关系[131]。

知识主体、知识创新成果、知识创新成果刊载期刊等都可以作为知识特征之间关联分析的中介对象,本部分以知识创新成果 – 知识特征的隶属关系为基础,通过知识特征的共现分析来实现知识特征关联分析的目的。

第3章 面向知识创新的高校科研团队内部知识整合的流程

	f1	f2	f3	f4	f5	f6	f7	f8	f9	f10	f11	f12	f13	f14	f15	f16	f17	f18	f19	f20	f21	f22	f23	f24	f25	f26	f27	f28	f29	f30	f31	f32	f33	f34
P1	0	0	0	1	1	0	1	0	0	0	0	0	0	1	0	0	0	0	0	0	1	0	0	0	0	0	0	0	0	0	0	1	0	0
P2	0	1	0	0	0	0	1	0	0	0	0	0	1	0	0	0	0	0	0	1	0	0	0	0	0	0	0	0	0	0	0	0	0	1
P3	0	0	0	0	0	0	0	0	0	0	0	0	0	0	0	0	0	0	0	0	1	0	0	0	0	0	0	0	0	0	1	0	0	0
P4	0	0	0	1	0	0	0	0	0	0	0	1	0	0	1	0	0	1	0	0	0	1	0	0	0	0	0	0	0	0	0	0	0	0
P5	0	0	0	0	0	0	0	0	0	0	0	0	0	0	0	0	0	0	0	1	0	0	0	0	0	0	0	1	0	0	0	0	1	0
P6	0	1	0	0	0	1	0	0	0	0	0	0	0	0	0	0	0	0	1	0	0	0	0	0	0	0	0	0	0	0	0	0	0	0
P7	0	0	0	0	0	0	0	1	0	0	0	0	0	0	0	0	0	0	0	0	0	0	0	0	0	0	0	1	0	0	0	1	0	0
P8	0	0	0	0	0	0	0	0	0	1	0	0	0	0	0	0	0	0	0	0	0	0	0	1	0	0	0	0	0	0	0	0	0	0
P9	0	1	0	0	0	1	0	0	0	0	0	0	0	0	0	1	0	0	0	0	0	0	0	0	0	0	0	0	0	0	0	1	0	0
P10	0	0	0	0	0	0	0	0	0	0	0	0	0	0	1	0	0	0	0	0	0	0	0	0	0	0	0	0	0	0	0	0	0	0

图 3-6 团队内部 P–f 矩阵实例

Fig.3-6 An example of team's internal P–f matrix

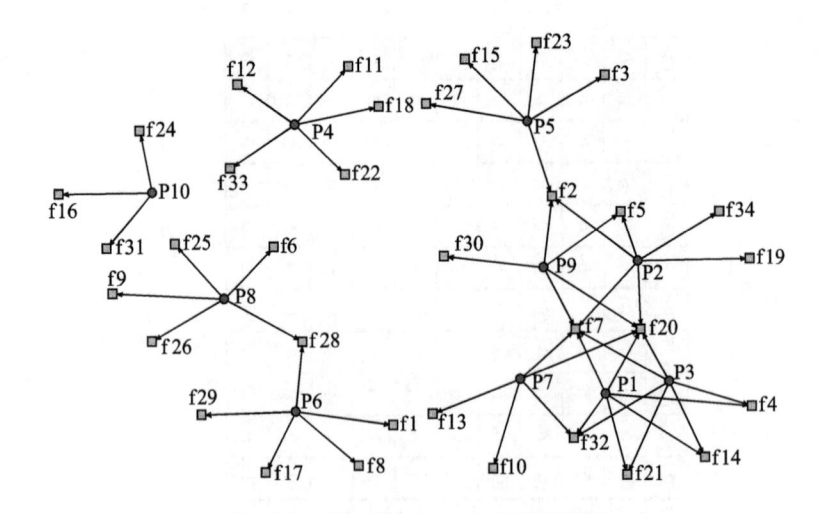

图 3-7　团队内部 P-f 知识图谱实例

Fig. 3-7　An example of team's internal P-f knowledge mapping

知识特征的共现分析方法在原理上同知识创新成果或者作者共被引的分析方法是相似的，主要的前提假设是知识创新成果的知识特征是其主旨思想的表征，如果两种知识特征共同出现在许多知识创新成果中，不仅表明这些知识创新成果的内容是相似的，而且也表明这两种知识特征之间的"距离"是相近的。通过对知识特征共现的频次进行分析，不仅可以找到某一领域或学科的研究热点，而且可以揭示该学科领域研究的范式结构[132-133]，是知识资源识别的有效方法。采用该方法构建团队内部或团队外部的知识特征之间的关联矩阵，为知识特征的关联分析提供了数据基础，为团队内部知识整合过程中的知识特征的关联分析提供了理论支撑和实践指导。

1. 绝对共现频次关联分析

利用 P-f 矩阵（即知识创新成果-知识特征隶属网络矩阵）生成反映知识特征共现关系的网络矩阵 f-f。

$$f\text{-}f \rightarrow \begin{array}{c} \\ f^1 \\ f^2 \\ \vdots \\ f^i \\ \vdots \\ f^X \end{array} \begin{pmatrix} f^1 & f^2 & \cdots & f^i & \cdots & f^X \\ f_{11} & f_{12} & \cdots & f_{1i} & \cdots & f_{1x} \\ f_{21} & f_{22} & \cdots & f_{2i} & \cdots & f_{2x} \\ \vdots & \vdots & \ddots & \vdots & \ddots & \vdots \\ f_{i1} & f_{i2} & \cdots & f_{ii} & \cdots & f_{ix} \\ \vdots & \vdots & \ddots & \vdots & \ddots & \vdots \\ f_{x1} & f_{x2} & \cdots & f_{xi} & \cdots & f_{xx} \end{pmatrix}$$

在将 $P\text{-}f$ 转化生成 $f\text{-}f$ 时，采用的方法是最小值（Minimums Method）转化法，即矩阵 $f\text{-}f$ 中的任意元素 $f_{jm} = \sum_{i=1}^{y} \min(f_{ij}^p, f_{im}^p)$（$j$ 和 m 代表两种知识特征，i 代表任一知识创新成果），该方法考察每两种知识特征在每个知识创新成果中各自出现的频次，并选择最小值，然后再累加这些最小值，累加取得的和为这两种知识特征的共现频次[15]。

将图 3-6 所示的该团队的 $P\text{-}f$ 矩阵转化成 $f\text{-}f$ 矩阵，如图 3-8 所示。根据图 3-8 中的 $f\text{-}f$ 矩阵所绘制的知识特征共现关联的二维知识图谱如图 3-9 所示，空间距离比较接近的知识特征之间的关联程度比较强，标识符号的大小表示该知识特征与其他知识特征关联程度的强弱。

以上基于共现关系的知识特征的关联分析只是考虑知识特征共现的绝对次数，而没有考虑知识特征共现的相对次数，即对关联网络中边的赋值是知识特征共现的绝对次数而非相对次数。对于团队所处知识系统环境而言，有些知识特征出现的频次比较高，有些知识特征出现的频次比较低，那么前者与其他特征的共现次数会明显高于后者与其他特征的共现次数，知识特征的关联网络展现给我们的是：频次较高的知识特征与其他特征之间的关联强度明显大于其他知识特征之间的关联强度，而出现次数比较高的词并不意味着能真正标识该领域的核心知识特征。

在该案例的所有知识特征中，知识特征 f^2 的频次分别为 3 次，与出现频次为 1 次的知识特征 f^{23} 和 f^{27} 相比，f^2 与其他知识特征的共现频次会相对较多，f^2 和 f^{23} 的共现频次为 1 次，而 f^{23} 和 f^{27} 的共现频次也为 1 次，f^{27} 唯一出现的一次是与 f^{23} 共同出现的，f^{23} 与 f^{27} 的相对共现频次要高于 f^{23} 与 f^2 的相对共现频次，可认为 f^{23} 与 f^{27} 的关联程度要高于 f^{23} 与 f^2 的关联程度。可见，采用上述绝对共现分析的方法未能完整而真实地体现出知识特征之间的实际关联程度，如果想反映知识特征之间的实际关联程度，需要在上述绝对共现分析的基础上，再采用相对共现分析来绘制知识图谱，以揭示团队内部知识特征之间的关联。

2. 相对共现频率关联分析

相对共现分析不仅考虑知识特征共现的绝对频次，而且还考虑知识特征本身出现的频次，即在绝对共现分析的基础上加入一种调和机制，此时对于知识特征共现网络矩阵 $f\text{-}f$ 而言

	f1	f2	f3	f4	f5	f6	f7	f8	f9	f10	f11	f12	f13	f14	f15	f16	f17	f18	f19	f20	f21	f22	f23	f24	f25	f26	f27	f28	f29	f30	f31	f32	f33	f34
f1	1	0	0	0	0	0	0	1	0	0	0	0	0	0	0	0	1	0	0	0	0	0	0	0	0	0	0	1	1	0	0	0	0	0
f2	0	3	1	0	2	0	2	0	0	0	0	0	0	0	1	0	0	0	1	2	0	0	1	0	0	0	1	0	0	1	0	0	0	1
f3	0	1	1	0	0	0	0	0	0	0	0	0	0	0	1	0	0	0	0	0	0	0	1	0	0	0	1	0	0	0	0	0	0	0
f4	0	0	0	2	0	0	2	0	0	0	0	0	0	2	0	0	0	0	0	2	2	0	0	0	0	0	0	0	0	0	0	2	0	0
f5	0	2	0	0	2	0	2	0	0	0	0	0	0	0	0	0	0	0	1	2	0	0	0	0	0	0	0	0	0	1	0	0	0	1
f6	0	0	0	0	0	1	0	0	1	0	0	0	0	0	0	0	0	0	0	0	0	0	0	0	1	1	0	1	0	0	0	0	0	0
f7	0	2	0	2	2	0	5	0	0	1	0	0	1	2	0	0	0	0	1	5	2	0	0	0	0	0	0	0	0	1	0	3	0	1
f8	1	0	0	0	0	0	0	1	0	0	0	0	0	0	0	0	1	0	0	0	0	0	0	0	0	0	0	1	1	0	0	0	0	0
f9	0	0	0	0	0	1	0	0	1	0	0	0	0	0	0	0	0	0	0	0	0	0	0	0	1	1	0	1	0	0	0	0	0	0
f10	0	0	0	0	0	0	1	0	0	1	0	0	1	0	0	0	0	0	0	1	0	0	0	0	0	0	0	0	0	0	0	1	0	0
f11	0	0	0	0	0	0	0	0	0	0	1	1	0	0	0	0	0	1	0	0	0	1	0	0	0	0	0	0	0	0	0	0	1	0
f12	0	0	0	0	0	0	0	0	0	0	1	1	0	0	0	0	0	1	0	0	0	1	0	0	0	0	0	0	0	0	0	0	1	0
f13	0	0	0	0	0	0	1	0	0	1	0	0	1	0	0	0	0	0	0	1	0	0	0	0	0	0	0	0	0	0	0	1	0	0
f14	0	0	0	2	0	0	2	0	0	0	0	0	0	2	0	0	0	0	0	2	2	0	0	0	0	0	0	0	0	0	0	2	0	0
f15	0	1	1	0	0	0	0	0	0	0	0	0	0	0	1	0	0	0	0	0	0	0	1	0	0	0	1	0	0	0	0	0	0	0
f16	0	0	0	0	0	0	0	0	0	0	0	0	0	0	0	1	0	0	0	0	0	0	0	1	0	0	0	0	0	0	1	0	0	0
f17	1	0	0	0	0	0	0	1	0	0	0	0	0	0	0	0	1	0	0	0	0	0	0	0	0	0	0	1	1	0	0	0	0	0
f18	0	0	0	0	0	0	0	0	0	0	1	1	0	0	0	0	0	1	0	0	0	1	0	0	0	0	0	0	0	0	0	0	1	0
f19	0	1	0	0	1	0	1	0	0	0	0	0	0	0	0	0	0	0	1	1	0	0	0	0	0	0	0	0	0	0	0	0	0	1
f20	0	2	0	2	2	0	5	0	0	1	0	0	1	2	0	0	0	0	1	5	2	0	0	0	0	0	0	0	0	1	0	3	0	1
f21	0	0	0	2	0	0	2	0	0	0	0	0	0	2	0	0	0	0	0	2	2	0	0	0	0	0	0	0	0	0	0	2	0	0
f22	0	0	0	0	0	0	0	0	0	0	1	1	0	0	0	0	0	1	0	0	0	1	0	0	0	0	0	0	0	0	0	0	1	0
f23	0	1	1	0	0	0	0	0	0	0	0	0	0	0	1	0	0	0	0	0	0	0	1	0	0	0	1	0	0	0	0	0	0	0
f24	0	0	0	0	0	0	0	0	0	0	0	0	0	0	0	1	0	0	0	0	0	0	0	1	0	0	0	0	0	0	1	0	0	0
f25	0	0	0	0	0	1	0	0	1	0	0	0	0	0	0	0	0	0	0	0	0	0	0	0	1	1	0	1	0	0	0	0	0	0
f26	0	0	0	0	0	1	0	0	1	0	0	0	0	0	0	0	0	0	0	0	0	0	0	0	1	1	0	1	0	0	0	0	0	0
f27	0	1	1	0	0	0	0	0	0	0	0	0	0	0	1	0	0	0	0	0	0	0	1	0	0	0	1	0	0	0	0	0	0	0
f28	1	0	0	0	0	1	0	1	1	0	0	0	0	0	0	0	1	0	0	0	0	0	0	0	1	1	0	2	1	0	0	0	0	0
f29	1	0	0	0	0	0	0	1	0	0	0	0	0	0	0	0	1	0	0	0	0	0	0	0	0	0	0	1	1	0	0	0	0	0
f30	0	1	0	0	1	0	1	0	0	0	0	0	0	0	0	0	0	0	0	1	0	0	0	0	0	0	0	0	0	1	0	0	0	0
f31	0	0	0	0	0	0	0	0	0	0	0	0	0	0	0	1	0	0	0	0	0	0	0	1	0	0	0	0	0	0	1	0	0	0
f32	0	0	0	2	0	0	3	0	0	1	0	0	1	2	0	0	0	0	0	3	2	0	0	0	0	0	0	0	0	0	0	3	0	0
f33	0	0	0	0	0	0	0	0	0	0	1	1	0	0	0	0	0	1	0	0	0	1	0	0	0	0	0	0	0	0	0	0	1	0
f34	0	1	0	0	1	0	1	0	0	0	0	0	0	0	0	0	0	0	1	1	0	0	0	0	0	0	0	0	0	0	0	0	0	1

图 3-8　团队内部 *f–f* 矩阵（绝对共现频次算法生成）

Fig.3-8　Team's internal *f–f* matrix（created by absolute co-occurrence analysis）

第3章 面向知识创新的高校科研团队内部知识整合的流程　　71

$$\begin{array}{c} \begin{matrix} f^1 & f^2 & \cdots & f^i & \cdots & f^X \end{matrix} \\ \begin{matrix} f^1 \\ f^2 \\ \vdots \\ f^i \\ \vdots \\ f^X \end{matrix} \begin{pmatrix} f_{11} & f_{12} & \cdots & f_{1i} & \cdots & f_{1x} \\ f_{21} & f_{22} & \cdots & f_{2i} & \cdots & f_{2x} \\ \vdots & \vdots & \ddots & \vdots & \ddots & \vdots \\ f_{i1} & f_{i2} & \cdots & f_{ii} & \cdots & f_{ix} \\ \vdots & \vdots & \ddots & \vdots & \ddots & \vdots \\ f_{x1} & f_{x2} & \cdots & f_{xi} & \cdots & f_{xx} \end{pmatrix} \end{array}$$

其任一元素 $f_{jm} = \sum_{i=1}^{y} \min(f_{ij}^p, f_{im}^p)$ 不再成立，而 $f_{jm} = \sum_{i=1}^{y} \min(f_{ij}^p, f_{im}^p)/\sqrt{f_{ij}^p \cdot f_{im}^p}$ 成立。由此两种算法构建的知识特征关联矩阵生成的图谱中，节点连线上的数字表示知识特征之间的关联程度。当采用绝对共现分析算法计算关联程度时，首先要将绝对共现分析的网络矩阵（图3-8）进行标准化处理（图3-10），然后再采用相对共现分析算法进行实际关联程度的计算（图3-11）。

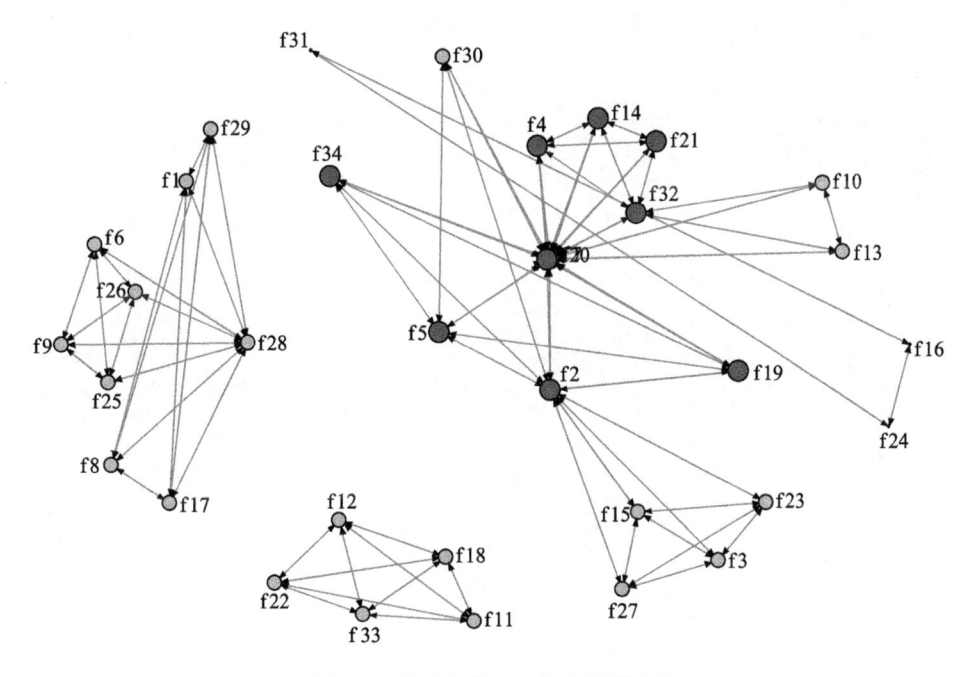

图3-9　团队内部 $f\text{-}f$ 知识图谱实例
Fig.3-9　An example of team's internal $f\text{-}f$ knowledge mapping

	f1	f2	f3	f4	f5	f6	f7	f8	f9	f10	f11	f12	f13	f14	f15	f16	f17	f18	f19	f20	f21	f22	f23	f24
f1	0.20	0.00	0.00	0.00	0.00	0.00	0.00	0.20	0.00	0.00	0.00	0.00	0.00	0.00	0.00	0.00	0.20	0.00	0.00	0.00	0.00	0.00	0.00	0.00
f2	0.00	0.19	0.20	0.00	0.18	0.00	0.07	0.00	0.00	0.00	0.00	0.00	0.00	0.00	0.00	0.00	0.00	0.00	0.17	0.07	0.00	0.00	0.20	0.00
f3	0.00	0.06	0.20	0.17	0.00	0.00	0.00	0.00	0.00	0.00	0.00	0.00	0.00	0.17	0.20	0.00	0.00	0.00	0.00	0.07	0.17	0.00	0.00	0.00
f4	0.00	0.00	0.00	0.00	0.18	0.20	0.07	0.20	0.20	0.00	0.00	0.00	0.00	0.00	0.00	0.00	0.00	0.00	0.17	0.07	0.00	0.00	0.00	0.00
f5	0.20	0.13	0.00	0.17	0.18	0.00	0.00	0.00	0.00	0.00	0.00	0.00	0.00	0.00	0.00	0.00	0.00	0.00	0.00	0.18	0.17	0.00	0.00	0.00
f6	0.00	0.00	0.00	0.00	0.18	0.00	0.18	0.00	0.20	0.20	0.00	0.00	0.00	0.17	0.00	0.00	0.20	0.00	0.00	0.00	0.00	0.00	0.00	0.00
f7	0.20	0.13	0.00	0.00	0.00	0.20	0.00	0.00	0.00	0.00	0.20	0.20	0.20	0.00	0.00	0.00	0.00	0.20	0.00	0.00	0.00	0.00	0.00	0.00
f8	0.00	0.00	0.00	0.00	0.00	0.00	0.04	0.00	0.20	0.00	0.00	0.20	0.00	0.00	0.00	0.00	0.00	0.00	0.00	0.04	0.00	0.20	0.00	0.00
f9	0.00	0.00	0.00	0.00	0.00	0.20	0.04	0.00	0.00	0.20	0.00	0.00	0.00	0.00	0.00	0.00	0.00	0.20	0.00	0.00	0.00	0.00	0.00	0.00
f10	0.00	0.00	0.00	0.00	0.00	0.00	0.07	0.00	0.00	0.00	0.20	0.20	0.20	0.17	0.20	0.00	0.00	0.00	0.00	0.00	0.17	0.00	0.00	0.00
f11	0.00	0.00	0.00	0.00	0.00	0.00	0.00	0.00	0.00	0.00	0.20	0.20	0.20	0.00	0.00	0.00	0.00	0.20	0.00	0.04	0.00	0.20	0.00	0.00
f12	0.00	0.00	0.00	0.00	0.00	0.00	0.04	0.20	0.00	0.00	0.20	0.20	0.00	0.00	0.20	0.33	0.00	0.00	0.00	0.00	0.00	0.00	0.00	0.33
f13	0.20	0.00	0.20	0.00	0.00	0.20	0.00	0.20	0.20	0.20	0.00	0.00	0.00	0.00	0.00	0.00	0.20	0.00	0.00	0.00	0.00	0.20	0.00	0.00
f14	0.00	0.00	0.00	0.00	0.00	0.00	0.04	0.20	0.20	0.00	0.00	0.20	0.00	0.17	0.00	0.33	0.00	0.20	0.17	0.04	0.17	0.00	0.00	0.00
f15	0.00	0.06	0.20	0.17	0.00	0.20	0.07	0.20	0.20	0.00	0.00	0.00	0.20	0.00	0.00	0.00	0.20	0.00	0.00	0.00	0.00	0.00	0.20	0.00
f16	0.20	0.00	0.00	0.00	0.00	0.00	0.00	0.20	0.20	0.00	0.20	0.20	0.20	0.00	0.20	0.00	0.00	0.20	0.17	0.00	0.17	0.00	0.00	0.00
f17	0.00	0.00	0.00	0.00	0.00	0.00	0.04	0.00	0.00	0.00	0.00	0.00	0.00	0.00	0.00	0.33	0.00	0.00	0.00	0.00	0.00	0.20	0.00	0.33
f18	0.20	0.00	0.20	0.00	0.00	0.00	0.11	0.20	0.20	0.20	0.00	0.00	0.20	0.00	0.20	0.00	0.20	0.00	0.00	0.00	0.00	0.00	0.00	0.00
f19	0.00	0.00	0.00	0.00	0.00	0.20	0.00	0.00	0.00	0.00	0.20	0.00	0.00	0.00	0.00	0.33	0.00	0.20	0.00	0.00	0.00	0.00	0.00	0.33
f20	0.20	0.06	0.20	0.17	0.09	0.00	0.00	0.20	0.20	0.00	0.00	0.20	0.00	0.00	0.00	0.00	0.20	0.00	0.00	0.00	0.00	0.00	0.20	0.00
f21	0.00	0.00	0.00	0.00	0.00	0.20	0.07	0.00	0.00	0.20	0.00	0.00	0.00	0.00	0.20	0.00	0.20	0.00	0.17	0.07	0.00	0.00	0.00	0.00
f22	0.00	0.00	0.00	0.00	0.00	0.00	0.00	0.20	0.20	0.00	0.20	0.00	0.20	0.00	0.00	0.00	0.20	0.20	0.00	0.00	0.00	0.00	0.00	0.00
f23	0.00	0.06	0.20	0.00	0.00	0.00	0.04	0.00	0.00	0.00	0.00	0.00	0.20	0.17	0.00	0.00	0.20	0.00	0.00	0.04	0.00	0.00	0.20	0.00
f24	0.00	0.00	0.00	0.00	0.00	0.00	0.11	0.20	0.20	0.00	0.00	0.00	0.00	0.00	0.20	0.33	0.00	0.00	0.00	0.00	0.00	0.00	0.00	0.00
f25	0.20	0.00	0.00	0.00	0.00	0.20	0.00	0.20	0.20	0.20	0.00	0.00	0.20	0.00	0.00	0.00	0.20	0.00	0.17	0.00	0.00	0.00	0.00	0.00
f26	0.00	0.06	0.20	0.00	0.00	0.00	0.00	0.20	0.00	0.00	0.20	0.20	0.00	0.17	0.00	0.00	0.20	0.00	0.00	0.00	0.00	0.20	0.00	0.00
f27	0.00	0.00	0.00	0.00	0.00	0.00	0.00	0.00	0.00	0.00	0.00	0.00	0.00	0.00	0.00	0.33	0.00	0.00	0.00	0.00	0.00	0.00	0.00	0.33
f28	0.20	0.06	0.20	0.00	0.00	0.20	0.04	0.20	0.00	0.00	0.00	0.20	0.20	0.00	0.00	0.00	0.20	0.20	0.00	0.00	0.17	0.20	0.00	0.00
f29	0.20	0.00	0.00	0.00	0.00	0.00	0.11	0.00	0.00	0.00	0.00	0.00	0.00	0.00	0.20	0.00	0.00	0.00	0.00	0.11	0.00	0.00	0.00	0.00
f30	0.00	0.00	0.00	0.17	0.09	0.00	0.00	0.20	0.00	0.00	0.00	0.00	0.00	0.00	0.00	0.00	0.00	0.00	0.00	0.00	0.00	0.00	0.00	0.00
f31	0.00	0.06	0.00	0.00	0.00	0.00	0.00	0.00	0.00	0.00	0.00	0.00	0.20	0.17	0.00	0.33	0.00	0.00	0.00	0.11	0.17	0.00	0.00	0.00
f32	0.00	0.00	0.17	0.00	0.00	0.00	0.00	0.00	0.00	0.00	0.00	0.00	0.00	0.00	0.00	0.00	0.00	0.00	0.17	0.00	0.00	0.20	0.00	0.00
f33	0.00	0.00	0.00	0.00	0.09	0.00	0.00	0.00	0.00	0.00	0.00	0.00	0.00	0.00	0.00	0.00	0.00	0.00	0.00	0.00	0.00	0.00	0.00	0.00
f34	0.00	0.06	0.00	0.00	0.09	0.00	0.04	0.00	0.00	0.00	0.00	0.00	0.00	0.00	0.00	0.00	0.00	0.00	0.17	0.04	0.00	0.00	0.00	0.00

图 3-10 由绝对共现分析算法生成的知识特征关联矩阵片断（经标准化处理后）

Fig.3-10 Knowledge features correlations matrix created by absolute co-occurrence analysis (Extract-Standardized)

第 3 章　面向知识创新的高校科研团队内部知识整合的流程　　73

	f1	f2	f3	f4	f5	f6	f7	f8	f9	f10	f11	f12	f13	f14	f15	f16	f17	f18	f19	f20	f21	f22	f23	f24	f25	f26	f27	f28	f29	f30	f31	f32	f33	f34
f1	1	0	0	0	0	0	0	0	0	0	0	0	0	0	0	0	0	0	0.6	0.5	0	0	0.6	0	0	0	0.6	0.7	1	0.6	0	0	0	0
f2	0	1	0	0	0	0	0	0	0	0	0	0	0	0	0	0	0	0	0	0	0	0	0	0	0	0	0	0	0	0	0	0	0	0.6
f3	0	0	1	0	0	0	0	0	0	0	0	0	0	0	0	0	0	0	0	0	0	0	0	0	0	0	0	0	0	0	0	0	0	0
f4	0	0	0	1	0	0	0	0	0	0	0	0	0	0	0	0	0	0	0	0.6	1	0	0	0	0	0	0	0	0	0	0	0.8	0	0.7
f5	0	0	0	0	1	0	0	0	0	0	0	0	0	0	0	0	0	0	0.7	0.6	0	0	0	0	0	0	0	0.7	0	0.7	0	0	0	0
f6	0	0	0	0	0	1	0	0	0	0	0	0	0	0	0	0	0	0	0	0	0	0	0	0	0	0	0	0	0	0	0	0	0	0
f7	0	0	0	0	0	0	1	0	0	0.4	0	0	0.4	0	0	0	0	0	0.4	1	0.6	0	0	0	0	0	0	0.7	0.4	0.4	0	0.8	0	0.4
f8	0	0	0	0	0	0	0	1	0	0	0	0	0	0.6	0	0	0	0	0	0	0	0	0	0	0	0	0	0.7	0	0	0	0	0	0
f9	0	0	0	0	0	0	0	0	1	0	0	0	0	0	0	0	0	0	0	0	0	0	0	0	0	0	0	0.7	0	0	0	0	0	0
f10	0	0	0	0	0	0	0	0	0	1	0	0	0	0	0.6	0	0	0	0	0	0	1	0	0	0	1	0	0	0	0	0	0.6	0	0
f11	0	0	0	0	0	0	0	0	0	0	1	0	0	0	0	0	0	0	0	0	0	0	0	0	0	0	0	0	0	0	0	0	0	0
f12	0	0	0	0	0	0	0	0	0	0	0	1	0	0	0	0	0	1	0	0	0	1	0	0	0	0	0	0	0	0	0	0	0	0
f13	0	0	0	0	0	0	0	0	0	0	0	0	1	0	0	0	0	0	0	0	0	0	0	0	0	0	0	0	0	0	0	0	0	0
f14	0	0	0	0	0	0	0	0	0	0	0	0	0	1	0	0	0	0	0	0.4	0	0	0	0	0	0	0	0	0	0	0	0	0	0
f15	0	0	0	0	0	0	0	0	0	0	0	0	0	0	1	0	0	0	0	0	0	0	0	0	0	0	0	0	0	0	0	0	0	0
f16	0	0	0	0	0	0	0	0	0	0	1	0	0	0.6	0	1	0	0	0	0.4	0	1	0	0	0	0	0	0	0	0	0	0.6	0	0
f17	0	0	0	0	0	0	0	0	0	0	0	0	0	0	0	0	1	0	0	0.6	0.6	0	0	0	0	0	0	0	0	0	0	0.8	0	0
f18	0	0	0	0	0	0	0	0	0	0	0	1	0	0	0	0	0	1	0	0	0	1	0	0	0	0	0	0	0	0	0	0	0	0
f19	0	0	0	0	0	0	0	0	0	0	0	0	0	0	0	0	0	0	1	0.4	0	0	0	0	0	0	0	0.7	0	0	0	0	0	0
f20	0	0	0	0	0	0	0.4	0	0	0	0	0	0.4	0.6	0	0	0	0	0.4	1	0.6	0	0	0	0	0	0	0	1	0	0	0	0	0
f21	0	0	0	0	0	0	0	0	0	0	0	0	0	1	0	0	0	0	0	0.6	1	0	0	0	0	0	0	0	0.6	0	0	0.8	0	0
f22	0	0	0	0	0	0	0	0	0	1	0	1	0	0	0	1	0	1	0	0	0	1	0	0	0	0	0	0	0	0	0	0	0	0
f23	0	0	0	0	0	0	0	0	0	0	0	0	0	0	0	0	0	0	0	0	0	0	1	0	0	0	0	0	0	0	0	0	0	0
f24	0	0	0	0	0	0	0	0	0	0	0	0	0	0	0	0	0	0	0	0	0	0	0	1	0	0	0	0	0	0	0	0	0	0
f25	0	0	0	0	0	0	0	0	0	0	0	0	0	0	0	0	0	0	0	0	0	0	0	0	1	0	0.7	0.7	0	0.7	0	0.8	0	0
f26	0	0	0	0	0	0	0	0	0	1	0	0	0	0	0	0	0	0	0	0	0	0	0	0	0	1	1	0.7	0	0.4	0	0	0	0
f27	0.6	0	0	0	0	0	0	0	0	0	0	0	0	0	0	0	0	0	0	0	0	0	0	0	0	1	1	0.7	0	0	0	0	0	0
f28	0.7	0	0	0	0	0	0.7	0	0	0	0	0	0	0	0	0	0	0	0	0	0	0	0	0	0.7	0.7	1	1	0.7	1	0	0	0	0
f29	1	0	0	0	0	0	0	0	0	0	0	0	0	0	0	0	0	0	0	0	0	0	0	0	0	0	0	0.7	1	0	0	0	0	0
f30	0.6	0	0	0	0	0	0.4	0	0	0	0	0	0	0	0	0	0	0	0	0	0	0	0	0	0.7	0.4	0	1	0	1	0	0	0	0
f31	0	0	0	0	0	0	0	0	0	0	0	0	0	0	0	0	0	0	0	0	0	0	0	0	0	0	0	0	0	0	1	0	0	0
f32	0	0	0	0.8	0	0	0.8	0	0	0.6	0	0	0	0	0	0.6	0.8	0	0	0	0.8	0	0	0	0.8	0	0	0	0	0	0	1	0	0
f33	0	0	0	0	0	0	0	0	0	0	0	0	0	0	0	0	0	0	0	0	0	0	0	0	0	0	0	0	0	0	0	0	1	0
f34	0	0.6	0	0.7	0	0	0.4	0	0	0	0	0	0	0	0	0	0	0	0	0	0	0	0	0	0	0	0	0	0	0	0	0	0	1

图 3-11　由相对共现分析算法生成的知识特征关联矩阵

Fig.3-11　Knowledge features correlations matrix created by relative co-occurrence analysis

计算的可视化结果用图3-12和图3-13来展示,我们可以发现,知识特征之间的关联程度出现较大的差异。以知识特征"f^2"为例,采用两种算法计算的与其他知识特征之间的关联程度的比较结果见表3-4,由表3-4可以看出,两种算法计算得到的知识特征之间的关联程度存在着很大的差异,足以证明相对共现频率关联分析的有效性。

表3-4 知识特征"f^2"与其他知识特征之间的关联程度比较结果
Tab. 3-4 The correlating comparative result of the knowledge feature of "f^2" and other knowledge features

与之关联的知识特征	绝对共现分析关联	相对共现分析关联	比较结果
f^3	0.2	0.6	<
f^{19}	0.1	0.6	<
f^{23}	0.2	0.6	<
f^{27}	0.2	0.6	<
f^{27}	0.2	0.6	<

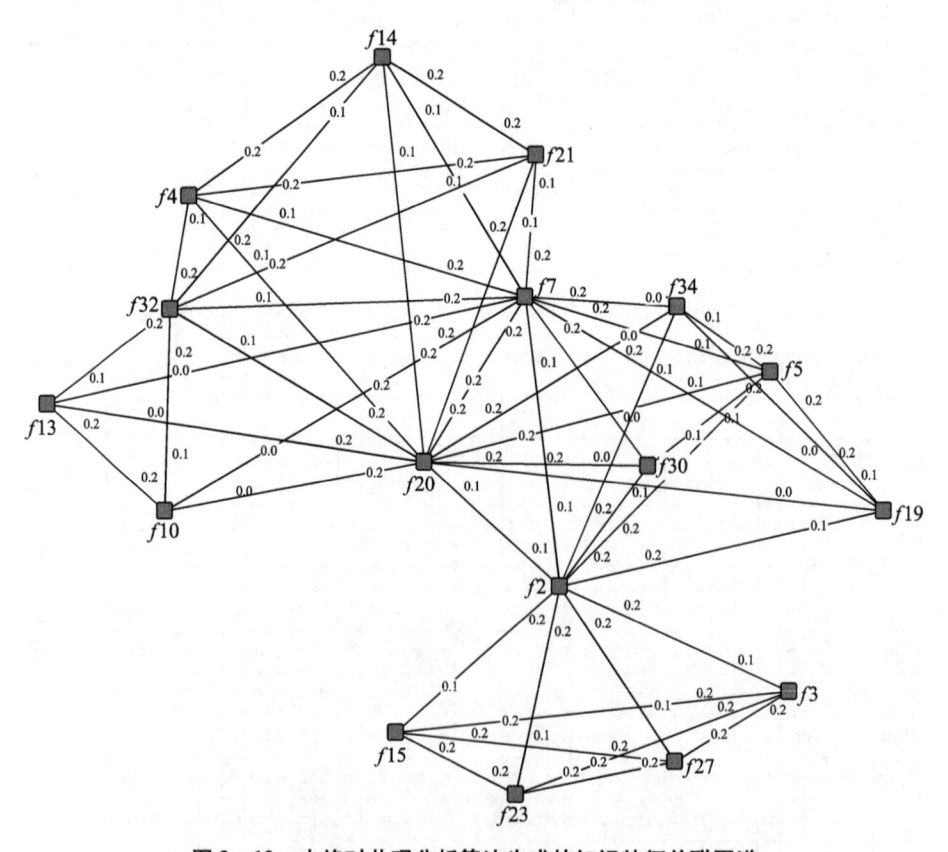

图3-12 由绝对共现分析算法生成的知识特征关联图谱
Fig. 3-12 Knowledge features correlations maping created by absoluteco-occurrence analysis algorithm

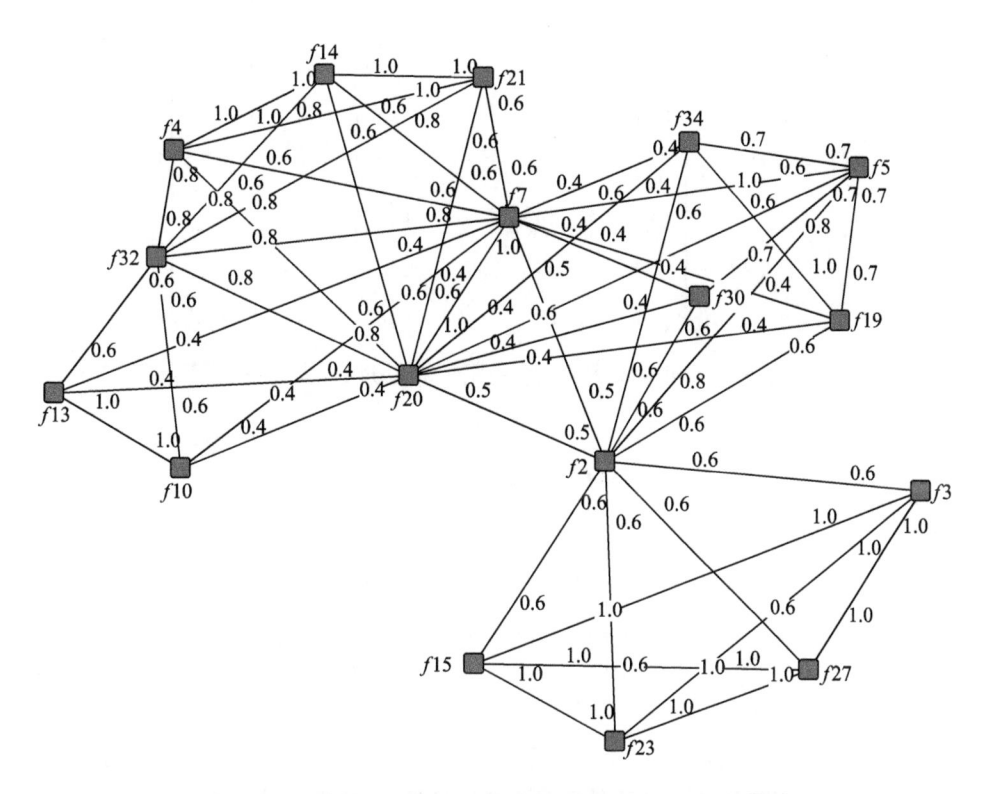

图 3-13　由相对共现分析算法生成的知识特征关联图谱
Fig. 3-13　Knowledge features correlations maping created by relative co-occurrence analysis algorithm

3.2.3.3　知识主体的知识特征识别——主体知识资源的识别

知识主体（包括高校科研团队）的唯一身份标识就是该主体（或团队）具备的知识能力，而反映知识能力的最根本元素就是知识创新成果中所涵盖的知识特征。因此知识特征抽取为主体知识资源的识别奠定了基础。

首先构建知识主体-知识创新成果隶属关系矩阵 $S-P$，并将知识主体在知识创新成果中的身份予以标识，即如果知识主体（或团队成员）i 在某一知识创新成果中 r 的排名次序为 R，则 $S-P$ 中的任一元素 $(sp)_{ir}=1/R_r^i$。如果成员 i 为知识创新引领人，则 $(sp)_{ir}=1/R_r^i$；如果为第二署名跟随者，则 $(sp)_{ir}=0.5$；如果为第三署名跟随者，则 $(sp)_{ir}=0.3$。矩阵 $S-P$ 的一般模型如下：

$$S-P \to \begin{array}{c} \\ S_1 \\ S_2 \\ \vdots \\ S_i \\ \vdots \\ S_n \end{array} \begin{array}{cccccc} P^1 & P^2 & \cdots & P^r & \cdots & P^y \\ \left((sp)_{11} \right. & (sp)_{12} & \cdots & (sp)_{1r} & \cdots & (sp)_{1y} \\ (sp)_{21} & (sp)_{22} & \cdots & (sp)_{2r} & \cdots & (sp)_{2y} \\ \vdots & \vdots & \ddots & \vdots & \ddots & \vdots \\ (sp)_{i1} & (sp)_{i2} & \cdots & (sp)_{ir} & \cdots & (sp)_{iy} \\ \vdots & \vdots & \ddots & \vdots & \ddots & \vdots \\ (sp)_{n1} & (sp)_{n2} & \cdots & (sp)_{nr} & \cdots & \left. (sp)_{ny} \right) \end{array}$$

然后将矩阵 $S-P$ 和矩阵 $P-f$ 做乘积运算处理，得 $S-f$ 矩阵：

$$S-f \to \begin{array}{c} \\ S_1 \\ S_2 \\ \vdots \\ S_i \\ \vdots \\ S_n \end{array} \begin{pmatrix} f^1 & f^2 & \cdots & f^i & \cdots & f^X \\ f^s_{11} & f^s_{12} & \cdots & f^s_{1i} & \cdots & f^s_{1x} \\ f^s_{21} & f^s_{22} & \cdots & f^s_{2i} & \cdots & f^s_{2x} \\ \vdots & \vdots & \ddots & \vdots & \ddots & \vdots \\ f^s_{i1} & f^s_{i2} & \cdots & f^s_{ii} & \cdots & f^s_{ix} \\ \vdots & \vdots & \ddots & \vdots & \ddots & \vdots \\ f^s_{n1} & f^s_{n2} & \cdots & f^s_{ni} & \cdots & f^s_{nx} \end{pmatrix}$$

该 $S-f$ 矩阵中的任意元素 f^s_{ij} 为该知识特征 j 在团队成员 i 的所有知识创新成果中出现的频次。如果集合 $f_i = f_i(S_i)$ 与集合 f^j 的交集为空，则 $f^s_{ij} = 0$，即团队成员 i 不具备以 f^j 为特征标识的知识能力，团队成员 i 的知识特征向量可表示为 $\omega_i = (f^s_{i1}, f^s_{i2}, \cdots, f^s_{ii}, \cdots, f^s_{ix})$。

在该矩阵的基础上，采用社会网络分析的方法创建该矩阵的 2 部 2 模网络矩阵，进而绘制知识主体 – 知识特征图谱，从而以可视化的形式来展现知识主体及知识特征之间的隶属关系。

仍以附录 B 中的团队为例，该团队共有 12 名成员，经过知识特征提取后共有 34 种知识特征，$S-f$ 隶属矩阵如图 3 – 14 所示。

构建该 $S-f$ 网络矩阵的 2 部 2 模关系网络矩阵（一般设定每个模内部的关系值为 0），构建结果如图 3 – 15 所示。将模内部的关系值设定为 0（如图 3 – 15 的框图），是假定团队成员之间没有关系，知识特征之间也没有任何关联，团队成员（或者知识特征）只有共同拥有某些知识特征才可能存在一定的关联，即必须通过某些中介变量才能判定知识特征之间或知识主体之间的关联。

第3章 面向知识创新的高校科研团队内部知识整合的流程

	f1	f2	f3	f4	f5	f6	f7	f8	f9	f10	f11	f12	f13	f14	f15	f16	f17	f18	f19	f20	f21	f22	f23	f24	f25	f26	f27	f28	f29	f30	f31	f32	f33	f34
S1	0.5	1	1	0.5	0.5	0.5	0.5	0.5	0.5	0.3	0	0	0.3	0.5	0	0	0.5	0	0	0.5	0.5	0	0	0	0	0.5	1	0.5	0.5	0.3	0	0.5	0	0.5
S2	0	0	0	0	0	0	0	0	0	1	0	0	0	0	0	0	0	0	0	0	0	0	0	0	0	0	0	0	0	0	0	1	0	0
S3	1	0	0	0	0	0	0	0	0	0	0	0	0	0	0	0	0	0	0	1	0	0	0	0	0	0	0	1	0	0	0	0	0	0
S4	0	0	0	0	0	0	0	1	0	0	0	0	0	0	0	0.5	0	0	0	0	0	0	0	0.5	0	0	0	0	0	0	0.5	0	0	0
S5	0	0	0	0	0	0	1	0	0	0	0	0	0	0	0	0	0	0	0	0	0	0	0	0	0	0	0	0	0	1	0	0	0	0
S6	0	0	0	0	0	0	0	0	0	0	0	1	0	0	0	0	0	1	1	1	0	1	0	0	1	1	0	0	0	0	0	0	0	0
S7	0	1	0	0	0	0	0	0	1	0	0	0	0	0	0	0	0	0	0	0	0	0	0	0	0	0	0	0	0	0	0	0	0	0
S8	0	0	0	0	0	0	0	0	0	0	0.5	0.5	0	0	0	0	0	0.5	0	0	0	0.5	0	0	0	0	0	0	0	0	0	0	0	0
S9	0	0	0	0	0	0	0	0	0	0	0	0	0	0	0	0	0	0	0	0	0	0	0	0	0	0	0	0	0	0.5	0	0	0.5	1
S10	0	0	0	0	0	0	0.5	0	0	0.5	0	0	0.5	0	0	0	0	0	0	0.5	0	0	0	0	0	0	0	0	0	0	0	0	0	0
S11	0	0	0	0	0	0	0	0	0	0	0	0	0	0	0	0	0	0	0	0	0	0	0	0	0	0	0	0	0	0	0	0.5	0	0
S12	0	0	0	1	0	0	0	0	0	0	0	0	0	0	0	0	0	0	0	0	0	0	0	0	0	0	0	0	0	0	0	1	0	0

图 3-14 高校科研团队内部 S-f 矩阵

Fig.3-14 University scientific research innovation team's internal S-f matrix

图 3-15 团队内部 S-f 矩阵的 2 部 2 模关系网络矩阵

Fig.3-15 Bipartite "2-mode" network matrix of team's internal S-f matrix

第 3 章 面向知识创新的高校科研团队内部知识整合的流程 | 79

这种假定符合现实的一些情况，因为在对他人的研究方向不清楚、研究内容的具体性质不了解、人与人之间的合作关系不知道时，所面对就是这种信息盲态。

根据图 3-15 中的网络矩阵绘制的知识主体-知识特征（$S-f$）图谱如图 3-16 所示。从图 3-16 可以看出，依据知识特征的分布，该团队的研究兴趣可以分为四大研究派系（图中的正方形■代表团队内部的知识特征，圆形●代表团队内部的知识主体），分别为（S_1，S_3，S_7）、（S_4，S_8）、（S_6，S_9）及（S_1，S_2，S_5，S_{10}，S_{11}，S_{12}）；团队成员可以依据不同的研究主题选择知识创新的合作关系或知识的获取源，同一成员可以获得的合作式知识整合关系数量与自己的知识特征数量成正比的，组建方法相对比较灵活。

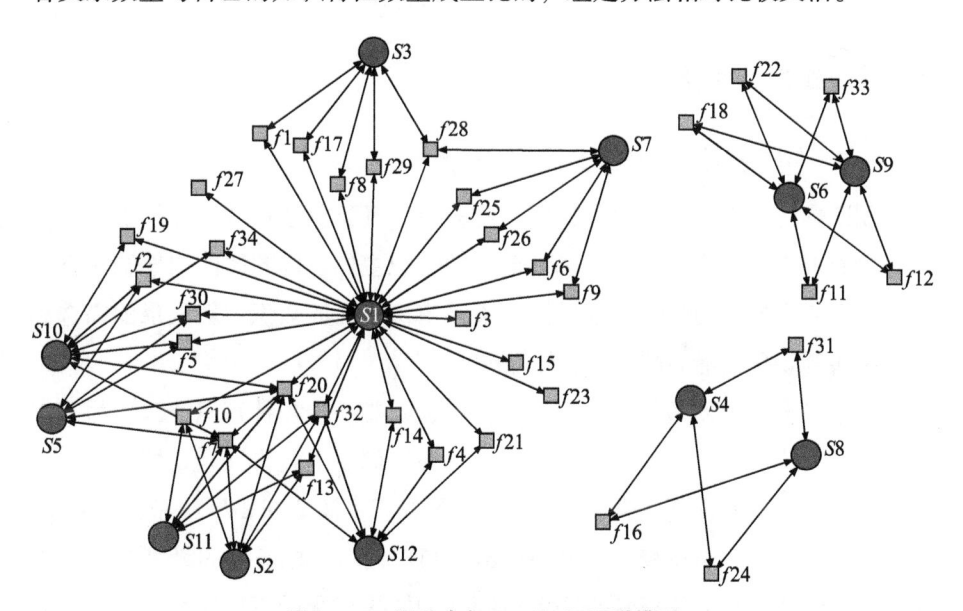

图 3-16　团队内部 $S-f$ 知识图谱模型
Fig. 3-16　Team's internal $S-f$ knowledge mapping model

因此绘制知识图谱能够以可视化的形式展现团队内部知识主体及其知识特征之间的隶属关系，不仅有助于了解团队成员的研究兴趣或知识能力，而且有助于分析团队成员有无共同的知识特征或相似的研究兴趣，为团队内部知识资源的利用提供可靠的参考依据，有助于挖掘团队成员之间潜在的知识整合关系。如图 3-17 所示，通过知识图谱很快就能找到团队中知识主体资源 gy 和 wx 及其知识特征，而且二者具有共同的知识特征——"加权观测融合"，能够揭示出潜在的知识整合关系。

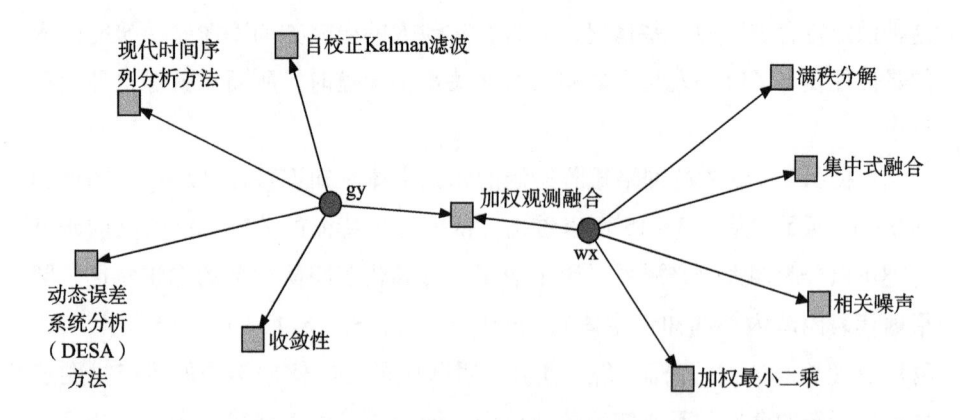

图 3-17　团队内部 $S-f$ 知识图谱实例
Fig. 3-17　An example of team's internal $S-f$ knowledge mapping

3.2.4　知识资源筛选

3.2.4.1　知识资源筛选的动态演化过程分析

团队内部知识整合活动中，所需要的知识资源包括拥有某种知识特征的知识创新成果或具有某种知识创新能力的知识主体，因此团队内部知识整合活动中对知识资源的筛选包括对拥有某种知识特征的知识创新成果的筛选和拥有某种知识创新能力的知识主体筛选。

对于同一知识创新任务，知识创新引领人要寻求多种知识资源作为知识整合活动所需的储备，也就是说在知识资源的储备上允许冗余，即对相关知识资源进行获取并识别其类别。但真正应用知识资源时却要尽量降低冗余度，因此在知识资源筛选过程中，要筛选出与知识创新目标需要的最可靠（不确定性程度最低）的知识资源，降低所筛选的知识资源的不确定性程度，为获取可利用的优势知识资源奠定基础。因此完整的知识资源筛选过程主要包括三个方面：相关知识资源定位、可靠知识资源筛选和优势知识资源提取。相关知识资源定位是知识资源筛选的基础工作，知识资源获取和知识资源识别对定位相关知识资源奠定了基础，为可靠知识资源筛选提供了初步知识资源集合，进而从可靠知识资源中提取出优势知识资源。由此可见，可靠的知识资源筛选是知识资源筛选过程的主要工作，而优势知识资源提取是知识资源筛选的最终结果。

知识资源的可靠性主要取决于两个方面，一方面取决于已经获取和识别的知识资源与知识创新目标实现所需知识资源的关联强度,即知识创新成果所体现的和知识主体所拥有的知识特征与目标所需知识类型的关联强度;另一方面取决于知识主体的知识创新效率,而知识创新成果的可靠性也取决于其知识主体知识创新能力,知识主体知识创新能力的不确定程度不仅取决于其知识创新效率,而且取决于其所拥有知识特征与目标所需知识特征的关联强度。因此为筛选出可靠的知识资源,对知识整合活动参与主体(包括虚拟参与人和现实参与人)知识创新能力的不确定性程度进行分析是需要考虑的重点。

综合上述分析,知识资源筛选的动态演化过程如图 3 – 18 所示。

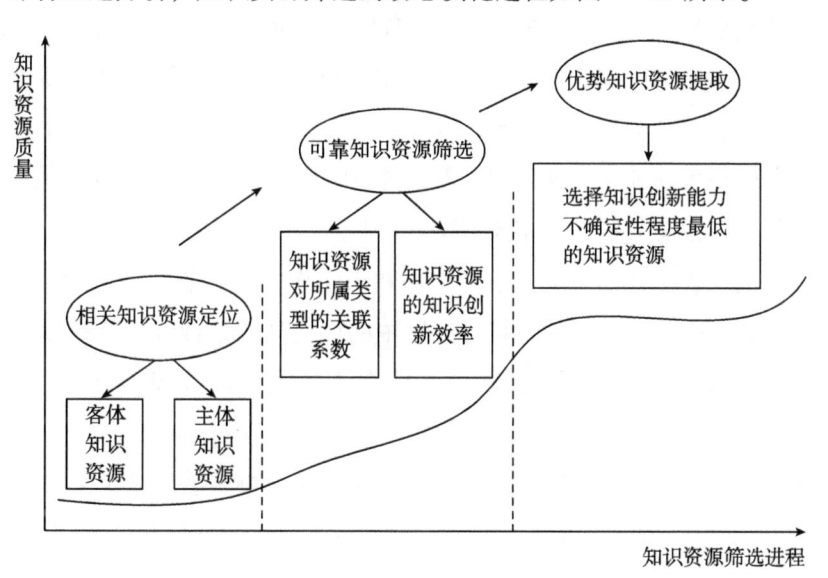

图 3 – 18　知识资源筛选的动态演化进程
Fig. 3 – 18　The dynamic process of knowledge resources filtering

3.2.4.2　信度函数与知识主体知识创新能力的不确定性测度

本部分采用 D-S 证据理论来分析高校科研团队内部知识整合活动的准参与主体知识创新能力的不确定程度,为知识创新引领人选择预期的知识整合参与人提供参考依据。

设团队知识整合准参与主体 S 的所有类型集合为 Θ,包括有限个基本类型,记为 $\Theta = \{c_1, c_2, \cdots, c_i, \cdots, c_t\}$,且所有在 Θ 内的元素间是互不相容的,即各种类型的知识主体拥有的知识创新资源具有显著性差异,称 Θ 为 S 的识别框架[134]。基本信任分配函数为映射 $m: 2^\Theta \to [0, 1]$ (2^Θ 为 Θ 所有的

子集构成的集合），且满足下列条件

① $m(\varnothing) = 0$

② $\sum_{c_i \subset \Theta} m(c_j) = 1$

③ $0 \leq m(c_j) \leq 1$，$\forall c \subseteq \Theta$

其中 m 为识别框架 Θ 上的信度函数分配：$\varnothing$ 表示空集，$m(c_j)$ 为 c_j 的信度函数值，如果对于任意知识主体 S_i 而言，其属于类型 c_j 的信度函数为 $m_i(c_j)$，$m_i(c_j)$ 反映了将知识主体 S_i 确切地分配到类型 c_j 的信度函数值[97]。

信度函数表示人对某种态势的可信程度的一种推理，是一种人为的判断，是 D-S 证据理论用于不确定性分析的关键问题。由于团队内部知识整合中需要考虑知识主体的类型（诸如专家型知识主体、基本技能型知识主体）和知识主体的知识创新效率（在知识创新系统中的环境加权系数），因此采用如下经验方法获取信度函数（基本概率赋值）[135]。

设 n 为知识主体的总数，$r_i(c_j)$ 是知识主体 i 对类型 c_j 的关联系数，ω_i 是知识主体 i 在团队内部知识整合系统中的环境加权系数（即知识创新引领人能够寻求到的合作知识主体的知识创新效率），值域为 $[0, 1]$，并定义[136]：

$\alpha_i = \max\{r_i(c_j) \mid j = 1, 2, \cdots, t\}$，表示在对知识主体的类型进行定位时，取知识主体 i 的最可能类型相关系数；

$\beta_i = \left(\dfrac{t\omega_i}{\sum_{j=1}^{t} r_i(c_j)} - 1 \right) \Big/ (n-1)$ $(n \geq 2, i = 1, 2, \cdots, n)$；表示知识主体 i 的相关分配值；

$\pi_i = \dfrac{\omega_i \alpha_i \beta_i}{\sum_{j=1}^{n} \omega_j \alpha_j \beta_j}$ $(i = 1, 2, \cdots, n)$；表示知识主体 i 的可靠性系数；

则知识主体 i 属于类型 c_j 的基本概率赋值为

$$m_i(c_j) = \dfrac{r_i(c_j)}{\sum_{j=1}^{t} r_i(c_j) + t(1 - \pi_i)(1 - \omega_i \alpha_i \beta_i)}$$

知识主体 i 知识创新的不确定程度为 $m_i(\theta) = 1 - \sum_{j=1}^{t} m_i(c_j)$。

3.2.4.3 关联系数 $r_i(c_j)$ 与环境加权系数 ω_i 的获取

在上述表达式中，重点是如何确定知识主体 i 对类型 c_j 的关联系数 $r_i(c_j)$ 以及知识主体 i 在团队内部知识整合系统中的环境加权系数 ω_i。

1. 知识主体 i 的环境加权系数 ω_i 的获取

知识创新是一种复杂的创造性劳动，比起任何一种物质生产劳动，更需要人的主观能动性和创造力，去探索和开拓前人没有走过的道路。因此对于知识主体的知识创新能力的研究，具有十分重要的现实意义。

科学发展的主体是从事科学研究的知识创新工作者，而知识创新活动的重要表现之一是创新思想的表达，也就是知识创新成果的撰写与发表。知识创新成果是知识主体从事科学研究结果的最终表现形式，是确认知识主体对某一发现或发明的优先权、衡量知识主体的知识创新效率的重要指标。

由于知识主体的素质不同，所从事的研究领域各异，知识创新的能力也各有差异，知识创新工作者本身与其所在环境之间呈现出复杂的关系，知识主体的知识创新能力或效率就是这种关系作用的结果。因此以某一研究领域的著者为主体，以其知识创新成果（论文、专利）为知识主体的生产物来进行知识主体的知识创新能力的研究，即知识主体知识创新效率的研究。

本部分拟采用科学计量学中科学能力论的研究思想来研究知识主体的知识创新效率。ω_i 主要取决于知识主体的知识创新效率，其知识创新效率取决于知识创新的实际绩效，假定知识主体 i 以往的知识创新工作量为 q_i，根据科学计量学家对科学能力论的研究 $[f(q) = C/q^z$，其中 C 为大于 0 的常数，q 为知识创新量，以发表论文数量来代替，z 为大于 1 的正数]，可以将知识主体 i 的知识创新效率定义为 $\omega_i = 1 - 1/(q_i + 1)^z$，即对于没有任何知识创新成果的人而言，定义其知识创新效率为 $0^{[137]}$。

2. 知识主体 i 对类型 c_j 的关联系数 $r_i(c_j)$ 的确定

利用模糊集理论中的隶属度函数确定知识主体 i 对类型 c_j 的关联系数 $r_i(c_j)$，因为二者都表示根据某一知识主体的知识特征来判定该知识主体隶属于某一类型的程度，即相关性[138]。

将 $S-f$ 进行转置得到 $f-S$ 矩阵，该矩阵表示描述 n 个知识主体的知识特征矩阵：

$$f-S \rightarrow \begin{matrix} & S_1 & S_2 & \cdots & S_i & \cdots & S_n \\ f^1 \\ f^2 \\ \vdots \\ f^i \\ \vdots \\ f^X \end{matrix} \begin{pmatrix} f_{11} & f_{12} & \cdots & f_{1i} & \cdots & f_{1n} \\ f_{21} & f_{22} & \cdots & f_{2i} & \cdots & f_{2n} \\ \vdots & \vdots & \ddots & \vdots & \ddots & \vdots \\ f_{i1} & f_{i2} & \cdots & f_{ii} & \cdots & f_{in} \\ \vdots & \vdots & \ddots & \vdots & \ddots & \vdots \\ f_{x1} & f_{x2} & \cdots & f_{xi} & \cdots & f_{xn} \end{pmatrix} = (f_{ij})_{X \times n}$$

假定知识创新引领人欲将知识整合活动的参与主体分为 t 个类型，该类型集合为 $C = \{c_1, c_2, \cdots, c_t\}$。上述 $f-S$ 的每一个元素为统计的绝对次数，每一列表示某一知识主体拥有的知识特征的绝对频次，这与知识主体知识创新成果的多少是有关的，因此应对上述矩阵进行标准化处理[139]：

$$v_{ij} = \frac{f_{ij} - \min_j(f_{ij})}{\max_j(f_{ij}) - \min_j(f_{ij})}$$

其中分母 $(\max_j(f_{ij}) - \min_j(f_{ij}))$ 反映了团队知识创新系统中知识主体表现在知识特征 i 上的最大知识势差，分子 $(f_{ij} - \min_j(f_{ij}))$ 表示知识主体 j 对于知识特征 i 的知识存量与系统内拥有知识特征 i 的最低知识存量之间的差异。将上述 $f-S$ 矩阵转化为相对隶属度矩阵 V：

$$V = \begin{pmatrix} v_{11} & v_{12} & \cdots & v_{1i} & \cdots & v_{1n} \\ v_{21} & v_{22} & \cdots & v_{2i} & \cdots & v_{2n} \\ \vdots & \vdots & \ddots & \vdots & \ddots & \vdots \\ v_{i1} & v_{i2} & \cdots & v_{ii} & \cdots & v_{in} \\ \vdots & \vdots & \ddots & \vdots & \ddots & \vdots \\ v_{x1} & v_{x2} & \cdots & v_{xi} & \cdots & v_{xn} \end{pmatrix} = (v_{ij})_{X \times n}$$

第 j 个知识主体的 X 个知识特征可用如下向量表示：

$$V_j = (v_{1j}, v_{2j}, \cdots, v_{ij}, \cdots, v_{xj})^T$$

即矩阵 V 中任意一列。

知识创新引领人将知识主体分为 t 个类型，代表每个类型的 X 个特征值（即基准特征值）用如下基准矩阵表示

第3章 面向知识创新的高校科研团队内部知识整合的流程

$$B = \begin{pmatrix} b_{11} & b_{12} & \cdots & b_{1i} & \cdots & b_{1t} \\ b_{21} & b_{22} & \cdots & b_{2i} & \cdots & b_{2t} \\ \vdots & \vdots & \ddots & \vdots & \ddots & \vdots \\ b_{i1} & b_{i2} & \cdots & b_{ii} & \cdots & b_{it} \\ \vdots & \vdots & \ddots & \vdots & \ddots & \vdots \\ b_{x1} & b_{x2} & \cdots & b_{xi} & \cdots & b_{xt} \end{pmatrix} = (b_{ik})_{X \times t}$$

其中，b_{ik} 为第 k 种类型的知识主体所拥有知识特征 i 的基准特征值，该数据可以由知识创新引领人按照其知识创新目标的实际需求以及团队内外知识系统的实际情况来决定（例如知识创新主体参与知识创新的频次），将矩阵 B 进行标准化处理后得到如下隶属度矩阵

$$A = \begin{pmatrix} a_{11} & a_{12} & \cdots & a_{1i} & \cdots & a_{1t} \\ a_{21} & a_{22} & \cdots & a_{2i} & \cdots & a_{2t} \\ \vdots & \vdots & \ddots & \vdots & \ddots & \vdots \\ a_{i1} & a_{i2} & \cdots & a_{ii} & \cdots & a_{it} \\ \vdots & \vdots & \ddots & \vdots & \ddots & \vdots \\ a_{x1} & a_{x2} & \cdots & a_{xi} & \cdots & a_{xt} \end{pmatrix} = (a_{ik})_{X \times t}$$

其中，第 k 种类型的知识主体所拥有的 X 种知识特征可以用向量表示为

$$A_k = (a_{1k}, a_{2k}, \cdots, a_{ik}, \cdots, a_{xk})^T$$

知识创新引领人根据知识创新目标的要求，将团队内部知识整合系统中的 X 个知识特征指标设定为不同的权重。对于知识主体 j 而言，其知识特征的权重向量为

$$\omega_j = (\omega_{1j}, \omega_{2j}, \cdots, \omega_{ij}, \cdots, \omega_{xj})^T \quad \left(\sum_{i=1}^{X} \omega_{ij} = 1, \quad j = 1, 2, \cdots, n \right)$$

为了判别某知识主体是否为第 k 类知识主体，用被识别知识主体与基准类之间的距离来判别，距离越小，相似性越大，反之差异越大，即被识别知识主体不属于第 k 类，我们设第 j 个知识主体与第 k 类基准知识主体的差异用如下广义距离表示

$$d_{kj} = \|\omega_j | V_j - A_k |\| = \left[\sum_{i=1}^{X} (\omega_{ij} | v_{ij} - a_{ik} |)^p \right]^{1/p}$$

其中，p 为距离参数。

若要将 n 个知识主体依据 X 个知识特征指标按 t 种类型进行识别，可建立

模糊识别矩阵为

$$U_{t \times n} = \begin{pmatrix} u_{11} & u_{12} & \cdots & u_{1i} & \cdots & u_{1n} \\ u_{21} & u_{22} & \cdots & u_{2i} & \cdots & u_{2n} \\ \vdots & \vdots & \ddots & \vdots & \ddots & \vdots \\ u_{i1} & u_{i2} & \cdots & u_{ii} & \cdots & u_{in} \\ \vdots & \vdots & \ddots & \vdots & \ddots & \vdots \\ u_{t1} & u_{t2} & \cdots & u_{ti} & \cdots & u_{tn} \end{pmatrix} = (u_{kj})_{t \times n}$$

其中，u_{kj} 为知识主体 j 相对于类型 c_k 的隶属度，即知识主体 j 对类型 c_k 的关联系数 $r_j(c_k)$，满足条件：

$$0 \leq u_{kj} \leq 1$$

$$\sum_{k=1}^{t} u_{kj} = 1$$

在实际的知识创新中，并不是所有知识创新目标都需要 X 种知识特征，因此知识创新引领人在进行合作知识主体的选择时，只需对其中的几种知识特征进行识别而确定其所属的类型，把知识主体识别为某类型的决定性知识特征叫作此类型的关键知识特征，关键知识特征标识矩阵定义如下：

$$M = \begin{pmatrix} m_{11} & m_{12} & \cdots & m_{1i} & \cdots & m_{1x} \\ m_{21} & m_{22} & \cdots & m_{2i} & \cdots & m_{2x} \\ \vdots & \vdots & \ddots & \vdots & \ddots & \vdots \\ m_{i1} & m_{i2} & \cdots & m_{ii} & \cdots & m_{ix} \\ \vdots & \vdots & \ddots & \vdots & \ddots & \vdots \\ m_{t1} & m_{t2} & \cdots & m_{ti} & \cdots & m_{tx} \end{pmatrix} = (m_{ki}) \quad (k=1,2,\cdots,t; i=1,2,\cdots,X)$$

其中，

$$m_{ki} = \begin{cases} 1 & (\text{第 } i \text{ 个知识特征是 } c_k \text{ 类型的关键知识特征}) \\ 0 & (\text{第 } i \text{ 个知识特征不是 } c_k \text{ 类型的关键知识特征}) \end{cases}$$

此时定义第 j 个知识主体与第 k 类基准知识主体的广义距离为

$$d_{kj} = \left[\sum_{i=1}^{X} (m_{ki}\omega_{ij} |v_{ij} - a_{ik}|)^p \right]^{1/p}$$

引入 u_{kj} 作为权重后的加权广义距离为 $D_{kj} = u_{kj} \left[\sum_{i=1}^{X} (m_{ki}\omega_{ij} |v_{ij} - a_{ik}|)^p \right]^{1/p}$。

以全部知识主体相对于各标准类型间的加权广义距离平方和最小。

$$\min\left\{\sum_{j=1}^{n}\sum_{k=1}^{t}D_{kj}{}^{2}\right\} = \min\left\{\sum_{j=1}^{n}\sum_{k=1}^{t}\left[u_{kj}\left[\sum_{i=1}^{X}(m_{ki}\omega_{ij}|v_{ij}-a_{ik}|)^{p}\right]^{1/p}\right]^{2}\right\}$$

$$= \sum_{j=1}^{n}\min\left\{\sum_{k=1}^{t}\left[u_{kj}\left[\sum_{i=1}^{X}(m_{ki}\omega_{ij}|v_{ij}-a_{ik}|)^{p}\right]^{1/p}\right]^{2}\right\}$$

由该目标函数和约束条件式 $\sum_{k=1}^{t}u_{kj}=1$,构造拉格朗日函数

$$L(u_{kj},\lambda) = \sum_{k=1}^{t}\left[u_{kj}\left[\sum_{i=1}^{X}(m_{ki}\omega_{ij}|v_{ij}-a_{ik}|)^{p}\right]^{1/p}\right]^{2} + \lambda\left(1-\sum_{k=1}^{t}u_{kj}\right)$$

对知识主体 j 相对于类型 c_k 的隶属度的一般表达式 u_{kj} 求偏导

$$2u_{kj}\left[\sum_{i=1}^{X}(m_{ki}\omega_{ij}|v_{ij}-a_{ik}|)^{p}\right]^{2/p} = -\lambda \qquad (3-1)$$

$$2u_{hj}\left[\sum_{i=1}^{X}(m_{ki}\omega_{ij}|v_{ij}-a_{ih}|)^{p}\right]^{2/p} = -\lambda \qquad (3-2)$$

由式（3-1）和式（3-2）得

$$u_{kj} = \frac{1}{\left[\sum_{i=1}^{X}(m_{ki}\omega_{ij}|v_{ij}-a_{ik}|)^{p}\right]^{2/p} \Big/ \left[\sum_{i=1}^{X}(m_{ki}\omega_{ij}|v_{ij}-a_{ih}|)^{p}\right]^{2/p}} \cdot u_{hj}$$

$$(3-3)$$

由约束条件 $\sum_{k=1}^{t}u_{kj}=1$ 和式（3-3）得

$$u_{hj} = \frac{1}{\sum_{k=1}^{t}\left[\frac{\sum_{i=1}^{X}(m_{ki}\omega_{ij}|v_{ij}-a_{ih}|)^{p}}{\sum_{i=1}^{X}(m_{ki}\omega_{ij}|v_{ij}-a_{ik}|)^{p}}\right]^{2/p}}$$

u_{hj} 即为模糊识别矩阵 U 中元素的一般表达式,同时 u_{hj} 又是知识主体 i 对类型 c_j 的关联系数 $r_i(c_j)$ 的具体数值。

3.2.5　知识资源配置

团队内部知识整合活动中的知识资源配置是指在对知识资源进行筛选后,知识创新引领人将目标任务分解为多个子任务,并将各个子任务转化为参与主体的目标行为。为此知识创新引领人需要设计知识资源配置规划,以对知识创新目标所涉及任务的知识特征进行结构化分析,并配置合适的参与主体去完成相应的任务。本部分采用有向无环图（DAG-Directed,

Acyclic Graph）表征知识资源配置规划（图 3 – 19）[140]。知识资源配置规划主要由两部分构成：知识资源配置的内容和知识资源配置的行动，在有向无环图中，各个节点表示知识资源配置的内容，而连接节点的边表示资源配置的行动。

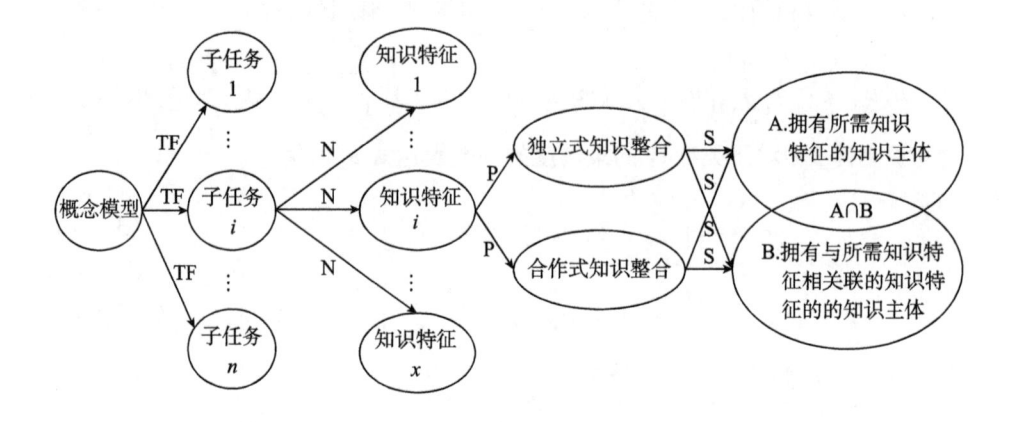

图 3 – 19　表征团队内部知识整合规划的有向无环图（DAG）
Fig. 3 – 19　The DAG of the team's internal knowledge integration planning

在知识资源配置规划中，知识资源配置的内容共有 5 种类型的内容节点。

知识创新目标的概念模型（简称"概念模型"，Percept Model）：决定"做什么"的问题，也是分析"如何做"的根节点，是团队内部知识整合的动因。

知识创新目标的子任务（简称"子任务"，Subtask）：知识创新引领人通过对知识创新目标的分析，对知识创新目标进行任务分解，得到若干子任务，对于同一知识创新目标，不同的知识创新引领人因为分析的视角不同，可能得到不同的子任务集合。

各个子任务所需要的知识特征（简称"知识特征"，Knowledge Feature）：承担各个子任务的知识主体需要具备什么样的知识能力，而知识能力最外在的表征就是知识主体所完成知识创新成果的知识特征，成为知识创新参与主体的身份标识。

知识整合模式的选择（即知识整合模式，Knowledge Integration Model）：知识主体或者通过独立式知识整合模式实现知识创新目标，或者通过合作式知识整合模式实现知识创新目标。如果知识创新引领人完全具备或者通过学习过程具备了完成知识创新所需的知识能力，那么知识创新引领人就会独立完成知识创新的过程；如果知识创新引领人不完全掌握或者需要花费更高的学习成本才能掌握或者无法掌握所需要的知识，那么知识创新引领人就会选择合作式知识整合模式，以实现知识创新的目标。根据复杂网络中的局域世界优先连接机制，知识创新引领人如果选择合作式知识整合模式，他首先会在团队内部寻求合作伙伴，如果团队内部没有合适的人选，知识创新引领人会在团队外部寻求相应的合作伙伴，以实现知识创新的目的。

拥有某种知识特征的知识主体（简称"知识主体"，Player）：在团队内部的知识整合活动中，并不一定能够找到可直接为知识创新任务提供相应知识的知识知识主体。如果不能找到能直接解决该问题的知识主体，就要分析所需知识特征与其他知识特征之间的关联，也可为知识创新问题的解决提供相应的启示。因此知识创新引领人在筛选知识主体的过程中，不仅要寻找直接具备所需知识特征的知识主体，而且要寻找拥有与所需知识相关联的知识特征的知识主体，有时候同一知识主体可以同时具备这两类知识特征。

附录 B 中的团队在后期承担了一项名为"协方差交叉融合研究"的知识创新任务，其中知识主体 S_{12} 承担了其中的一项子任务，子任务的名称为"协方差交叉融合鲁棒 Kalman 滤波器"。该项子任务所需的知识特征包括"多传感器信息融合""协方差交叉融合""鲁棒 Kalman 滤波器"和"协方差椭圆"。知识主体 S_{12} 拥有的知识特征包括"辨识（f_4）""多传感器信息融合估计（f_7）""解耦融合（f_{14}）""收敛性（f_{20}）""未知有色观测噪声（f_{21}）"和"自校正 Kalman 滤波器（f_{32}）"。可见，知识主体 S_{12} 所缺少的知识特征是"协方差交叉"，由于协方差交叉是目前国际信息融合领域的前沿课题，一个人的力量很难实现高水平的知识创新产出，于是 S_{12} 选择了合作式的知识整合模式。由于该团队负责人 S_1 与其他研究生 QWJ、GY 等曾经合作完成"×××系统协方差交叉融合××××"的知识创新成果，该项知识创新成果拥有知识特征"协方差交叉"，S_{12} 选择与 S_1、QWJ、GY 等合作来实现最终的知识创新目标。该案例的知识资源配置规划的 DAG 图如图 3-20 所示。

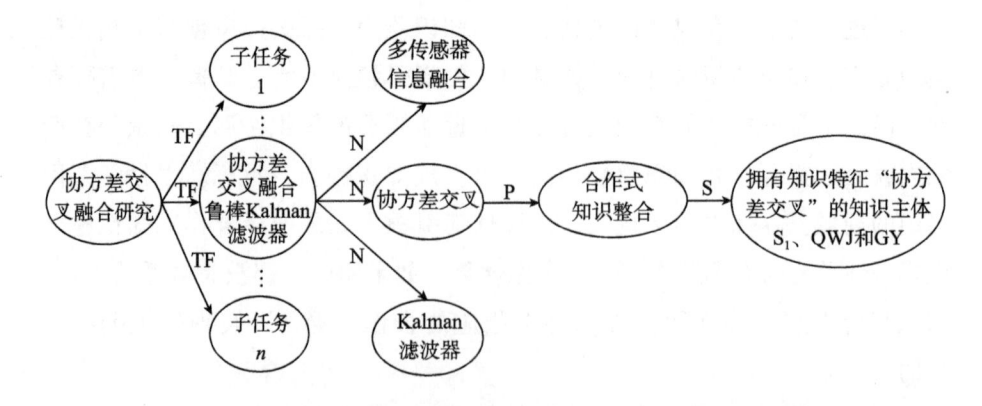

图 3－20　团队内部知识整合规划的有向无环图（DAG）案例
Fig. 3－20　An example of the DAG of the team's internal knowledge integration planning

3.2.6　知识重构

知识重构是指知识创新引领人及其知识创新跟随者对知识创新所需要的相对比较完备的知识资源进行配置后，需要进一步将这些知识资源中的知识联结起来，才能最终将这些知识进行有机整合，催生知识创新的实现。知识重构分为两个层次：基于个体层次的知识融合和基于团队层次的知识有机重构[26]。

3.2.6.1　个体层次的知识融合

知识之间的可融合性是整合的前提，从团队外部或团队其他成员那里所获取的知识能否被团队内部个体成员有效整合，取决于这些知识能否被消化和吸收，与团队内部原有的知识特征发生联结，而知识吸收是知识整合的重要基础。个体层次的知识融合过程不是简单地寻求知识资源的过程，而是一个学习的过程，这个学习过程是团队成员以自身原有的知识体系为基础和前提，将外来知识或其他成员的知识转化为自身可接受的知识状态，并且该知识状态是因人而异的[141]，不仅因为个体原有的知识体系差异，还有个体的知识能力差异。因此知识融合的过程就是个体对知识建立内在关联的过程。经过个体知识融合的过程，团队成员将他人的知识与自身原有的知识体系进行融合，形成新的知识结构，在这个过程中，知识的寻求主体无须与知识的拥有主体进行深入的知识交流，便可获取所需的知识，即对知识拥有主体的依赖程度很弱[142]。

3.2.6.2　团队层次的知识有机重构

知识的有机重构是指参与知识整合活动的参与人将经过知识融合后的各自的知识体系建立有机联系的动态过程，这一过程主要依赖的是知识主体之间的交互行为。因为主体之间的交互行为能够增加知识主体之间的交流频次，通过交流过程中大量的个体与群体思维活动，经过彼此之间的反复激发、观点交流，对彼此思维方法的评价与修正，成员个体不仅要关注与自身原有的知识体系相容的知识进行学习[143]，而且也要特别对与现有思维活动相矛盾的知识进行深思熟虑，经过反复的互动行为，找出知识之间的内在关联并建立知识之间有效的内在关联，逐渐达到一个新的知识状态[144]。如果在交互的过程中发现彼此的依赖程度很高，说明知识整合活动参与人之间专有的、隐匿的隐性知识的交流就越多，彼此之间的信任水平就越高，使得各个参与人更愿意投入到彼此所引领的知识整合活动中，能够促进知识创新目标能更有效率、更高质量地实现。

每个参与主体作为独立的知识整合活动的运作单元，对所需完成的任务进行感知和完成该任务的确定性程度进行度量，根据自身对任务所需知识掌握的确定性程度与任务所需知识要求之间的差距选择知识获取的多少以及交互过程中的参与程度，这种预期需求与现实状态的知识势差、团队内部知识整合的激励机制决定着团队成员个体融知过程的努力程度和团队层次的知识有机重构过程中的主观能动投入。因此团队内部的知识整合活动需要设置有效的知识整合参与约束规则和激励机制，使团队成员对知识创新感兴趣、积极参与知识整合活动对知识创新目标的实现贡献自身的知识能量。

3.3　高校科研团队内部知识整合流程中的行为规则

通过分析备选的知识主体知识创新能力的不确定性程度，知识创新引领人对预期的知识整合活动的参与人就有了比较清晰的了解。接下来就是如何与这些预期的知识整合参与人建立知识整合关系以实现知识创新的目标。对于独立式的知识整合，只需选择能够对自身的知识创新提供理论方法方面的指导或提供突破性启示的知识创新成果。对于合作式知识整合，就是要设计团队内部知识整合活动的行为规则，吸引其他知识主体参与到知识创新引领人所规划的知识整合活动中。

除了知识整合活动的参与约束外，还需要制定知识整合过程中的保密规则，以及知识整合的激励机制和成果的利益分配规则等。

1. 参与约束规则

无论独立式知识整合还是合作式知识整合，都要满足知识创新引领人和知识创新跟随者的参与约束，即引领或参与知识整合实现知识创新目标所获收益的效用不小于从事其他活动所带来收益的保留效用。

2. 激励机制约束

如果知识整合活动满足了参与约束规则，在知识整合的过程中不实施相应的激励机制，知识整合活动的参与人感受不到预期的知识创新成果给自己带来的价值，会出现人浮于事，不为知识整合目标的最终实现而努力工作。因此，需要对预期的知识创新成果带给成员的未来收益进行衡量，取得的知识创新成果水平越高或者对知识整合的贡献越大，成员可能获取的收益也越多，这就涉及知识整合活动中的利益分配原则。

3. 知识整合实施的保密规则

知识主体在实际参与知识整合过程所需要遵循的行为规范，主要就是指不泄露知识整合过程的机密信息，诸如知识整合的思路与方法、知识整合过程所使用的信息资料、知识创新实现过程中所使用的工具方法等。

4. 知识创新成果的产权配置规则

团队内部知识创新成果作为特殊的资源，与团队成员的智力性思维活动密切相关，从无到有，是一种经过创造性劳动而得到的新生资源，主要涉及两个重要问题：一是知识创新成果如何创造出来，这是团队内部知识整合使其从无到有的过程；二是知识创新成果产生后如何界定知识产权及其利益分配机制的问题，如合作的知识主体确定谁为第一作者，谁为通信作者以及谁为主要的利益分配主体。对知识创新成果的产权配置的界定实际是在团队内部参与知识整合活动的个体与集体利益之间寻找一种平衡，以便更有效地发挥产权配置的激励作用，这往往与团队成员所在环境的学术评价机制有关，评价机制往往决定了知识创新成果的产权界定的规则与激励机制，进而在一定程度上影响着知识整合的最终态势，特别不利于合作式知识整合关系的建立。

例如，某一高校的学术评价规则：理工科的知识创新成果，凡是以第一作者、第二作者身份参与知识创新的都可获得知识创新奖励，甚至该高校以第二署名单位的本校员工作为第二作者的也可获得部分奖励；而对于人文社会科学类的知识创新成果，只有本校作为第一署名单位且本校员工作为第一作者的才可获得科研奖励，即如果本校作为第二署名单位、本校员工作为第一作者的也无法获得科研奖励。而在年终考核时，以知识创新跟随者身份参与的理工科知识创新成果可以获得一定的学术评价分值，而以知识创新跟随者身份参与的人文社会科学类知识创新成果的学术评价分值为0，这势必影响人文社会科学类知识主体知识整合关系的确立，尤其对经济管理类或实证调查类研究中知识整合关系建立的影响更大。

经过对该高校的理工类和人文社会科学类科研团队的实际调查也证实了上述结论，以合作式知识整合关系为例，理工类团队的知识创新成果普遍存在着合作式知识整合关系，而且同一知识创新成果参与的成员数量较大，而人文社会科学类的知识创新成果多为一个人完成，合作式知识整合相对较少。

3.4　本章小结

鉴于高校科研团队内部知识整合活动参与人的多主体性、知识的多来源性、目标任务的多层次性以及知识整合活动行为规则的重要性等特征与多源信息融合（多传感器多源信息融合）活动的运作机理很大程度上存在着一致性，因此本章借鉴多源信息融合理论的过程模型对高校科研团队内部知识整合的流程进行了具体研究，并结合第2章对高校科研团队内部知识整合内涵的界定，本书认为面向知识创新的高校科研创新团队内部知识整合流程包括知识整合实施的具体过程和实施中的行为规则，其中知识整合实施的具体过程包括设定知识整合目标、知识资源获取、知识资源识别、知识资源筛选、知识资源配置、知识重构，知识整合实施中的行为规则包括参与约束、激励机制约束、知识整合实施的保密规则、知识创新成果的产权配置规则等。

第4章 面向知识创新的高校科研团队内部知识整合网络的构建与分析

本章以高校科研团队内部成员之间的知识整合关系为主要研究对象，分别从知识主体之间的知识引用关系和知识交互关系两个视角论述了团队内部成员之间五种知识整合网络的构建方法，并从凝聚性和中心性两个方面论述了团队内部知识整合网络的结构特征，同时分析了网络的结构特征对团队知识整合的影响。

4.1 基于知识互引行为的高校科研团队内部知识整合网络的构建

在基于知识互引行为的团队内部知识整合关系中[145]，团队内部知识主体之间知识整合关系的确立是通过彼此的知识创新成果（或相当于知识创新成果的知识，在本书中都称之为知识创新成果）而产生的，如图4-1所示，知识主体 i 的知识创新成果 K 被知识主体 j 引用，生产了知识创新成果 L，知识创新成果 L 被知识主体 m 引用，生产了知识创新成果 H，知识创新成果 H 被知识主体 i 利用进行其他知识创新活动，于是知识主体 i、j 与 m 之间就形成了双向或单向的知识引用关系。团队成员知识创新成果之间的相互引用是对彼此以往积累的知识的吸收和利用，这是团队内部基于知识互引行为的知识整合的表现，体现了科学知识的累积性、连续性和继承性整合，体现了团队研究内容的统一性原则以及多个知识主体之间知识创新的交叉、渗透[127]。团队成员之间的知识互引情况能在一定程度上客观反映出团队成员对团队内部已有的研究成果的了解和吸收能力。通过团队成员之间的知识互引行为，揭示团队内部的知识整合关系，描述团队内部的知识传承。

第4章 面向知识创新的高校科研团队内部知识整合网络的构建与分析 | 95

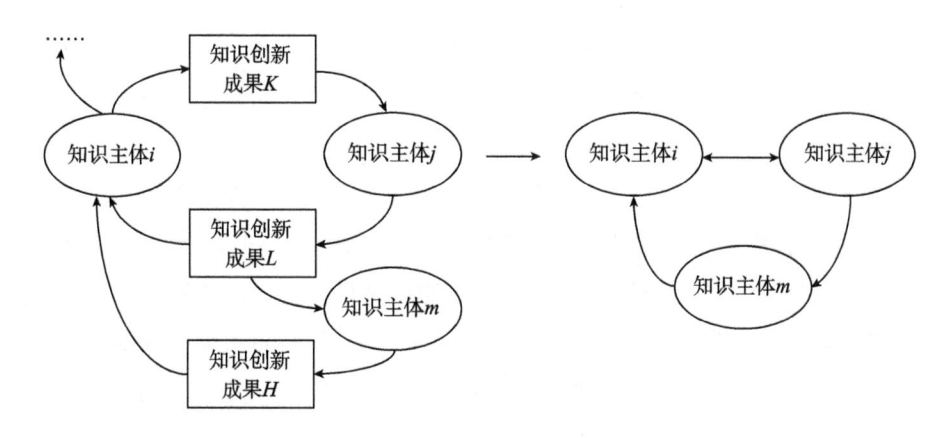

图 4-1 基于知识互引行为的高校科研团队内部知识整合关系的确立
Fig. 4-1 Establishment of university scientific research team's knowledge integration relationship based on knowledge citation

在独立式知识整合模式和合作式知识整合模式中，知识主体之间都存在着这种基于知识互引行为的知识整合关系，其中引用他人知识的主体称为知识整合活动的现实参与人，而自身知识被他人引用的主体称为知识整合活动的虚拟参与人，通过引用他人知识而完成的知识创新成果称为来源知识创新成果。因此在确定知识主体之间知识互引行为式的知识整合关系时，采取如下原则：

（1）对于多个知识主体完成的知识创新成果，如果被团队其他知识主体引用，要考虑被引用成果的所有参与主体（即知识整合活动的虚拟参与人）与来源知识创新成果的参与主体（即知识整合活动的现实参与人）之间的关系，例如，由 A、B、C 三人完成的知识创新成果 P 被由 D、E 两人完成的知识创新成果引用，不仅认为 P 的知识创新引领人 A 与 D 和 E 之间存在着引用式的知识整合关系，而且合作者 B、C 与 D、E 也存在着引用式的知识整合关系，但要对被引成果的参与主体的角色进行区分，即按照署名次序赋予权重系数 $1/R_r^i$（成员 i 在成果 r 中排序的倒数）。这么做不仅鼓励团队内部成员充当知识创新引领人，而且知识创新跟随者的作用也得到了应有的重视。

（2）如果被引用成果的知识创新引领人恰是来源成果的某一参与主体，则只考虑被引用成果的知识创新引领人与来源成果的其他参与主体之间的知识整合关系，例如，由 A、B、C 三人完成的知识创新成果 P 被由 A、E、F 三人完成的知识创新成果引用，则考虑 A 与 E 和 F 之间的知识整合关系以及 B 和 C 与 E 和 F 之间的知识整合关系，即不考虑知识主体的知识自引行为。

简而言之，对来源知识创新成果的参与主体集合 S 和被引知识创新成果的知识创新引领人 A 和知识创新跟随者 K 来说：如果 $S = A$，则认为这是自引行为式知识整合关系，只记作团队成员 A 的一次自引行为；如果 $S \cap A = \varphi$ 或者 $S \cap K = \varphi$，则统计集合 S 中的知识主体与 A 和 K 的知识整合关系；如果 $A \subset S$ 或 $K \cap S \neq \varphi$，则统计 S 中的其他主体 $S(\overline{A})$ 与 A 和 K 之间的知识整合关系。

按照上述规则，从团队内部知识创新成果的引用成果中提取团队内部知识主体之间的互引式知识整合关系数据，可建立基于知识互引行为的团队内部知识整合关系矩阵。根据引文分析的研究视角，团队内部基于知识互引行为的知识整合关系是团队内部成员之间排除自身知识创新成果，而引用他人知识创新成果的团队自引行为的结果，引文分析中有关自引行为的计算指标有自被引率和自引率两种，因此有关团队内部基于知识互引行为的团队内部知识整合关系矩阵的建立也从这两个角度入手。

4.1.1　基于自被引率的团队内部知识整合网络的构建

团队内部的自被引率可定义为团队内部成员的知识创新成果被自己团队成员引用的次数与团队成员总被引次数的比值[146]。按照该定义，可建立团队内部的自被引率矩阵，即基于自被引率的团队内部知识整合关系矩阵 E，其结构如下：

$$E = \begin{pmatrix} e_{11} & e_{12} & \cdots & e_{1i} & \cdots & e_{1n} \\ e_{21} & e_{22} & \cdots & e_{2i} & \cdots & e_{2n} \\ \vdots & \vdots & \ddots & \vdots & \ddots & \vdots \\ e_{i1} & e_{i2} & \cdots & e_{ii} & \cdots & e_{in} \\ \vdots & \vdots & \ddots & \vdots & \ddots & \vdots \\ e_{n1} & e_{n2} & \cdots & e_{ni} & \cdots & e_{nn} \end{pmatrix}$$

其中 $e_{ij} = c_{ij}/c_j$，c_{ij} 为成员 i 引用成员 j 作为知识主体参与完成的知识创新成果的频次，c_j 为成员 j 参与完成的知识创新成果的总被引频次，忽略对角线上元素的取值（因为有些成员的被引频次可能是0）。

4.1.2 基于自引率的团队内部知识整合网络的构建

团队内部的自引率可定义为团队内部成员引用自己团队知识创新成果的次数（排除个体层次上的自引）与其知识创新成果所引用的知识创新成果总数之比[147]。按照该定义，可建立团队内部的自引率矩阵，即基于自引率的团队内部知识整合关系矩阵 E'，其结构如下：

$$E' = \begin{pmatrix} e'_{11} & e'_{12} & \cdots & e'_{1i} & \cdots & e'_{1n} \\ e'_{21} & e'_{22} & \cdots & e'_{2i} & \cdots & e'_{2n} \\ \vdots & \vdots & \ddots & \vdots & \ddots & \vdots \\ e'_{i1} & e'_{i2} & \cdots & e'_{ii} & \cdots & e'_{in} \\ \vdots & \vdots & \ddots & \vdots & \ddots & \vdots \\ e'_{n1} & e'_{n2} & \cdots & e'_{ni} & \cdots & e'_{nn} \end{pmatrix}$$

其中 $e'_{ij} = c_{ij}/C_i^o$，C_i^o 为成员 i 引用的知识创新总数，该矩阵同样可以反映团队成员对所处知识系统知识的继承关系。

4.2 基于知识交互行为的高校科研团队内部知识整合网络的构建

如第2章中团队内部知识整合内涵中所述，团队内部知识整合活动的参与主体角色主要有知识创新引领人和知识创新跟随者。在交互式知识整合中，各参与主体需要通过深层次的知识交流，才能整合彼此的知识而实现知识创新的目的（图4-2）。知识主体 i 在向知识主体 j 和 m 寻求知识创新所需知识，经过整合彼此的知识能量实现知识创新目标，形成知识创新成果 X。通过团队中知识主体之间的知识交互活动，团队成员不仅可以把自己所拥有的知识创新目标所需要的知识带入团队中，而且在知识整合的过程中，把自己所拥有的知识特征信息（包括知识获取、知识创新的特殊方法和手段）也传递给了合作伙伴，同时也可获取合作伙伴的知识及其知识特征信息[148]。知识交互关系为知识主体提供的相对亲密的物理空间或心理距离，能让彼此从对方的知识技能或隐性知识中获益[149]。

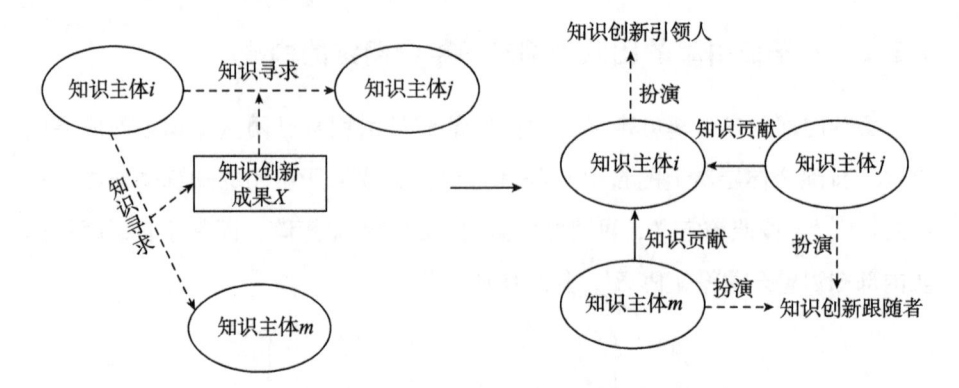

图 4-2　基于交互行为的高校科研团队内部知识整合关系的确立过程

Fig. 4-2　Establishment process of university scientific research team's internal knowledge integration relationship based on interaction

4.2.1　基于引领人与跟随者之间交互行为的知识整合网络的构建

根据知识主体在知识整合活动中所扮演的角色（知识创新引领人和知识创新跟随者），可以认为二者之间交互式的知识整合关系不是对称的，而且不同的参与主体在同一知识创新成果中所处的地位也是不平等的，因此虽然说团队内部的知识整合系统是一个注重个体和平等的多体系统，而在这个系统表面下隐藏的却是知识个体与知识群体之间的张力[150]。而目前有关交互式知识整合关系研究没有对知识主体的角色进行划分，并且认为知识主体之间的交互关系是完全对称的，从而默认了知识主体的平等地位。

另外，知识主体所完成的知识创新成果也表现出不同的重要程度，因此对交互式知识整合关系网络的研究不仅要对其网络结构特征予以描述和揭示，而且要挖掘这些结构特征中所隐藏的知识权力关系，因此本书就是试图从以下两个方面对以往的交互式知识整合关系网络研究进行补充：①知识主体之间的交互式知识整合关系是非对称的，将知识主体分为知识整合的主动参与人（知识创新的引领人）和知识整合的被动参与人（知识创新跟随者），这就决定了知识创新引领人和知识创新跟随者之间的交互式知识整合关系网络是有向的而不是以往研究所认为的无向网络[151-152]，这也客观地决定了知识主体在交互式知识整合关系网络中的权重差异；②由不同知识主体所完成的各个知识创新成果也反映了参与主体之间的能力差别。因此认为基于知识主体角色和能力分析的交互式知识整合关系网络是有向的加权网络。

依据团队成员所完成的知识创新成果数据以及知识创新成果中知识创新引领人和知识创新跟随者之间的交互关系，可建立团队内部这两类主体之间的交互式知识整合关系矩阵如下：

$$T = \begin{pmatrix} t_{11} & t_{12} & \cdots & t_{1i} & \cdots & t_{1n} \\ t_{21} & t_{22} & \cdots & t_{2i} & \cdots & t_{2n} \\ \vdots & \vdots & \ddots & \vdots & \ddots & \vdots \\ t_{i1} & t_{i2} & \cdots & t_{ii} & \cdots & t_{in} \\ \vdots & \vdots & \ddots & \vdots & \ddots & \vdots \\ t_{n1} & t_{n2} & \cdots & t_{ni} & \cdots & t_{nn} \end{pmatrix}$$

其中 t_{ij} 表示成员 j 作为知识创新引领人时，成员 i 对其所引领的所有知识创新成果的贡献频率，$t_{ij} = \sum g_{ij} / \sqrt{f_{i\rightarrow}}$，其中 $\sum g_{ij}$ 表示成员 i 对成员 j 的知识贡献度（假定所完成的知识创新成果具有相同的重要程度，可赋予其相同的权重，如果成员 i 在某一知识创新成果中的排名次序为 R，则 $g_{ij} = 1/R$），$f_{i\rightarrow}$ 表示成员 i 作为知识创新跟随者的总频次。如果 $g_{ij} = f_{i\rightarrow} = 0$，则 $t_{ij} = 0$。

4.2.2 基于跟随者之间交互行为的知识整合网络的构建

知识创新引领人不仅发挥了知识创新发起人的作用，而且还为其知识创新跟随者提供了知识交流的机会与平台，因此除了研究知识创新引领人和知识创新跟随者之间的交互式知识整合关系外，还应该对知识创新跟随者之间的交互式知识整合关系进行探讨，与前者研究不同的是，知识创新跟随者的交互式知识整合网络是无向的，可以通过知识创新跟随者在知识创新成果中的共现关系来构建该网络，当然这是对于多人合作的知识整合关系（$n \geq 3$，n 表示参与知识创新的成员数量），建立团队内部成员在他人引领的知识创新成果中的共现关系矩阵如下：

$$C^e = \begin{pmatrix} c^e_{11} & c^e_{12} & \cdots & c^e_{1i} & \cdots & c^e_{1n} \\ c^e_{21} & c^e_{22} & \cdots & c^e_{2i} & \cdots & c^e_{2n} \\ \vdots & \vdots & \ddots & \vdots & \ddots & \vdots \\ c^e_{i1} & c^e_{i2} & \cdots & c^e_{ii} & \cdots & c^e_{in} \\ \vdots & \vdots & \ddots & \vdots & \ddots & \vdots \\ c^e_{n1} & c^e_{n2} & \cdots & c^e_{ni} & \cdots & c^e_{nn} \end{pmatrix}$$

c^e_{ij} 为成员 i 与成员 j 作为他人的知识创新跟随者的共现频率，$c^e_{ij} = f^e_{ij}/\sqrt{f_{i\rightarrow} \cdot f_{j\rightarrow}}$，其中 f^e_{ij} 为成员 i 与成员 j 作为他人的知识创新跟随者的共现频次，$f_{i\rightarrow}$ 和 $f_{j\rightarrow}$ 分别表示成员 i 和 j 作为知识创新跟随者的频次。对角线上的元素表示该成员作为知识创新跟随者的总频率（由 $c^e_{ij} = f^e_{ij}/\sqrt{f_{i\rightarrow} \cdot f_{j\rightarrow}}$ 可知对角线上的元素可表示为 $c^e_{ii} = f^e_{ii}/\sqrt{f_{i\rightarrow} \cdot f_{i\rightarrow}} = f_{i\rightarrow}/\sqrt{f_{i\rightarrow} \cdot f_{i\rightarrow}}$，对角线上的元素都为 1）。如果 $f^e_{ij} = 0$，则 $c^e_{ij} = 0$。

4.3 基于知识特征耦合关系的高校科研团队内部知识整合网络的构建

团队成员之间知识特征耦合关系主要是指知识特征在团队成员的知识创新成果中共同出现的频率。如果两个团队成员所参与知识创新成果中知识特征的共现频率越大，团队成员之间共同的研究主题越多，越证明成员之间存在着密切的知识整合关系[153]，即使他们之间不存在互引式知识整合关系和交互式的知识整合关系，也存在知识整合的基础，并可以建立知识整合关系，尤其是更容易建立交互式的知识整合关系，使知识创新引领人能够更加有效地寻求到合适的知识创新跟随者，并能够促进团队知识创新的顺利进行。

在分析知识主体知识特征的耦合强度时，多个主体所完成的同一知识创新成果的知识特征归属于所有参与主体，但参与主体对同一知识创新成果知识特征的拥有程度与其署名次序有关。

首先构建知识主体-知识创新成果 $S-P$ 隶属关系网络矩阵，并将知识主体在知识创新成果中的身份予以标识，即如果知识主体（或团队成员）i 在某

一知识创新成果中 r 的排名次序为 R,则 $S-P$ 中的任一元素 $(sp)_{ir}=1/R_r^i$。如果成员 i 为知识创新引领人,则 $(sp)_{ir}=1/R_r^i$;如果为第二署名知识创新跟随者,则 $(sp)_{ir}=0.5$;如果为第三署名知识创新跟随者,则 $(sp)_{ir}=0.3$。矩阵 $S-P$ 的一般模型如下:

$$S-P \to \begin{matrix} & P^1 & P^2 & \cdots & P^r & \cdots & P^y \\ S_1 & \\ S_2 & \\ \vdots & \\ S_i & \\ \vdots & \\ S_n & \end{matrix} \begin{pmatrix} (sp)_{11} & (sp)_{12} & \cdots & (sp)_{1r} & \cdots & (sp)_{1y} \\ (sp)_{21} & (sp)_{22} & \cdots & (sp)_{2r} & \cdots & (sp)_{2y} \\ \vdots & \vdots & \ddots & \vdots & \ddots & \vdots \\ (sp)_{i1} & (sp)_{i2} & \cdots & (sp)_{ir} & \cdots & (sp)_{iy} \\ \vdots & \vdots & \ddots & \vdots & \ddots & \vdots \\ (sp)_{n1} & (sp)_{n2} & \cdots & (sp)_{nr} & \cdots & (sp)_{ny} \end{pmatrix}$$

然后构建知识创新成果 - 知识特征 $P-f$ 隶属关系网络矩阵,如果某一知识创新成果 r 拥有知识特征 j,则 $f_{rj}^p=1$,反之,$f_{rj}^p=0$。

$$P-f \to \begin{matrix} & f^1 & f^2 & \cdots & f^j & \cdots & f^X \\ P_1 & \\ P_2 & \\ \vdots & \\ P_r & \\ \vdots & \\ P_y & \end{matrix} \begin{pmatrix} f_{11}^p & f_{12}^p & \cdots & f_{1j}^p & \cdots & f_{1x}^p \\ f_{21}^p & f_{22}^p & \cdots & f_{2j}^p & \cdots & f_{2x}^p \\ \vdots & \vdots & \ddots & \vdots & \ddots & \vdots \\ f_{r1}^p & f_{r2}^p & \cdots & f_{rj}^p & \cdots & f_{rx}^p \\ \vdots & \vdots & \ddots & \vdots & \ddots & \vdots \\ f_{y1}^p & f_{y2}^p & \cdots & f_{yj}^p & \cdots & f_{yx}^p \end{pmatrix}$$

将矩阵 $S-P$ 和 $P-f$ 进行模糊乘积运算,即可得到知识主体拥有的知识特征的网络模型 $S-f$。即对于知识主体 - 知识特征的隶属关系矩阵 $S-f$ 而言,如果成员 i 在某一知识创新成果中 r 的排名次序为 R,知识主体 i 拥有知识特征 j 的系数可表示为 $f_{ij}^s = \sum_{r=1}^{y} 1/R_r$。

之所以采取模糊乘积算法,是因为利用模糊算法中的先交后并的原则,在得到的 $S-f$ 矩阵中仍可以标识出知识主体是以知识创新引领人的身份拥有知识特征,还是以知识创新跟随者的身份拥有该知识特征,以便更准确地进行知识主体关于知识特征的耦合分析。

$$S-f \rightarrow \begin{array}{c} \\ S_1 \\ S_2 \\ \vdots \\ S_i \\ \vdots \\ S_n \end{array} \begin{pmatrix} f^1 & f^2 & \cdots & f^i & \cdots & f^X \\ f_{11}^s & f_{12}^s & \cdots & f_{1i}^s & \cdots & f_{1x}^s \\ f_{21}^s & f_{22}^s & \cdots & f_{2i}^s & \cdots & f_{2x}^s \\ \vdots & \vdots & \ddots & \vdots & \ddots & \vdots \\ f_{i1}^s & f_{i2}^s & \cdots & f_{ii}^s & \cdots & f_{ix}^s \\ \vdots & \vdots & \ddots & \vdots & \ddots & \vdots \\ f_{n1}^s & f_{n2}^s & \cdots & f_{ni}^s & \cdots & f_{nx}^s \end{pmatrix}$$

上述模糊乘积算法的具体运算步骤如下[154]：

（1）取元素$(sp)_{ir}$与f_{rj}^p的交集，即$\min((sp)_{ir}, f_{rj}^p)$，

$$((sp)_{i1} \quad (sp)_{i2} \quad \cdots \quad (sp)_{ir} \quad \cdots \quad (sp)_{iy}) \cap \begin{pmatrix} f_{1j}^p \\ f_{2j}^p \\ \vdots \\ f_{rj}^p \\ \vdots \\ f_{yj}^p \end{pmatrix} = \begin{pmatrix} (sf^j)_{i1} \\ (sf^j)_{i2} \\ \vdots \\ (sf^j)_{ir} \\ \vdots \\ (sf^j)_{iy} \end{pmatrix}$$

其中，$(sf^j)_{ir}$表示知识主体i对知识创新成果r中知识特征j的拥有度。

（2）取所有元素$(sf^j)_{ir}$的并集，即$\max((sf^j)_{ir})$，便可得到知识创新主体对所有知识创新成果中知识特征j的拥有程度，这也是对知识主体对知识特征实际掌握程度的测度。

根据团队内部知识主体－知识特征的隶属关系矩阵$S-f$分析知识主体知识特征的耦合强度，将该隶属关系矩阵转化为1模的知识主体－知识主体的基于知识特征的关联矩阵$((SS_f)_{ij})_{n \times n}$，对知识特征之间的耦合强度进行分析，但是此时$((SS_f)_{ij})_{n \times n}$并没有去除知识主体之间因为知识交互关系而产生的知识特征耦合关系，因此还需要将$((SS_f)_{ij})_{n \times n}$中知识主体的知识交互关系部分去除。

为了达到这一目的，首先基于矩阵$S-P$建立知识主体之间基于知识创新成果的交互关系矩阵SS_P，在矩阵的构建过程中，采用最小值转化法[15]，$(SS_P)_{ij} = \min((sp)_{ir}, (sp)_{jr})$，即取知识主体$i$、$j$与知识创新成果$r$的关系标识的最小值。令$(SS_f^R)_{ij} = (SS_f)_{ij} - (SS_P)_{ij}$，并令对角线上的元素$(SS_f^R)_{ii} = 0$，

即不考虑知识主体自身的知识特征耦合关系，$(SS_f^R)_{ij}$ 即为知识主体 i 和 j 的知识特征的实际耦合频次。此时的知识特征耦合频次仍为绝对数字，需要对其进行标准化处理，最终的知识特征耦合矩阵中的任意元素 $(SS_f^{RR})_{ij} = (SS_f^{RR})_{ij}/\sqrt{f_i^n \cdot f_j^n}$，其中 f_i^n 和 f_j^n 为知识主体 i 和 j 所拥有的知识特征绝对频次。

4.4 基于知识引用耦合关系的高校科研团队内部知识整合网络的构建

所谓"知识引用耦合"是指引用知识创新成果（引用文献、引用专利）通过其所引用的知识创新成果建立的耦合关系。例如，知识创新成果 A 和知识创新成果 B 共同引用了一个或多个知识创新成果，则称二者具有知识引用耦合关系。具有耦合关系的知识创新成果可以认为它们必然在知识内容上存在着某种联系或相关性，其联系程度可以用耦合强度指标来衡量，耦合强度越高，意味着知识创新成果在知识内容与专业性质上越接近，联系也越紧密[155]。

可将上述知识创新成果之间的耦合关系引申到知识主体之间的耦合关系，来揭示团队内部成员之间潜在的深层次知识整合关系。在分析团队成员之间的知识引用耦合关系时，必须遵循以下原则：

（1）排除团队成员自引。在分析团队成员之间的知识引用耦合关系时，在所有团队成员参与的所有知识创新成果所引用的知识创新成果中去除团队成员参与创新的成果，这样就排除了团队成员之间互引式的知识整合关系，以便于将成员之间的知识引用耦合关系独立出来。例如，对于成员 A 独立完成的知识创新成果 P，将 P 所引用的知识创新成果集合 R 中由 A 参与完成的知识创新成果去除；如果知识创新成果 P 是由多个成员共同完成的，将 P 所引用的知识创新成果集合 R 中由这多个成员参与完成的知识创新成果去除。这样，排除团队成员自引的知识创新成果集合 R′ 就变成了知识创新成果参与人的他引集合。

（2）分析不同成员参与的不同知识创新成果之间的引用耦合关系。对于具有知识交互关系主体的同一知识创新成果，不分析各个主体之间在同一知识创新成果中的引用耦合关系，因为交互式知识整合分析中已经包含这种知识整合关系，故排除之，因此要分析不同知识创新成果间的不同参与主体之间的引用耦合关系。对于知识主体 A 和 B 完成的知识创新成果 P、知识主体 B 和 C 完成的知识创新成果 Q，在分析 A 和 B 或 B 和 C 的引用耦合关系时，可分别将 P 和 Q 忽略掉，而在分析 A 和 C 之间的引用耦合关系时，却要考虑排除自引后的 P 和 Q 所引用的知识创新成果集合的共现关系，进而分析 A 和 C 的引用耦合强度。

首先从团队内部知识创新成果所引用的知识创新成果中筛选出团队内部知识主体的引用耦合集合 Rf。其次，筛选出存在引用耦合关系的知识创新成果及其知识主体。然后基于引用耦合集合 Rf 及存在引用耦合关系的知识主体建立知识主体-知识引用耦合矩阵 $S-Rf$。在该矩阵的构建过程中，按照上述耦合关系分析原则，根据知识主体在自身知识创新成果中的排名次序，赋予其与耦合引文的关系值。即如果知识主体（或团队成员）i 在某一知识创新成果中 r 的排名次序为 R，则 $S-Rf$ 中的任一元素 $(sRf)_{iv} = \sum_{r=1}^{y} 1/R_r^i$，即如果成员 i 参与的多个知识创新成果都引用了知识创新成果 v，则其对 v 的最大引用频次为 $(sRf)_{iv} = \sum_{r=1}^{y} 1/R_r^i$。如果成员 i 为知识创新引领人，则 $1/R_r^i = 1$；如果为第二署名知识创新跟随者，则 $1/R_r^i = 0.5$；如果为第三署名知识创新跟随者，则 $1/R_r^i = 0.3$。矩阵 $S-Rf$ 的一般模型如下：

$$S-Rf \rightarrow \begin{matrix} & Rf^1 & Rf^2 & \cdots & Rf^v & \cdots & Rf^z \\ S_1 & (sRf)_{11} & (sRf)_{12} & \cdots & (sRf)_{1v} & \cdots & (sRf)_{1z} \\ S_2 & (sRf)_{21} & (sRf)_{22} & \cdots & (sRf)_{2v} & \cdots & (sRf)_{2z} \\ \vdots & \vdots & \vdots & \ddots & \vdots & \ddots & \vdots \\ S_i & (sRf)_{i1} & (sRf)_{i2} & \cdots & (sRf)_{iv} & \cdots & (sRf)_{iz} \\ \vdots & \vdots & \vdots & \ddots & \vdots & \ddots & \vdots \\ S_n & (sRf)_{n1} & (sRf)_{n2} & \cdots & (sRf)_{nv} & \cdots & (sRf)_{nz} \end{matrix}$$

采用最小值转化法将 2 模网络矩阵 $S-Rf$ 进行转化得到基于引用耦合关系的知识主体关联矩阵，即 1 模网络矩阵 $((SS_{Rf})_{ij})_{n \times n}$[15]。

如果 $(SS_{Rf})_{ij} > (SS_P)_{ij} > 0$，证明知识主体 i 和 j 不仅存在交互式知识整合关系，而且还存在知识引用耦合关系，则 $((SS_{Rf})_{ij} - (SS_P)_{ij})$ 即为知识主体 i 和 j 的引用耦合关系的频次。

如果$(SS_{Rf})_{ij} > (SS_P)_{ij} = 0$，证明知识主体$i$和$j$不存在交互式知识整合关系，只存在知识引用耦合关系，$(SS_{Rf})_{ij}$ [或$(SS_{Rf})_{ij} - (SS_P)_{ij}$] 即为知识主体$i$和$j$的引用耦合关系的频次。

如果$(SS_P)_{ij} > (SS_{Rf})_{ij} \geq 0$，证明知识主体$i$和$j$只存在交互式知识整合关系，不存在引用耦合关系，知识主体i和j的引用耦合关系的频次为0。

此时的$((SS_{Rf}^R)_{ij})_{n \times n}$还是绝对频次的引文耦合关系矩阵，需要对该矩阵进行标准化处理，才能得到基于相对频率的引文耦合关系矩阵$(SS_{Rf}^{RR})_{ij}$，即$(SS_{Rf}^{RR})_{ij} = (SS_{Rf}^R)_{ij} / \sqrt{C_i^o \cdot C_j^o}$。

4.5 基于知识被引耦合关系的高校科研团队内部知识整合网络的构建

团队内部知识主体的知识被引用耦合关系是由知识创新成果的同被引关系引申发展而来的，这两种方法虽然具有不同的分析单元，但二者的原理是一致的，当两个单位的知识创新成果（或两名知识主体）同时被另外一个单位的知识创新成果（或知识主体）引用时，这两个单位的知识创新成果（或两名知识主体）之间就存在知识被引用耦合关系[156]。知识被引用耦合关系以知识主体作为知识被引用耦合分析的计量单位，研究n个（$n \geq 2$）知识主体的知识创新成果同时被团队内外其他知识主体引证的情况。

研究团队内部知识主体之间的被引用耦合关系就要从团队内部的知识创新成果及其引证知识创新成果入手。

首先从团队内部知识主体的来源知识创新成果中筛选出团队内部知识主体的同被引成果集合CoC。其次，筛选出存在被引用耦合关系的知识创新成果及其知识主体。然后基于同被引集合CoC及存在被引用耦合关系的知识主体建立知识主体-同被引成果矩阵$S-CoC$。在该矩阵的构建过程中，按照类似于上述知识引用耦合关系的分析原则，根据知识主体在自身知识创新成果中的排名次序赋予其与来源知识创新成果的关系值。即如果知识创新主体（或团队成员）i在某一知识创新成果r的排名次序为R，则$S-CoC$中的任一元素$(sCoC)_{iv} = \sum_{r=1}^{y} 1/R_r^i$，即如果成员$i$参与的多个知识创新成果都拥有同样的来源知识创新成果 v,则 v 对其的最大引用频次为 $(sCoC)_{iv} = \sum_{r=1}^{y} 1/R_r^i$。如果成员 i 为知识创新引领人,则 $1/R_r^i = 1$;如果为第二署名知识创新跟随者,则 $1/R_r^i = 0.5$;如果为第三署名知识创新跟随者,则 $1/R_r^i = 0.3$。矩阵 $S-CoC$ 的一般模型如下:

$$S-CoC \rightarrow \begin{array}{c} \\ \\ S_1 \\ S_2 \\ \vdots \\ S_i \\ \vdots \\ S_n \end{array} \begin{pmatrix} CoC^1 & CoC^2 & \cdots & CoC^v & \cdots & CoC^U \\ (sCoC)_{11} & (sCoC)_{12} & \cdots & (sCoC)_{1v} & \cdots & (sCoC)_{1U} \\ (sCoC)_{21} & (sCoC)_{22} & \cdots & (sCoC)_{2v} & \cdots & (sCoC)_{2U} \\ \vdots & \vdots & \ddots & \vdots & \ddots & \vdots \\ (sCoC)_{i1} & (sCoC)_{i2} & \cdots & (sCoC)_{iv} & \cdots & (sCoC)_{iU} \\ \vdots & \vdots & \ddots & \vdots & \ddots & \vdots \\ (sCoC)_{n1} & (sCoC)_{n2} & \cdots & (sCoC)_{nv} & \cdots & (sCoC)_{nU} \end{pmatrix}$$

采用最小值转化法将2模网络矩阵 $S-CoC$ 进行转化得到基于知识被引用耦合关系的知识主体关联矩阵,即1模网络矩阵 $((SS_{CoC})_{ij})_{n \times n}$[15]。但是此时 $((SS_{CoC})_{ij})_{n \times n}$ 并没有去除知识主体之间因为知识交互关系而产生的知识被引用耦合关系,因此还需要将 $((SS_{CoC})_{ij})_{n \times n}$ 中知识主体的交互关系部分去除。

如果 $(SS_{CoC})_{ij} > (SS_P)_{ij} > 0$,证明知识主体 i 和 j 不仅存在交互式知识整合关系,而且还存在知识被引用耦合关系,则 $((SS_{CoC})_{ij} - (SS_P)_{ij})$ 即为知识主体 i 和 j 的知识被引用耦合关系的频次 $(SS_{CoC}^R)_{ij}$。

如果 $(SS_{CoC})_{ij} > (SS_P)_{ij} = 0$,证明知识主体 i 和 j 不存在交互式知识整合关系,只存在知识被引用耦合关系,$(SS_{CoC})_{ij}$[或 $(SS_{CoC})_{ij} - (SS_P)_{ij}$]即为知识主体 i 和 j 的知识被引用耦合关系频次 $(SS_{CoC}^R)_{ij}$。

如果 $(SS_P)_{ij} > (SS_{CoC})_{ij} \geq 0$,证明知识主体 i 和 j 只存在交互式知识整合关系,不存在知识被引用耦合关系,知识主体 i 和 j 的知识被引用耦合关系的频次为 0,即 $(SS_{CoC}^R)_{ij}$ 为 0。

令对角线上的元素 $(SS_{CoC}^R)_{ij} = 0$,即不考虑知识主体自身的知识被引用耦合关系,即为知识主体 i 和 j 的知识被引用耦合关系的实际频次。此时的知识被引用耦合关系频次仍为绝对数字,需要对其进行标准化处理,最终的知识被引用耦合关系矩阵中的任意元素 $(SS_{CoC}^{RR})_{ij} = (SS_{CoC}^R)_{ij} / \sqrt{C_i \cdot C_j}$,其中 C_i 和 C_j 为知识主体 i 和 j 的被引频次。

4.6　高校科研团队内部复合式的知识整合网络构建

团队中每两个成员之间可能存在上述任意一种或多种知识整合关系，也可能存在上述所有的知识整合关系，知识整合关系的多重性决定了团队内部的知识整合网络是一种复合式的网络。从理论上讲，每种知识整合关系对团队成员之间的知识资源流动也将产生不同的影响，因此需要对团队成员之间不同的知识整合关系赋予不同的权重。

按照上述几种类型的知识整合网络以及相应网络矩阵的构建过程，将基于自被引率和自引率的团队内部互引式知识整合关系的权重设定为 ω_e 和 $\omega_{e'}$、基于知识创新引领人与跟随者之间知识整合关系的权重设定为 ω_t、知识创新跟随者之间知识整合关系的权重设定为 ω_c、基于知识特征耦合关系的权重设定为 ω_f、知识引用耦合关系的权重设定为 ω_{Rf}、知识被引用耦合关系的权重设定为 ω_{CoC}。则团队成员 i 和 j 之间复合式知识整合关系的强度 KI_{ij}^M 为

$$\max(\omega_e \cdot e_{ij}, \omega_{e'} \cdot e'_{ij}) + \omega_t \cdot t_{ij} + \omega_c \cdot C_{ij}^e + \omega_f \cdot (SS_f^{RR})_{ij} +$$
$$\omega_{Rf} \cdot (SS_{Rf}^{RR})_{ij} + \omega_{CoC} \cdot (SS_{CoC}^{RR})_{ij}$$

其中 $\max(\omega_e \cdot e_{ij}, \omega_{e'} \cdot e'_{ij})$ 表示取基于自引率的团队内部互引式知识整合强度和基于自被引率的团队内部互引式知识整合强度的最大值，因为二者都表示成员之间的知识互引关系的强度。

4.7　高校科研团队内部知识整合网络的结构特征分析

此部分拟从整体网络分析的视角从凝聚性和中心性两个方面来揭示团队内部知识整合网络的总体结构特征，进而分析网络的结构特征对团队内部知识整合的影响。网络凝聚性方面的指标包括网络密度、网络的聚类系数和 E-I 指数，中心性方面的指标包括网络的非中心化程度和效率[157]。

4.7.1　团队内部知识整合网络的密度

网络密度是对网络内各节点之间关联紧密程度的度量，即是对团队内部知识主体之间知识整合关系强度的一种度量，其计算公式为[158]：

$$\text{Density} = \frac{\sum_{i=1}^{n} d_i}{n(n-1)}$$

其中 d_i 为第 i 个节点的度数，n 为网络节点的数目，$\text{Density} \in [0,1]$。

从理论角度讲，团队内部关系网络的密度越大，成员之间越倾向于相互认同，越容易提升整个团队的认同感[159]。网络密度是测度网络特征的一项重要指标，已有的研究认为，其大小不仅仅受到网络规模的影响（网络规模越大，其密度倾向于越小），而且反映了各种人际网络在性质上的真正差异。由于本书所研究的是高校科研团队内部的知识整合网络，因此对于网络的性质已经定位，为了纠正网络规模对网络密度的最终影响，引入网络规模系数 $(1-1/n)$，其中 n 代表网络中结点数量或个体的数量[160]。

引入网络规模系数后得以修正的网络密度可采用如下计算公式：

$$\text{Density}(n) = \frac{\sum_{i=1}^{n} d_i}{n(n-1)} \left(1 - \frac{1}{n}\right)$$

即使随着网络规模的增加，网络密度有所降低，引入网络规模系数后，其下降的幅度也不会太快，而且还可以保证 $\text{Density}(n) \in [0,1]$。

1. 基于知识互引行为的团队内部知识整合网络密度

在基于知识互引行为的团队内部知识整合关系网络中，密度太低，表明团队成员的创新思想主要来源于团队外部，一方面可以说明团队的知识系统开放性较好，另一方面也说明团队成员比较信赖团队外部的知识来源。如果基于知识互引关系的团队内部知识整合网络密度较高，说明团队已有的知识创新成果是团队知识创新思想的主要来源，能够给知识创新成果的引用主体以信心，使团队成员相信团队内部的知识源会提供有价值的知识，从而减少对知识引用过程中可能存在的风险的担忧，因此网络密度大小是成员参与团队内部知识整合活动的积极程度以及对团队内部知识信赖程度的表现[161]。

2. 基于交互行为的知识整合网络密度

交互式的知识整合网络主要有两种：①有向的反映知识创新引领人和知识创新跟随者之间交互行为的知识整合网络（TKPC）；②无向的反映知识创新跟随者之间交互行为的知识整合网络（TKCC）。对于有向的知识创新引领人—知识创新跟随者式的知识整合网络而言，较高的网络密度表明作为知识创新引领人的团队成员积极在团队内部寻找合作关系，表明团队成员之间通过交互行为利用团队内部知识资源的强度较高。如前所述，团队内部的知识创新引领人不仅发挥了知识创新发起人的作用，而且还为其知识创新跟随者提供了知识交流的机会与平台，因此对于知识创新跟随者之间交互行为式的知识整合网络而言，较高的网络密度表明团队成员之间为实现知识创新沟通的机会较多，不仅有利于团队整体知识的共享，而且有利于提升团队内部知识整合的效果。所以一个交互式知识整合较好的网络应该具备相对较高的网络密度。

3. 知识特征耦合网络密度

较高的知识特征耦合网络密度表明团队内部成员之间共同的研究主题越多，共同的知识经验范畴越多，越可能存在较为密切的知识创新整合关系。

4. 知识引用耦合网络密度

较高的知识引用耦合网络密度表明团队内部成员共同的知识创新来源的强度较高。两个团队成员之间的耦合强度越高，意味着两人在学科内容与专业性质方面越接近，两人之间的知识整合关系也越紧密。

5. 知识被引用耦合网络密度

知识主体的知识创新成果在一起被引用的次数越多，越表明他们在研究主题的知识特征、理论或方法上是相关的，他们之间的被引耦合次数越高，被引耦合的强度越大，则证明二者之间的关联程度越强。因此知识主体的知识被引耦合网络密度越大，预期的知识整合程度越强。

4.7.2 团队内部知识整合网络的效率

高校科研团队内部知识整合网络中节点之间的距离是影响成员之间建立知识整合关系的重要因素。目前关于网络效率的测定指标主要有 $L-M$ 指标、$N-Q$ 指标和移除链接指标。

$L-M$ 指标由 Latora V. 和 Marchiori M. 提出，以网络中节点之间距离为主要测量指标定义了网络的传播能力，即网络效率（Efficiency），其表达式为

$$L-M-\text{Eff}(G) = \frac{\sum_{i \neq j \in G} f_{ij}}{n(n-1)} = \frac{1}{n(n-1)} \sum_{i \neq j \in G} \frac{1}{d_{ij}}$$

其中 d_{ij} 为节点 i 和 j 之间的最短路径长度，节点之间的连线可以表示相关

权重和成本[162]。根据知识传播的最省力法则，节点之间的距离可看作团队成员之间的知识整合成本，因而节点距离的倒数可以等同于知识整合的效率[145]。

$N-Q$ 指标由 Nagurney 和 Qiang 提出，是在网络均衡（网络供求分析均衡）的基础上予以定义的，揭示了网络信息传播的价格、成本以及网络用户的潜在行为[163]。对于给定的网络结构 G 和固定的需求向量 d，$N-Q$ 网络效率 $N-Q-\text{Eff}(G, d)$ 可定义为：

$$N - Q - \text{Eff}(G,d) = \frac{\sum_{w \in W} \frac{d_w}{\lambda_w}}{n_W}$$

其中 n_W 为网络中始点（Origin）/终点（Destination）对的数量，λ_w 是连接一对始点（Origin）和终点（Destination）的途径集合 w 的均衡负效用，即途径集合 w 中所有线路的最小成本，因此途径集合 w 中所有线路都具有相同的最小成本。

移除链接指标指的是在已知图中所包含的成分数确定的情况下，图在多大程度上存在多余的线，其计算公式为

$$\text{GE} = 1 - \frac{V}{\max(V)}$$

其中，V 是多余线的条数，$\max(V)$ 是最大可能的多余线的条数（the Maximum Possible Number of Excess Links）[157]。

本部分采用 $L-M$ 指标作为知识整合网络效率的计算公式，因为该指标主要采用的是信息中心度的算法来衡量知识网络中某个节点，传输知识或信息的有效性[164]。

（1）基于互引关系的知识整合网络效率表明团队内部知识流动和吸收的强度，效率越高，说明团队内部基于互引关系的知识整合成本越低。

（2）基于交互行为的知识整合网络效率表明团队内部成员之间进行知识交流和创建合作知识创新平台的强度。效率值越大，说明团队内部成员之间可以较为容易地建立基于交互行为的知识整合关系，因为其建立基于交互行为的知识整合关系的成本相对较低。

（3）知识特征耦合网络效率表明知识特征相似程度的高低，通过共同的研究对象进行信息交流的能力大小，效率值越大，这种信息交流的能力越强。

(4) 知识引用耦合网络效率表明知识创新来源相似程度的高低，效率值越大，说明共同的知识创新来源越多，成员之间容易通过第三方建立知识整合关系。

(5) 知识被引耦合网络效率表明知识创新成果被利用相似程度的高低，效率值越大，说明知识被利用的相似程度越高。

4.7.3 团队内部知识整合网络的非中心化程度

团队内部知识整合网络的中心化程度偏低（即非中心化程度较高），证明网络成员之间的知识整合关系较为均匀，没有出现相对孤立或相对中心的成员，反之亦然[165]。其计算公式为

$$\text{Non-Centralization} = 1 - \frac{\sum_{i=1}^{n}(C_D(n^*) - C_D(n_i))}{(n-1)(n-2)}$$

其中 $C_D(n^*)$ 为网络中节点的中心度的最大值；$C_D(n_i)$ 为网络中节点 i 的度数中心度；n 为网络中节点的数量[166]。

1. 基于知识互引关系的团队内部知识整合网络的非中心化程度

在高度非中心化的基于互引关系的知识整合网络中，网络中所有的知识资源都分散在所有节点上，知识整合的实现都直接在节点之间进行，知识的来源不会特别集中，非中心化的基本特点，决定了团队内部知识来源的可扩展性和健壮性。随着新的知识主体以虚拟参与人的身份参与团队的知识整合活动，如果知识整合网络还能保持较高的非中心化程度，则团队内部知识系统的资源也在同步扩充，而且能够满足团队知识创新对知识资源的需求。由于知识资源分散在各个节点上，部分节点或知识整合网络遭到破坏对团队内部知识整合的影响很小，即使某个知识主体不再从事知识创新，不能为自己所处的知识系统提供知识资源，也不会影响其他主体获取所需的知识资源实现知识创新目标。

2. 基于知识交互关系的知识整合网络的非中心化程度

在高度非中心化的基于知识交互关系的知识整合网络中，网络中团队成员知识创新所需的知识资源在节点上的分布相对较为分散，即团队成员之间已经建立的交互式的知识整合关系没有呈现特别集中的趋势，没有特别突出的核心成员，也没有明显的边缘化成员，团队成员之间的知识交互关系相对

较为融洽，彼此之间都有可以交流的共同的知识经验范畴，每个团队成员至少可以为一位其他成员的知识创新贡献自身的知识能量，部分节点（或团队成员）的退出，对团队内部交互式知识整合网络的影响较小。

3. 知识特征耦合网络的非中心化程度

如果知识特征耦合网络具有较高的非中心化程度，证明团队内部知识主体的研究方向较为分散，研究主题并不鲜明，特别是知识主体知识创新成果的知识特征之间的关联程度较低时，知识特征耦合网络就会呈现出较高的非中心化程度，此种情况下，不利于团队内部的知识整合。

4. 知识引用耦合网络的非中心化程度

如果知识引用耦合网络具有较高的非中心化程度，证明知识主体知识创新所需的知识资源相对较为分散，造成这样结果的可能原因有：①团队内部成员之间的研究主题或研究方向较为分散；②团队成员可能分别采用不同的研究方法或不同的研究视角对相似或相近主题进行研究。

知识引用耦合网络是团队成员之间通过引用关系建立的知识整合网络，因此如果团队成员的知识引用耦合网络呈现出较高的中心化程度，证明知识主体知识创新所需要的知识资源相似度较高，成员之间的共同兴趣较多，团队的知识整合基础较好。

4.7.4　团队内部知识整合网络的 $E-I$ 指数

$E-I$ 指数衡量的主要是一个大的团队网络中小团体现象是否严重，即团队内子群内外关系密度的比较，其计算公式为

$$E-I = \frac{\text{EL} - \text{IL}}{\text{EL} + \text{IL}}$$

其中，EL 代表团队网络内各个子群体之间的关系数量，IL 代表各子群体内部的关系数量，其取值范围为 [−1, +1]。该数值越接近 1，表明团队成员之间的关系越可能发生在所在的子群体之外，这种情况下团队内小团体派系林立的程度越小；该值越接近 −1，表明子群体之间的关系（即外部关系）越少，团队成员之间的关系越可能发生在所在的子群体之内，这种情况下团队内部小团体派别林立的程度较大；如果该值与 0 比较接近，表明内部各个子群体的内部关系数量相差不多，团队成员之间的关系分布比较随机，子群体之间界限的划分程度并不明显[167]。

$E-I$ 指数在分析团队内部的知识整合问题是十分有用的,如果团队内部的核心小团体呈现出较高的凝聚力,即小团体内部的关系数量较多,说明处于该凝聚子群内部的团队成员之间的知识整合关系较为紧密。

(1) 如果基于知识互引关系的团队内部知识整合网络中凝聚子群的密度较高,说明团队成员之间非常关注彼此的知识创新成果,也间接说明了子群内成员之间研究主题的相似性与相关性,而子群外部成员对子群内部成员知识创新成果的关注度与子群内部成员之间彼此的关注度存在较大的差异,这样的互引关系式的知识整合网络派系林立现象比较严重,团队可划分为若干个小团队,对于整个团队内部的知识整合活动而言,这样的境况会令团队内部知识整合的成本加大。因此 $E-I$ 指数越接近于 1,团队成员之间的交流成本越低,越有利于团队内部互引关系式的知识整合活动的开展。

(2) 如果基于知识交互关系的团队内部知识整合网络中凝聚子群的密度较高,说明子群内团队成员之间在知识创新的合作方面交流充分,而子群外部的其他成员却无法得到等价的知识创新合作机会,与互引关系式的知识整合网络是相似的,此种状态下团队内部知识整合的成本会增加。因此 $E-I$ 指数越接近于 1,越有利于团队内部基于交互关系的知识整合活动的开展。

(3) 而对于知识特征耦合网络来说,$E-I$ 指数越接近 1,团队内部越会体现出对特定领域的研究范式结构,说明团队成员之间的研究主题越相似,最极端的情况是,具有不同知识特征研究范式的小团体之间没有任何关联,此种状态也不利于团队内部的知识整合并在团队层次上实现知识创新。

(4) 对于知识引用耦合网络来说,$E-I$ 指数越接近于 1,团队内部越会体现出相对集中的知识创新来源,说明团队成员之间的理论基础较为接近,有利于建立知识整合关系。

4.7.5 团队内部知识整合网络的聚类系数

在各种关系网络中,与一个既定节点相连接的两个节点可能彼此也互相连接,这种属性称为网络的聚类特性。假设知识整合网络中的一个节点 i 有 k_i 条边将它和其他节点相连,这 k_i 个节点就称为节点 i 的邻居。显然,在这 k_i 个节点之间最多可能有 $k_i(k_i-1)/2$ 条边。而这 k_i 个节点之间实际存在的边数

E_i 与总的可能的边数 $k_i(k_i-1)/2$ 之比就可定义为节点 i 的聚类系数 C_i，即

$$C_i = \frac{2E_i}{k_i(k_i-1)}$$

整个知识整合网络的聚类系数 C 就是所有节点 i 的聚类系数 C_i 的平均值[168-169]。

知识整合网络的聚类系数越大，团队成员之间知识交流的途径越多，团队成员之间的知识整合关系越紧密，知识资源可以在团队知识整合网络中更加广泛地传播，知识资源可以得到更广泛的应用[170]。

（1）对于团队内部的互引关系式的知识整合网络来说，较大的聚类系数，说明团队成员在知识创新的过程中对于彼此已有的知识创新成果相对比较关注，这也是团队成员之间研究兴趣具有较大相似性的间接表现。

（2）对于基于交互行为的知识整合网络来说，较大的聚类系数，表明团队成员之间成为合作伙伴的概率高，为了实现知识创新的目标，更需要他人的智力劳动的参与，团队成员在知识创新的过程中交流相对频繁，这样一个团队成员较为隐匿的知识技能就较容易地传递给另一位成员，所以一个基于交互行为的知识整合效应良好的网络也要具备大的聚类系数。

（3）对于知识特征耦合网络来说，较大的聚类系数证明团队成员之间的研究兴趣具有极大的相似性和相关性，即团队成员之间共同的知识经验范畴相对较大，这是进行专深化知识创新的前提条件[171]。

（4）知识引用耦合网络如果具有较大的聚类系数，说明团队成员知识创新来源的耦合程度较强，有利于建立知识整合关系。

（5）知识被引耦合网络如果具有较大的聚类系数，说明团队成员之间在知识创新的进一步拓展或延伸方面存在很多的共同特点，也有利于建立进一步的知识整合关系。

4.8 案例研究：高校科研团队内部知识整合网络的构建与结构特征分析

由 12 个成员构成的某一高校科研团队（主攻方向为信息融合），其知识主体集合可表示为 $S = \{S_1, \cdots, S_i, \cdots, S_{12}\}$，为完成某一知识创新项目，共发表了 10 个知识创新成果（论文），在这些知识创新成果中共提取出 34 个知识特征（主要是关键词特征），参考文献 148 篇次，来源文献 191 篇次，排除

自引后 12 个成员以往的知识创新成果中共有 58 篇次的论文存在被引耦合关系，构成这种被引耦合关系的来源文献数量为 43 篇次。成员参与的知识创新成果的总被引频次集合 $C = \{c_1, c_2, \cdots, c_i, \cdots, c_{12}\}$ 的具体数值可表示为 (173, 0, 0, 181, 0, 2, 0, 21, 68, 11, 14, 9)，成员参与的知识创新成果引用的参考文献总数集合 $C^o = \{c_1^o, c_2^o, \cdots, c_i^o, \cdots, c_{12}^o\}$ 的具体数值可表示为 (133, 9, 7, 5, 13, 12, 8, 5, 12, 41, 9, 10)，该团队知识创新成果的详细情况、合作情况、知识特征情况、参考文献的详细信息以及来源文献的详细信息见附录 A。

4.8.1 基于知识互引行为的团队内部知识整合网络的构建

4.8.1.1 基于自被引率的团队内部知识整合网络的构建

根据上述数据，形成如下团队内部自被引频次矩阵（基于绝对频次的互引式知识整合矩阵）和团队内部自被引频率矩阵（基于相对频次的互引式知识整合矩阵），分别见表 4-1 和表 4-2。

4.8.1.2 基于自引率的团队内部知识整合网络的构建

建立团队内部的自引频次矩阵和自引率矩阵见表 4-1 和表 4-3，对应的互引行为式的团队内部知识整合网络图谱分别如图 4-3 和图 4-4 所示。

表 4-1 团队内部自被引频次矩阵（团队内部自引频次矩阵）
Tab. 4-1 Team's internal self-cited frequency matrix
(team's internal self-citing frequency matrix)

	S_1	S_2	S_3	S_4	S_5	S_6	S_7	S_8	S_9	S_{10}	S_{11}	S_{12}
S_1		0.000	0.000	0.000	0.000	0.000	0.000	0.467	8.300	7.800	0.800	0.500
S_2	2.900		0.000	0.000	0.000	0.000	0.000	0.167	1.000	1.500	0.000	0.000
S_3	1.150	0.000		0.000	0.000	0.000	0.000	0.167	0.000	0.000	0.000	0.000
S_4	0.500	0.000	0.000		0.000	0.000	0.000	0.000	1.000	0.000	0.000	0.000
S_5	3.300	0.000	0.000	0.000		0.000	0.000	0.000	0.000	1.000	0.000	0.500
S_6	1.250	0.000	0.000	0.000	0.000		0.000	0.000	7.300	0.000	0.000	0.000
S_7	2.650	0.000	0.000	0.000	0.000	0.000		0.000	0.000	0.000	0.000	0.000
S_8	0.500	0.000	0.000	0.000	0.000	0.000	0.000		1.000	0.000	0.000	0.000
S_9	1.250	0.000	0.000	0.000	0.000	1.000	0.000	0.000		0.000	0.000	0.000
S_{10}	10.050	0.000	0.000	0.000	0.000	0.000	0.000	0.300	2.000		0.000	0.500
S_{11}	2.900	0.000	0.000	0.000	0.000	0.000	0.000	0.167	1.000	1.500		0.000
S_{12}	6.300	0.000	0.000	0.000	0.000	0.000	0.000	0.000	3.000	2.000	0.000	

表 4-2 团队内部自被引频率矩阵
Tab. 4-2 Team's internal self-cited frequency rate matrix

	S_1	S_2	S_3	S_4	S_5	S_6	S_7	S_8	S_9	S_{10}	S_{11}	S_{12}
S_1		0.000	0.000	0.000	0.000	0.000	0.000	0.022	0.122	0.709	0.057	0.056
S_2	0.017		0.000	0.000	0.000	0.000	0.000	0.008	0.015	0.136	0.000	0.000
S_3	0.007	0.000		0.000	0.000	0.000	0.000	0.008	0.000	0.000	0.000	0.000
S_4	0.003	0.000	0.000		0.000	0.000	0.000	0.000	0.015	0.000	0.000	0.000
S_5	0.019	0.000	0.000	0.000		0.000	0.000	0.000	0.000	0.091	0.000	0.056
S_6	0.007	0.000	0.000	0.000	0.000		0.000	0.000	0.107	0.000	0.000	0.000
S_7	0.015	0.000	0.000	0.000	0.000	0.000		0.000	0.000	0.000	0.000	0.000
S_8	0.003	0.000	0.000	0.000	0.000	0.000	0.000		0.015	0.000	0.000	0.000
S_9	0.007	0.000	0.000	0.000	0.000	0.500	0.000	0.000		0.000	0.000	0.000
S_{10}	0.058	0.000	0.000	0.000	0.000	0.000	0.000	0.014	0.029		0.000	0.056
S_{11}	0.017	0.000	0.000	0.000	0.000	0.000	0.000	0.008	0.015	0.136		0.000
S_{12}	0.036	0.000	0.000	0.000	0.000	0.000	0.000	0.000	0.044	0.182	0.000	

表 4-3 团队内部自引率矩阵
Tab. 4-3 Team's internal self-citing rate matrix

	S_1	S_2	S_3	S_4	S_5	S_6	S_7	S_8	S_9	S_{10}	S_{11}	S_{12}
S_1		0.0000	0.0000	0.0000	0.0000	0.0000	0.0000	0.0035	0.0624	0.0586	0.0060	0.0038
S_2	0.3222		0.0000	0.0000	0.0000	0.0000	0.0000	0.0185	0.1111	0.1667	0.0000	0.0000
S_3	0.1643	0.0000		0.0000	0.0000	0.0000	0.0000	0.0238	0.0000	0.0000	0.0000	0.0000
S_4	0.1000	0.0000	0.0000		0.0000	0.0000	0.0000	0.0000	0.2000	0.0000	0.0000	0.0000
S_5	0.2538	0.0000	0.0000	0.0000		0.0000	0.0000	0.0000	0.0000	0.0769	0.0000	0.0385
S_6	0.1042	0.0000	0.0000	0.0000	0.0000		0.0000	0.0000	0.6083	0.0000	0.0000	0.0000
S_7	0.3313	0.0000	0.0000	0.0000	0.0000	0.0000		0.0000	0.0000	0.0000	0.0000	0.0000
S_8	0.1000	0.0000	0.0000	0.0000	0.0000	0.0000	0.0000		0.2000	0.0000	0.0000	0.0000
S_9	0.1042	0.0000	0.0000	0.0000	0.0000	0.0833	0.0000	0.0000		0.0000	0.0000	0.0000
S_{10}	0.2451	0.0000	0.0000	0.0000	0.0000	0.0000	0.0000	0.0073	0.0488		0.0000	0.0122
S_{11}	0.3222	0.0000	0.0000	0.0000	0.0000	0.0000	0.0000	0.0185	0.1111	0.1667		0.0000
S_{12}	0.3150	0.0000	0.0000	0.0000	0.0000	0.0000	0.0000	0.0000	0.1500	0.1000	0.0000	

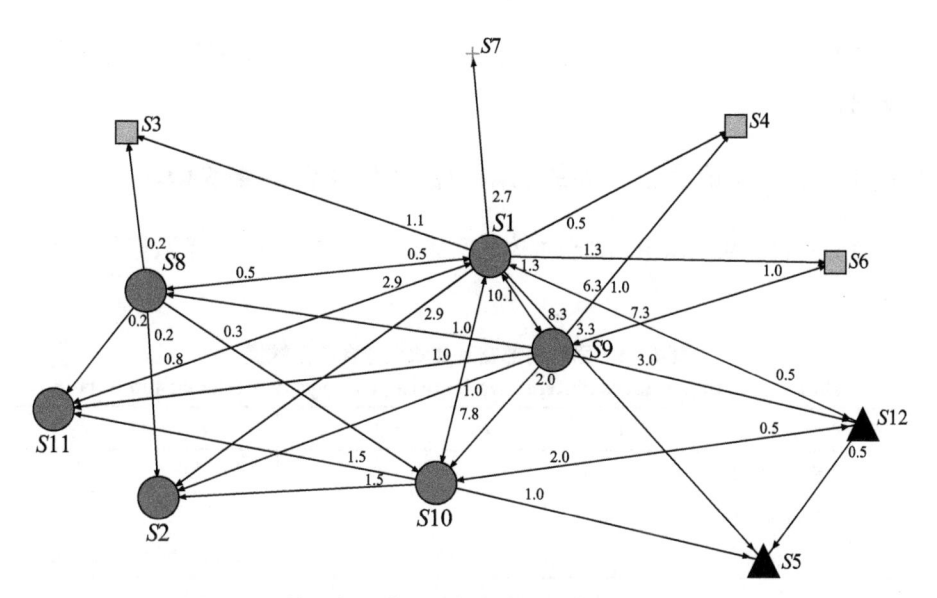

图 4-3　基于自（被）引频次的团队内部知识整合网络
Fig. 4-3　Team's internal knowledge integration network based on self-citing or self-cited frequency

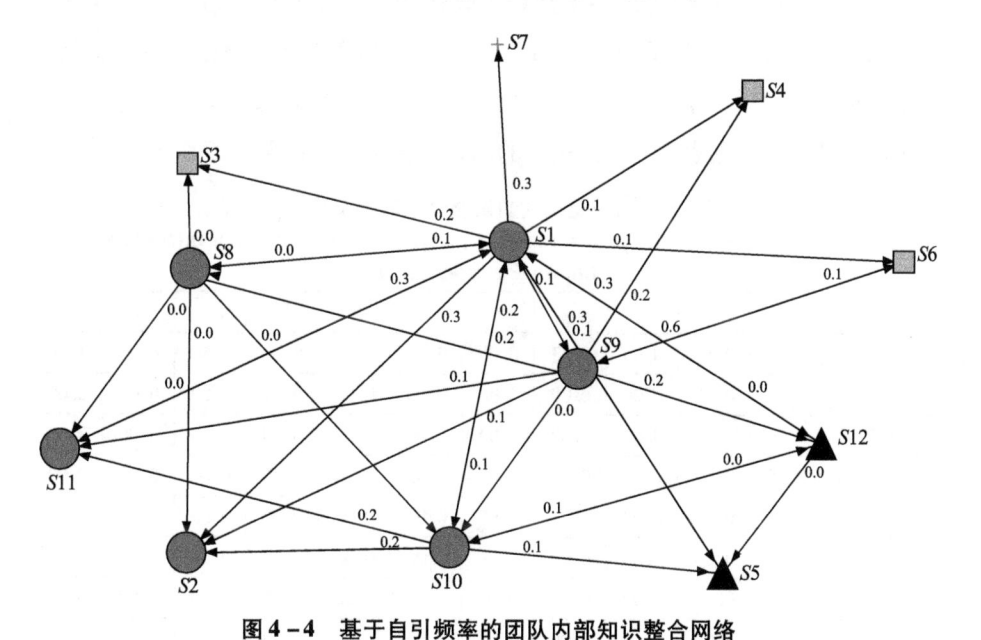

图 4-4　基于自引频率的团队内部知识整合网络
Fig. 4-4　Team's internal knowledge integration network based on self-citing frequency rate

从图 4-3 和图 4-4 所反映的节点之间的关联程度的差别可以看出，图 4-4 中关联最强的节点是 S_1 和 S_{10}，图 4-3 中关联程度最强的节点为 S_6 和 S_9，可见基于自引视角的团队内部成员互引行为式的知识关联采用自引频率矩阵较为客观。

4.8.2 基于知识交互行为的团队内部知识整合网络的构建

在该高校科研团队中,知识主体之间的交互式知识整合关系数据如表4-4所示。

表4-4 团队内部交互式知识整合关系数据
Tab. 4-4 Team's internalinteractive knowledge integration relationship data

知识创新成果代码	P_1	P_2	P_3	P_4	P_5
知识创新主体集合	S_{12}, S_1	S_{10}, S_1	S_{12}, S_1	S_6, S_9	S_1
知识创新成果代码	P_6	P_7	P_8	P_9	P_{10}
知识创新主体集合	S_3, S_1	S_2, S_{11}, S_1	S_7, S_1	S_5, S_{10}, S_1	S_8, S_4

4.8.2.1 基于引领人和跟随者交互关系的团队内部知识整合网络的构建

根据表4-4,可统计出各个知识主体作为知识创新跟随者的总频次向量为 (7, 0, 0, 1, 0, 0, 0, 0, 1, 1, 1, 0),然后根据上述规则构建知识创新引领人和知识创新跟随者之间交互式的知识整合关系矩阵$(g_{ij})_{12 \times 12}$(见表4-5)和矩阵$(t_{ij})_{12 \times 12}$(见表4-6),相应的网络如图4-5和图4-6所示。

表4-5 团队内部交互式知识整合绝对频次矩阵$(g_{ij})_{12 \times 12}$
Tab. 4-5 Absolute frequency matrix $(g_{ij})_{12 \times 12}$ of team's internal interactive knowledge integration

	S_1	S_2	S_3	S_4	S_5	S_6	S_7	S_8	S_9	S_{10}	S_{11}	S_{12}
S_1		0.33	0.50	0.00	0.33	0.00	0.50	0.00	0.00	0.50	0.00	1.00
S_2	0.00		0.00	0.00	0.00	0.00	0.00	0.00	0.00	0.00	0.00	0.00
S_3	0.00	0.00		0.00	0.00	0.00	0.00	0.00	0.00	0.00	0.00	0.00
S_4	0.00	0.00	0.00		0.00	0.00	0.50	0.00	0.00	0.00	0.00	0.00
S_5	0.00	0.00	0.00	0.00		0.00	0.00	0.00	0.00	0.00	0.00	0.00
S_6	0.00	0.00	0.00	0.00	0.00		0.00	0.00	0.00	0.00	0.00	0.00
S_7	0.00	0.00	0.00	0.00	0.00	0.00		0.00	0.00	0.00	0.00	0.00
S_8	0.00	0.00	0.00	0.00	0.00	0.00	0.00		0.00	0.00	0.00	0.00
S_9	0.00	0.00	0.00	0.00	0.00	0.50	0.00	0.00		0.00	0.00	0.00
S_{10}	0.00	0.00	0.00	0.00	0.50	0.00	0.00	0.00	0.00		0.00	0.00
S_{11}	0.00	0.50	0.00	0.00	0.00	0.00	0.00	0.00	0.00	0.00		0.00
S_{12}	0.00	0.00	0.00	0.00	0.00	0.00	0.00	0.00	0.00	0.00	0.00	

第4章 面向知识创新的高校科研团队内部知识整合网络的构建与分析

表4-6 团队内部交互式知识整合相对频率矩阵$(t_{ij})_{12 \times 12}$
Tab. 4-6 Relative frequency matrix $(t_{ij})_{12 \times 12}$ of team's internal interactive knowledge integration

	S_1	S_2	S_3	S_4	S_5	S_6	S_7	S_8	S_9	S_{10}	S_{11}	S_{12}
S_1		0.05	0.07	0.00	0.05	0.00	0.07	0.00	0.00	0.07	0.00	0.14
S_2	0.00		0.00	0.00	0.00	0.00	0.00	0.00	0.00	0.00	0.00	0.00
S_3	0.00	0.00		0.00	0.00	0.00	0.00	0.00	0.00	0.00	0.00	0.00
S_4	0.00	0.00	0.00		0.00	0.00	0.00	0.50	0.00	0.00	0.00	0.00
S_5	0.00	0.00	0.00	0.00		0.00	0.00	0.00	0.00	0.00	0.00	0.00
S_6	0.00	0.00	0.00	0.00	0.00		0.00	0.00	0.00	0.00	0.00	0.00
S_7	0.00	0.00	0.00	0.00	0.00	0.00		0.00	0.00	0.00	0.00	0.00
S_8	0.00	0.00	0.00	0.00	0.00	0.00	0.00		0.00	0.00	0.00	0.00
S_9	0.00	0.00	0.00	0.00	0.00	0.50	0.00	0.00		0.00	0.00	0.00
S_{10}	0.00	0.00	0.00	0.00	0.50	0.00	0.00	0.00	0.00		0.00	0.00
S_{11}	0.00	0.50	0.00	0.00	0.00	0.00	0.00	0.00	0.00	0.00		0.00
S_{12}	0.00	0.00	0.00	0.00	0.00	0.00	0.00	0.00	0.00	0.00	0.00	

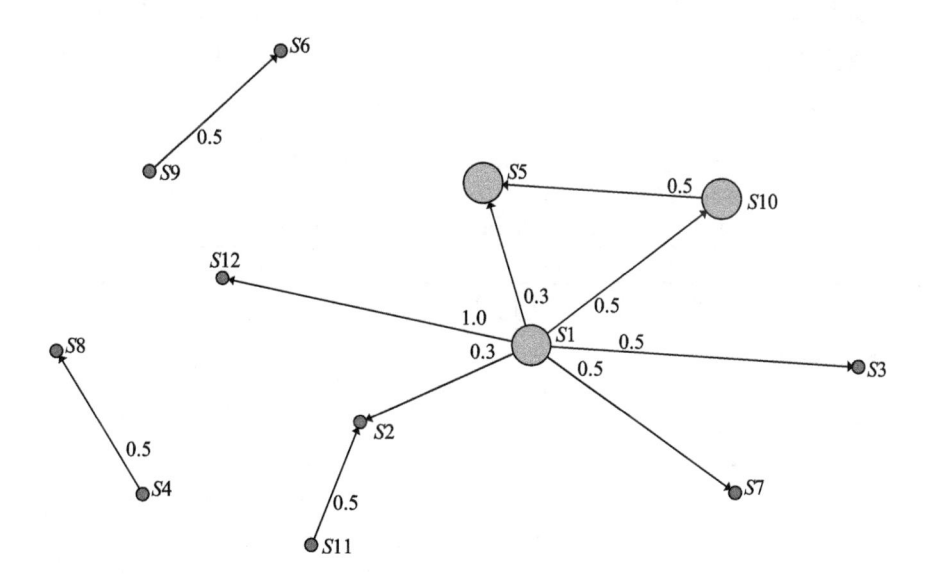

图4-5 基于绝对频次的团队内部交互式知识整合网络$(g_{ij})_{12 \times 12}$
Fig. 4-5 Team's internal interactive knowledge integration network $(g_{ij})_{12 \times 12}$ based on absolute frequency

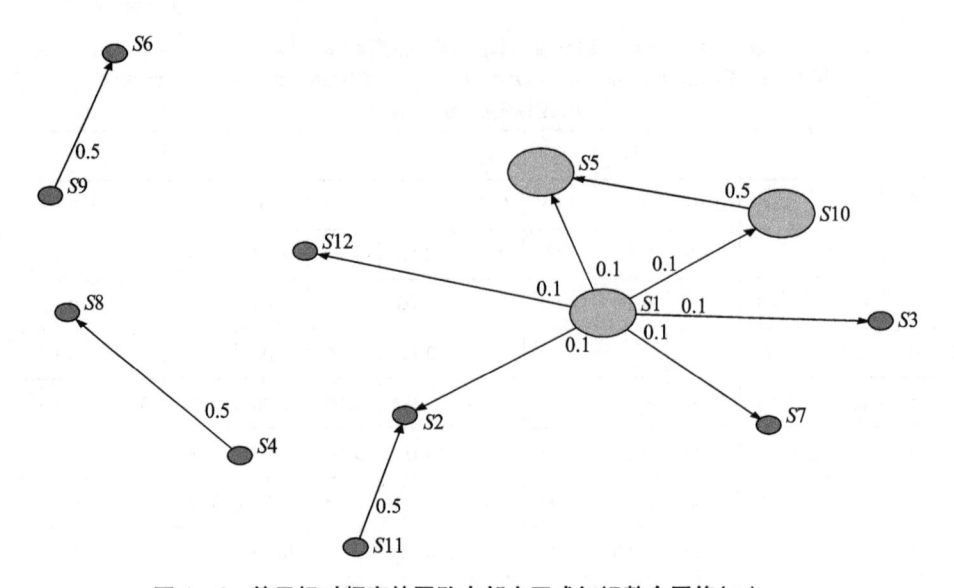

图 4-6 基于相对频率的团队内部交互式知识整合网络$(t_{ij})_{12\times12}$

Fig. 4-6 Team's internal interactive knowledge integration network $(t_{ij})_{12\times12}$ based on relative frequency

4.8.2.2 基于跟随者之间交互式知识整合网络的构建

根据表 4-5 中知识主体之间知识整合关系数据，分别构建知识创新跟随者共现关系网络矩阵$(f_{ij}^e)_{12\times12}$（表 4-7）和$(c_{ij}^e)_{12\times12}$（表 4-8），相应的网络如图 4-7 和图 4-8 所示。

表 4-7 团队内部交互式知识整合中知识创新跟随者的绝对共现频次矩阵$(f_{ij}^e)_{12\times12}$

Tab. 4-7 Knowledge innovation followers' absolute co-occurrence frequency matrix $(f_{ij}^e)_{12\times12}$ in team's internal interactive knowledge integration

	S_1	S_2	S_3	S_4	S_5	S_6	S_7	S_8	S_9	S_{10}	S_{11}	S_{12}
S_1		0	0	0	0	0	0	0	0	1	1	0
S_2	0		0	0	0	0	0	0	0	0	0	0
S_3	0	0		0	0	0	0	0	0	0	0	0
S_4	0	0	0		0	0	0	0	0	0	0	0
S_5	0	0	0	0		0	0	0	0	0	0	0
S_6	0	0	0	0	0		0	0	0	0	0	0
S_7	0	0	0	0	0	0		0	0	0	0	0
S_8	0	0	0	0	0	0	0		0	0	0	0
S_9	0	0	0	0	0	0	0	0		0	0	0
S_{10}	1	0	0	0	0	0	0	0	0		0	0
S_{11}	1	0	0	0	0	0	0	0	0	0		0
S_{12}	0	0	0	0	0	0	0	0	0	0	0	

表 4-8　团队内部交互式知识整合中知识创新跟随者的相对共现频率矩阵 $(c_{ij}^e)_{12\times 12}$

Tab. 4-8　Knowledge innovation followers' relative co-occurrence frequency matrix $(c_{ij}^e)_{12\times 12}$ in team's internal interactive knowledge integration

	S_1	S_2	S_3	S_4	S_5	S_6	S_7	S_8	S_9	S_{10}	S_{11}	S_{12}
S_1		0.00	0.00	0.00	0.00	0.00	0.00	0.00	0.00	0.38	0.38	0.00
S_2	0.00		0.00	0.00	0.00	0.00	0.00	0.00	0.00	0.00	0.00	0.00
S_3	0.00	0.00		0.00	0.00	0.00	0.00	0.00	0.00	0.00	0.00	0.00
S_4	0.00	0.00	0.00		0.00	0.00	0.00	0.00	0.00	0.00	0.00	0.00
S_5	0.00	0.00	0.00	0.00		0.00	0.00	0.00	0.00	0.00	0.00	0.00
S_6	0.00	0.00	0.00	0.00	0.00		0.00	0.00	0.00	0.00	0.00	0.00
S_7	0.00	0.00	0.00	0.00	0.00	0.00		0.00	0.00	0.00	0.00	0.00
S_8	0.00	0.00	0.00	0.00	0.00	0.00	0.00		0.00	0.00	0.00	0.00
S_9	0.00	0.00	0.00	0.00	0.00	0.00	0.00	0.00		0.00	0.00	0.00
S_{10}	0.38	0.00	0.00	0.00	0.00	0.00	0.00	0.00	0.00		0.00	0.00
S_{11}	0.38	0.00	0.00	0.00	0.00	0.00	0.00	0.00	0.00	0.00		0.00
S_{12}	0.00	0.00	0.00	0.00	0.00	0.00	0.00	0.00	0.00	0.00	0.00	

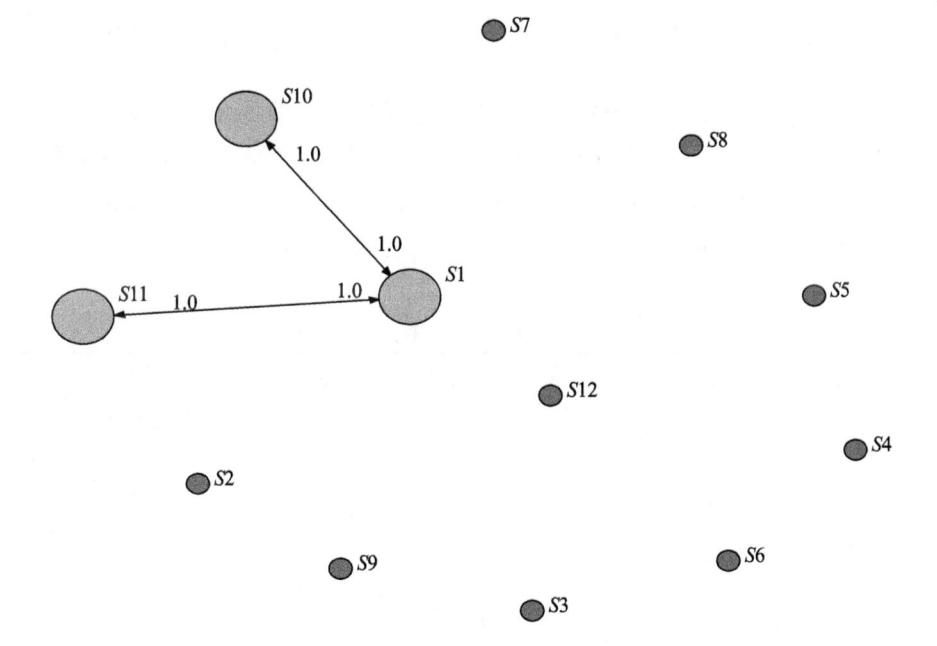

图 4-7　基于绝对频次的知识创新跟随者共现关系的团队内部知识整合网络 $(f_{ij}^e)_{12\times 12}$

Fig. 4-7　Knowledge innovation followers' co-occurrence network $(f_{ij}^e)_{12\times 12}$ in team's internal interactive knowledge integration based on absolute frequency

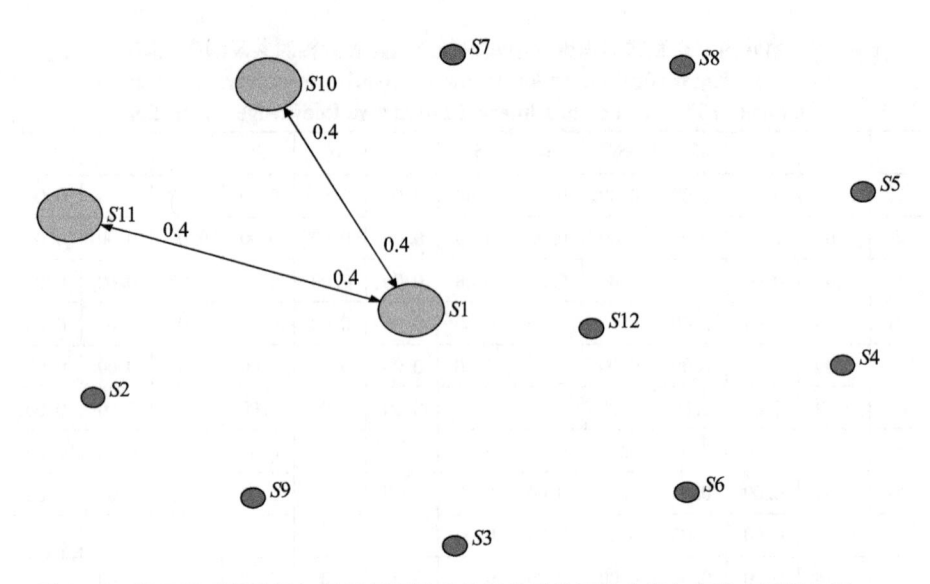

图 4-8　基于相对频次的知识创新跟随者共现关系的团队内部知识整合网络$(c_{ij}^e)_{12\times12}$

Fig. 4-8　Knowledge innovation followers' co-occurrence network $(c_{ij}^e)_{12\times12}$ in team's internal interactive knowledge integration based on relative frequency

4.8.3　基于知识特征耦合关系的团队内部知识整合网络的构建

根据知识主体在知识创新成果完成的过程中所扮演的角色以及知识创新拥有的知识特征状态，得到如下 $S-P$ 矩阵和 $P-f$ 矩阵，见表 4-9 和表 4-10。对 $S-P$ 和 $P-f$ 矩阵进行模糊乘积运算，采取先交后并的原则，得到最终计算结果即知识主体 - 知识特征 $S-f$ 矩阵运算结果，见表 4-11。

表 4-9　$((S-P)_{ir})_{12\times10}$ 矩阵

Tab. 4-9　$((S-P)_{ir})_{12\times10}$ matrix

	P_1	P_2	P_3	P_4	P_5	P_6	P_7	P_8	P_9	P_{10}
S_1	0.5	0.5	0.5	0.0	1.0	0.5	0.3	0.5	0.3	0.0
S_2	0.0	0.0	0.0	0.0	0.0	0.0	1.0	0.0	0.0	0.0
S_3	0.0	0.0	0.0	0.0	0.0	1.0	0.0	0.0	0.0	0.0
S_4	0.0	0.0	0.0	0.0	0.0	0.0	0.0	0.0	0.0	0.5
S_5	0.0	0.0	0.0	0.0	0.0	0.0	0.0	0.0	1.0	0.0
S_6	0.0	0.0	0.0	1.0	0.0	0.0	0.0	0.0	0.0	0.0
S_7	0.0	0.0	0.0	0.0	0.0	0.0	0.0	1.0	0.0	0.0
S_8	0.0	0.0	0.0	0.0	0.0	0.0	0.0	0.0	0.0	1.0
S_9	0.0	0.0	0.0	0.5	0.0	0.0	0.0	0.0	0.0	0.0
S_{10}	0.0	1.0	0.0	0.0	0.0	0.0	0.0	0.0	0.5	0.0
S_{11}	0.0	0.0	0.0	0.0	0.0	0.0	0.5	0.0	0.0	0.0
S_{12}	1.0	0.0	1.0	0.0	0.0	0.0	0.0	0.0	0.0	0.0

第4章 面向知识创新的高校科研团队内部知识整合网络的构建与分析

表 4-10 P–f 矩阵（部分）
Tab.4-10 P–f matrix (Extract)

	f^1	f^2	f^3	f^4	f^5	f^6	f^7	f^8	f^9	f^{10}	f^{11}	f^{12}	f^{13}	f^{14}	f^{15}	f^{16}	f^{17}	f^{18}	f^{19}	f^{20}	f^{21}	f^{22}	f^{23}	f^{24}	f^{25}	f^{26}	f^{27}	f^{28}	f^{29}
P_1	0.0	0.0	0.0	0.0	0.0	0.0	1.0	0.0	0.0	0.0	0.0	0.0	0.0	1.0	0.0	0.0	0.0	0.0	0.0	1.0	0.0	0.0	0.0	0.0	0.0	0.0	0.0	0.0	0.0
P_2	0.0	1.0	0.0	1.0	0.0	0.0	1.0	0.0	0.0	0.0	0.0	0.0	0.0	1.0	0.0	0.0	0.0	0.0	0.0	1.0	0.0	0.0	0.0	0.0	0.0	0.0	0.0	0.0	0.0
P_3	0.0	0.0	0.0	0.0	0.0	0.0	1.0	0.0	0.0	0.0	1.0	1.0	0.0	1.0	0.0	0.0	0.0	0.0	1.0	1.0	0.0	0.0	0.0	0.0	0.0	0.0	0.0	0.0	0.0
P_4	0.0	0.0	0.0	0.0	0.0	0.0	0.0	0.0	0.0	1.0	1.0	1.0	0.0	0.0	0.0	0.0	1.0	1.0	0.0	0.0	0.0	1.0	1.0	0.0	0.0	0.0	0.0	0.0	0.0
P_5	0.0	1.0	1.0	0.0	0.0	0.0	0.0	0.0	0.0	0.0	0.0	0.0	0.0	0.0	1.0	0.0	0.0	0.0	0.0	0.0	0.0	0.0	1.0	0.0	0.0	0.0	1.0	0.0	1.0
P_6	1.0	0.0	0.0	0.0	0.0	0.0	0.0	0.0	1.0	0.0	0.0	0.0	1.0	0.0	0.0	1.0	0.0	0.0	0.0	0.0	0.0	0.0	0.0	0.0	0.0	0.0	0.0	1.0	1.0
P_7	0.0	0.0	0.0	0.0	0.0	0.0	1.0	0.0	0.0	1.0	0.0	0.0	1.0	0.0	0.0	0.0	1.0	0.0	0.0	0.0	0.0	0.0	0.0	0.0	0.0	1.0	0.0	0.0	0.0
P_8	0.0	1.0	0.0	0.0	0.0	0.0	0.0	1.0	0.0	0.0	0.0	0.0	0.0	0.0	0.0	0.0	0.0	0.0	1.0	1.0	0.0	0.0	0.0	0.0	1.0	0.0	0.0	1.0	0.0
P_9	0.0	1.0	0.0	0.0	0.0	0.0	1.0	0.0	0.0	0.0	0.0	0.0	0.0	0.0	0.0	0.0	0.0	0.0	0.0	0.0	0.0	0.0	0.0	1.0	0.0	0.0	0.0	0.0	0.0
P_{10}	0.0	0.0	0.0	0.0	0.0	0.0	0.0	0.0	0.0	0.0	0.0	0.0	0.0	0.0	1.0	0.0	0.0	0.0	0.0	1.0	0.0	0.0	0.0	0.0	0.0	0.0	0.0	0.0	0.0

注：如果某一知识创新成果中包含某一知识特征，则二者的交叉表格处填写数字1，否则为0。

表 4-11 S–f 矩阵
Tab.4-11 S–f matrix

	f^1	f^2	f^3	f^4	f^5	f^6	f^7	f^8	f^9	f^{10}	f^{11}	f^{12}	f^{13}	f^{14}	f^{15}	f^{16}	f^{17}	f^{18}	f^{19}	f^{20}	f^{21}	f^{22}	f^{23}	f^{24}	f^{25}	f^{26}	f^{27}	f^{28}	f^{29}	f^{30}
S_1	0.5	1.0	0.5	0.5	0.5	0.5	0.5	0.5	0.5	0.3	0.0	0.0	0.3	0.5	1.0	0.5	0.0	0.5	0.5	0.5	0.5	0.0	0.0	0.5	0.5	0.5	1.0	0.5	0.5	0.3
S_2	0.0	0.0	1.0	0.5	0.5	0.5	0.5	0.5	1.0	1.0	0.0	0.0	1.0	0.5	0.0	0.5	0.5	1.0	1.0	1.0	0.5	1.0	0.5	0.0	0.5	0.0	0.0	0.0	0.0	0.0
S_3	1.0	0.0	0.0	0.0	0.0	0.0	1.0	0.0	0.0	0.0	0.0	0.5	1.0	0.0	0.0	0.0	0.0	0.0	0.0	0.0	0.0	0.0	0.0	0.0	0.0	0.0	0.0	1.0	0.0	1.0
S_4	0.0	0.0	0.5	0.0	0.0	0.0	0.0	0.0	0.0	0.0	1.0	0.0	0.0	0.0	0.0	0.0	0.0	0.0	0.0	0.0	0.0	0.0	0.5	0.0	0.0	0.0	0.0	0.0	1.0	0.0
S_5	0.0	1.0	0.0	1.0	0.0	1.0	1.0	0.0	0.0	0.0	1.0	0.5	0.0	0.0	0.0	0.5	0.0	0.0	0.0	0.0	0.0	0.0	0.5	0.5	0.0	0.0	0.0	0.0	0.0	1.0
S_6	0.0	1.0	0.0	0.0	0.0	0.0	0.0	1.0	0.0	1.0	1.0	0.0	1.0	0.5	1.0	0.0	1.0	0.0	1.0	1.0	1.0	0.0	0.0	1.0	1.0	1.0	1.0	1.0	0.0	0.0
S_7	0.0	0.0	0.0	0.0	0.0	1.0	0.0	0.0	1.0	0.0	0.5	1.0	0.0	0.0	0.0	0.0	0.0	0.5	0.0	0.0	0.0	0.0	0.0	0.0	0.0	0.0	0.0	0.0	0.0	0.0
S_8	0.0	0.0	0.0	0.0	0.0	0.0	0.0	0.0	0.0	0.5	0.0	0.5	0.5	0.5	0.0	0.5	0.5	0.0	0.0	0.5	0.5	0.5	0.0	1.0	1.0	0.0	0.0	0.0	0.0	0.5
S_9	0.0	0.0	0.0	0.0	1.0	1.0	0.0	1.0	0.0	0.0	0.5	0.0	0.0	0.0	0.0	1.0	0.0	1.0	0.0	0.0	0.0	0.0	1.0	0.0	0.0	0.0	1.0	1.0	0.0	0.0
S_{10}	0.0	1.0	0.0	1.0	0.0	0.0	0.0	0.0	0.0	0.0	0.0	0.5	1.0	0.0	1.0	0.0	0.0	1.0	1.0	0.0	0.0	0.5	0.0	1.0	0.0	0.0	0.0	0.0	0.0	0.5
S_{11}	0.0	0.0	0.0	0.0	1.0	0.0	0.0	0.5	0.0	0.0	0.0	0.0	0.5	0.0	0.0	0.0	0.0	0.0	0.0	1.0	1.0	0.0	0.0	0.0	0.0	0.0	0.0	0.0	0.0	0.0
S_{12}	0.0	0.0	1.0	0.0	0.0	0.0	0.0	0.0	0.0	0.0	0.0	0.0	0.0	0.0	0.0	0.0	0.0	0.0	0.0	0.0	1.0	0.0	0.0	0.0	0.0	0.0	0.0	0.0	0.0	0.0

将表 4-11 中的 2 模网络矩阵 S-f 进行转化（采用最小值转化法，即在每一知识特征上的两个知识主体的每一项选择最小值）得到基于知识特征耦合关系的知识主体关系矩阵，即 1 模网络矩阵 SS_f[15]，见表 4-12。

表 4-12　$((SS_f)_{ij})_{12 \times 12}$ 矩阵
Tab. 4-12　$((SS_f)_{ij})_{12 \times 12}$ matrix

	S_1	S_2	S_3	S_4	S_5	S_6	S_7	S_8	S_9	S_{10}	S_{11}	S_{12}
S_1	14.9	2.1	2.5	0.0	2.8	0.0	2.5	0.0	0.0	3.8	2.1	3.0
S_2	2.1	5.0	0.0	0.0	2.0	0.0	0.0	0.0	0.0	2.0	2.5	3.0
S_3	2.5	0.0	5.0	0.0	0.0	0.0	1.0	0.0	0.0	0.0	0.0	0.0
S_4	0.0	0.0	0.0	1.5	0.0	0.0	0.0	1.5	0.0	0.0	0.0	0.0
S_5	2.8	2.0	0.0	0.0	5.0	0.0	0.0	0.0	0.0	4.5	1.0	2.0
S_6	0.0	0.0	0.0	0.0	0.0	5.0	0.0	0.0	2.5	0.0	0.0	0.0
S_7	2.5	0.0	1.0	0.0	0.0	0.0	5.0	0.0	0.0	0.0	0.0	0.0
S_8	0.0	0.0	0.0	1.5	0.0	0.0	0.0	3.0	0.0	0.0	0.0	0.0
S_9	0.0	0.0	0.0	0.0	0.0	2.5	0.0	0.0	2.5	0.0	0.0	0.0
S_{10}	3.8	2.0	0.0	0.0	4.5	0.0	0.0	0.0	0.0	6.5	1.0	2.0
S_{11}	2.1	2.5	0.0	0.0	1.0	0.0	0.0	0.0	0.0	1.0	2.5	1.5
S_{12}	3.0	3.0	0.0	0.0	2.0	0.0	0.0	0.0	0.0	2.0	1.5	6.0

基于表 4-9 的 S-P 矩阵建立基于知识创新成果的知识主体交互关系矩阵 $((SS_p)_{ij})_{12 \times 12}$，见表 4-13。令 $(SS_f^R)_{ij} = (SS_f)_{ij} - (SS_p)_{ij}$（将表 4-12 和表 4-13 中的对应元素相减，并令对角线上的元素 $(SS_f^R)_{ii} = 0$，即不考虑知识主体自身的知识特征耦合关系），即为知识主体 i 和 j 的知识特征的实际耦合频次，见表 4-14，相应的网络如图 4-9 所示。

表 4-13　$((SS_p)_{ij})_{12 \times 12}$ 矩阵
Tab. 4-13　$((SS_p)_{ij})_{12 \times 12}$ matrix

	S_1	S_2	S_3	S_4	S_5	S_6	S_7	S_8	S_9	S_{10}	S_{11}	S_{12}
S_1	0	1	1	0	1	0	1	0	0	2	1	2
S_2	1	0	0	0	0	0	0	0	0	0	1	0
S_3	1	0	0	0	0	0	0	0	0	0	0	0
S_4	0	0	0	0	0	0	0	1	0	0	0	0
S_5	1	0	0	0	0	0	0	0	0	1	0	0
S_6	0	0	0	0	0	0	0	0	1	0	0	0
S_7	1	0	0	0	0	0	0	0	0	0	0	0
S_8	0	0	0	1	0	0	0	0	0	0	0	0
S_9	0	0	0	0	0	1	0	0	0	0	0	0
S_{10}	2	0	0	0	1	0	0	0	0	0	0	0
S_{11}	1	1	0	0	0	0	0	0	0	0	0	0
S_{12}	2	0	0	0	0	0	0	0	0	0	0	0

第4章　面向知识创新的高校科研团队内部知识整合网络的构建与分析

表 4-14　$((SS_f^R)_{ij})_{12\times 12}$ 矩阵

Tab. 4-14　$((SS_f^R)_{ij})_{12\times 12}$ matrix

	S_1	S_2	S_3	S_4	S_5	S_6	S_7	S_8	S_9	S_{10}	S_{11}	S_{12}
S_1	0.0	1.1	1.5	0.0	1.8	0.0	1.5	0.0	0.0	1.8	1.1	1.0
S_2	1.1	0.0	0.0	0.0	2.0	0.0	0.0	0.0	0.0	2.0	1.5	3.0
S_3	1.5	0.0	0.0	0.0	0.0	0.0	1.0	0.0	0.0	0.0	0.0	0.0
S_4	0.0	0.0	0.0	0.0	0.0	0.0	0.0	0.5	0.0	0.0	0.0	0.0
S_5	1.8	2.0	0.0	0.0	0.0	0.0	0.0	0.0	0.0	3.5	1.0	2.0
S_6	0.0	0.0	0.0	0.0	0.0	0.0	0.0	0.0	1.5	0.0	0.0	0.0
S_7	1.5	0.0	1.0	0.0	0.0	0.0	0.0	0.0	0.0	0.0	0.0	0.0
S_8	0.0	0.0	0.0	0.5	0.0	0.0	0.0	0.0	0.0	0.0	0.0	0.0
S_9	0.0	0.0	0.0	0.0	0.0	1.5	0.0	0.0	0.0	0.0	0.0	0.0
S_{10}	1.8	2.0	0.0	0.0	3.5	0.0	0.0	0.0	0.0	0.0	1.0	2.0
S_{11}	1.1	1.5	0.0	0.0	1.0	0.0	0.0	0.0	0.0	1.0	0.0	1.5
S_{12}	1.0	3.0	0.0	0.0	2.0	0.0	0.0	0.0	0.0	2.0	1.5	0.0

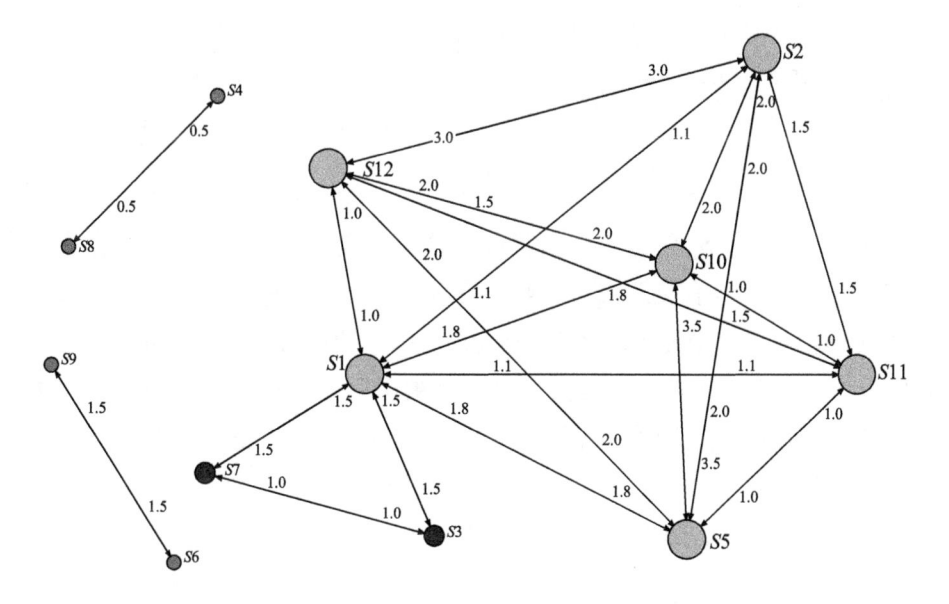

图 4-9　基于知识特征耦合关系的团队内部知识整合网络 $((SS_f^R)_{ij})_{12\times 12}$

Fig. 4-9　Team's internal knowledge integration network $((SS_f^R)_{ij})_{12\times 12}$ based on knowledge features co-occurrence

4.8.4　基于知识引用耦合关系的团队内部知识整合网络的构建

仍沿用知识主体知识特征的耦合分析中的案例，建立$((SS_{Rf})_{ij})_{12 \times 12}$矩阵，见表4-15。结合表4-13和表4-15，对知识主体之间的交互式知识整合关系和引用耦合关系进行分析。

表4-15　$((SS_{Rf})_{ij})_{12 \times 12}$矩阵
Tab. 4-15　$((SS_{Rf})_{ij})_{12 \times 12}$ matrix

	S_1	S_2	S_3	S_4	S_5	S_6	S_7	S_8	S_9	S_{10}	S_{11}	S_{12}
S_1	17.0	0.0	2.0	0.0	3.8	1.0	2.0	0.0	0.5	10.9	1.0	3.8
S_2	0.0	0.0	0.0	0.0	0.0	0.0	0.0	0.0	0.0	0.0	0.0	0.0
S_3	2.0	0.0	2.0	0.0	0.0	0.0	1.0	0.0	0.0	0.0	0.0	1.0
S_4	0.0	0.0	0.0	0.0	0.0	0.0	0.0	0.0	0.0	0.0	0.0	0.0
S_5	3.8	0.0	0.0	0.0	4.0	1.0	0.0	0.0	0.5	4.0	0.0	1.0
S_6	1.0	0.0	0.0	0.0	1.0	0.0	0.0	0.0	0.5	0.0	0.0	0.0
S_7	2.0	0.0	1.0	0.0	0.0	0.0	2.0	0.0	0.0	1.0	0.0	1.0
S_8	0.0	0.0	0.0	0.0	0.0	0.0	0.0	0.0	0.0	0.0	0.0	0.0
S_9	0.5	0.0	0.0	0.0	0.5	0.5	0.0	0.0	0.0	0.5	0.0	0.0
S_{10}	10.9	0.0	1.0	0.0	4.0	1.0	1.0	0.0	0.5	12.0	0.5	2.0
S_{11}	1.0	0.0	0.0	0.0	0.0	0.0	0.0	0.0	0.0	0.5	1.0	1.0
S_{12}	3.8	0.0	1.0	0.0	1.0	0.0	1.0	0.0	0.0	2.0	1.0	4.0

对于知识主体S_1而言，与S_2有交互式知识整合关系1次，但不存在引用耦合关系；与S_3有交互式知识整合关系1次$[(SS_P)_{13}=1]$，而耦合关系矩阵$((SS_{Rf})_{ij})_{12 \times 12}$中显示的名义耦合频次为2，说明有1个单位的耦合频次是由于二者的交互式知识整合关系在某些被引用知识创新成果中的共现关系引起的，因此其实际引用耦合频次为1；与S_9没有交互式知识整合关系，但却有0.5个单位的知识引用耦合关系，说明S_1与S_9至少有一个人是以知识创新成果第二署名知识创新跟随者的身份与另外一个人存在知识引用耦合关系。

按照上述结论重新计算知识主体之间的知识引用耦合频次，得到最终的知识特征耦合矩阵$((SS^R_{Rf})_{ij})_{12 \times 12}$，见表4-16，其中对角线元素取0，即忽略知识主体自身的知识引用耦合强度。

第4章 面向知识创新的高校科研团队内部知识整合网络的构建与分析

表 4−16　$((SS_{Rf}^R)_{ij})_{12×12}$ 矩阵
Tab. 4−16　$((SS_{Rf}^R)_{ij})_{12×12}$ matrix

	S_1	S_2	S_3	S_4	S_5	S_6	S_7	S_8	S_9	S_{10}	S_{11}	S_{12}
S_1	0.0	0.0	1.0	0.0	2.8	1.0	1.0	0.0	0.5	8.9	0.0	1.8
S_2	0.0	0.0	0.0	0.0	0.0	0.0	0.0	0.0	0.0	0.0	0.0	0.0
S_3	1.0	0.0	0.0	0.0	0.0	0.0	1.0	0.0	0.0	1.0	0.0	1.0
S_4	0.0	0.0	0.0	0.0	0.0	0.0	0.0	0.0	0.0	0.0	0.0	0.0
S_5	2.8	0.0	0.0	0.0	0.0	1.0	0.0	0.0	0.5	3.0	0.0	1.0
S_6	1.0	0.0	0.0	0.0	1.0	0.0	0.0	0.0	0.0	1.0	0.0	0.0
S_7	1.0	0.0	1.0	0.0	0.0	0.0	0.0	0.0	0.0	1.0	0.0	1.0
S_8	0.0	0.0	0.0	0.0	0.0	0.0	0.0	0.0	0.0	0.0	0.0	0.0
S_9	0.5	0.0	0.0	0.0	0.5	0.0	0.0	0.0	0.0	0.5	0.0	0.0
S_{10}	8.9	0.0	1.0	0.0	3.0	1.0	1.0	0.0	0.5	0.0	0.5	2.0
S_{11}	0.0	0.0	0.0	0.0	0.0	0.0	0.0	0.0	0.0	0.5	0.0	1.0
S_{12}	1.8	0.0	1.0	0.0	1.0	0.0	1.0	0.0	0.0	2.0	1.0	0.0

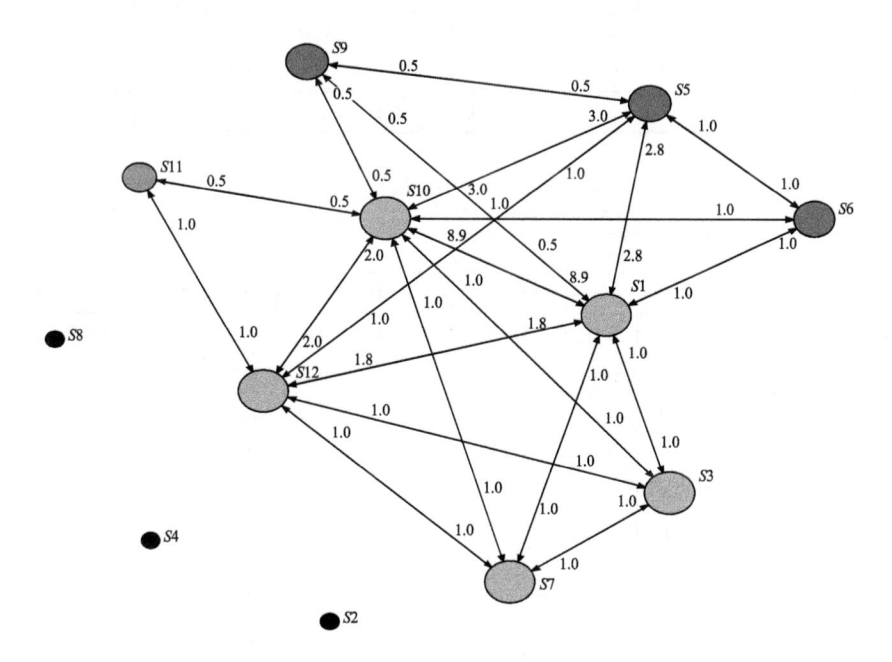

图 4−10　基于知识引用耦合关系的团队内部知识整合网络 $((SS_{Rf}^R)_{ij})_{12×12}$
Fig. 4−10　Team's internal knowledge integration network $((SS_{Rf}^R)_{ij})_{12×12}$ based on knowledge citing co-occurrence

4.8.5 基于知识被引耦合关系的团队内部知识整合网络的构建

通过该案例中的知识被引用耦合数据,建立 $((SS_{CoC})_{ij})_{12\times12}$ 矩阵(见表 4-17)、$((SS_{CoC}^R)_{ij})_{12\times12}$ 矩阵(见表 4-18)和最终的知识被引用耦合矩阵 $((SS_{CoC}^{RR})_{ij})_{12\times12}$ (见表 4-19),知识被引耦合网络如图 4-11 所示。

表 4-17 $((SS_{CoC})_{ij})_{12\times12}$ 矩阵
Tab. 4-17 $((SS_{CoC})_{ij})_{12\times12}$ matrix

	S_1	S_2	S_3	S_4	S_5	S_6	S_7	S_8	S_9	S_{10}	S_{11}	S_{12}
S_1	115.8	0.0	0.0	0.0	0.0	0.0	0.0	3.5	25.7	0.0	0.5	1.0
S_2	0.0	0.0	0.0	0.0	0.0	0.0	0.0	0.0	0.0	0.0	0.0	0.0
S_3	0.0	0.0	0.0	0.0	0.0	0.0	0.0	0.0	0.0	0.0	0.0	0.0
S_4	0.0	0.0	0.0	0.0	0.0	0.0	0.0	0.0	0.0	0.0	0.0	0.0
S_5	0.0	0.0	0.0	0.0	0.0	0.0	0.0	0.0	0.0	0.0	0.0	0.0
S_6	0.0	0.0	0.0	0.0	0.0	0.0	0.0	0.0	0.0	0.0	0.0	0.0
S_7	0.0	0.0	0.0	0.0	0.0	0.0	0.0	0.0	0.0	0.0	0.0	0.0
S_8	3.5	0.0	0.0	0.0	0.0	0.0	0.0	4.0	3.0	0.0	0.5	1.0
S_9	25.7	0.0	0.0	0.0	0.0	0.0	0.0	3.0	43.6	0.0	0.5	0.5
S_{10}	0.0	0.0	0.0	0.0	0.0	0.0	0.0	0.0	0.0	0.0	0.0	0.0
S_{11}	0.5	0.0	0.0	0.0	0.0	0.0	0.0	0.5	0.5	0.0	1.0	0.0
S_{12}	1.0	0.0	0.0	0.0	0.0	0.0	0.0	1.0	0.5	0.0	0.0	1.5

表 4-18 $((SS_{CoC}^R)_{ij})_{12\times12}$ 矩阵
Tab. 4-18 $((SS_{CoC}^R)_{ij})_{12\times12}$ matrix

	S_1	S_2	S_3	S_4	S_5	S_6	S_7	S_8	S_9	S_{10}	S_{11}	S_{12}
S_1	0.0	0.0	0.0	0.0	0.0	0.0	0.0	3.5	25.7	0.0	0.0	0.0
S_2	0.0	0.0	0.0	0.0	0.0	0.0	0.0	0.0	0.0	0.0	0.0	0.0
S_3	0.0	0.0	0.0	0.0	0.0	0.0	0.0	0.0	0.0	0.0	0.0	0.0
S_4	0.0	0.0	0.0	0.0	0.0	0.0	0.0	0.0	0.0	0.0	0.0	0.0
S_5	0.0	0.0	0.0	0.0	0.0	0.0	0.0	0.0	0.0	0.0	0.0	0.0
S_6	0.0	0.0	0.0	0.0	0.0	0.0	0.0	0.0	0.0	0.0	0.0	0.0
S_7	0.0	0.0	0.0	0.0	0.0	0.0	0.0	0.0	0.0	0.0	0.0	0.0
S_8	3.5	0.0	0.0	0.0	0.0	0.0	0.0	0.0	3.0	0.0	0.5	1.0
S_9	25.7	0.0	0.0	0.0	0.0	0.0	0.0	3.0	0.0	0.0	0.5	0.5
S_{10}	0.0	0.0	0.0	0.0	0.0	0.0	0.0	0.0	0.0	0.0	0.0	0.0
S_{11}	0.0	0.0	0.0	0.0	0.0	0.0	0.0	0.5	0.5	0.0	0.0	0.0
S_{12}	0.0	0.0	0.0	0.0	0.0	0.0	0.0	1.0	0.5	0.0	0.0	0.0

表 4-19　$((SS_{CoC}^{RR})_{ij})_{12\times12}$ 矩阵
Tab. 4-19　$((SS_{CoC}^{RR})_{ij})_{12\times12}$ matrix

	S_1	S_2	S_3	S_4	S_5	S_6	S_7	S_8	S_9	S_{10}	S_{11}	S_{12}
S_1	0.0	0.0	0.0	0.0	0.0	0.0	0.0	0.1	0.2	0.0	0.0	0.0
S_2	0.0	0.0	0.0	0.0	0.0	0.0	0.0	0.0	0.0	0.0	0.0	0.0
S_3	0.0	0.0	0.0	0.0	0.0	0.0	0.0	0.0	0.0	0.0	0.0	0.0
S_4	0.0	0.0	0.0	0.0	0.0	0.0	0.0	0.0	0.0	0.0	0.0	0.0
S_5	0.0	0.0	0.0	0.0	0.0	0.0	0.0	0.0	0.0	0.0	0.0	0.0
S_6	0.0	0.0	0.0	0.0	0.0	0.0	0.0	0.0	0.0	0.0	0.0	0.0
S_7	0.0	0.0	0.0	0.0	0.0	0.0	0.0	0.0	0.0	0.0	0.0	0.0
S_8	0.1	0.0	0.0	0.0	0.0	0.0	0.0	0.0	0.1	0.0	0.0	0.1
S_9	0.2	0.0	0.0	0.0	0.0	0.0	0.0	0.1	0.0	0.0	0.0	0.0
S_{10}	0.0	0.0	0.0	0.0	0.0	0.0	0.0	0.0	0.0	0.0	0.0	0.0
S_{11}	0.0	0.0	0.0	0.0	0.0	0.0	0.0	0.0	0.0	0.0	0.0	0.0
S_{12}	0.0	0.0	0.0	0.0	0.0	0.0	0.0	0.1	0.0	0.0	0.0	0.0

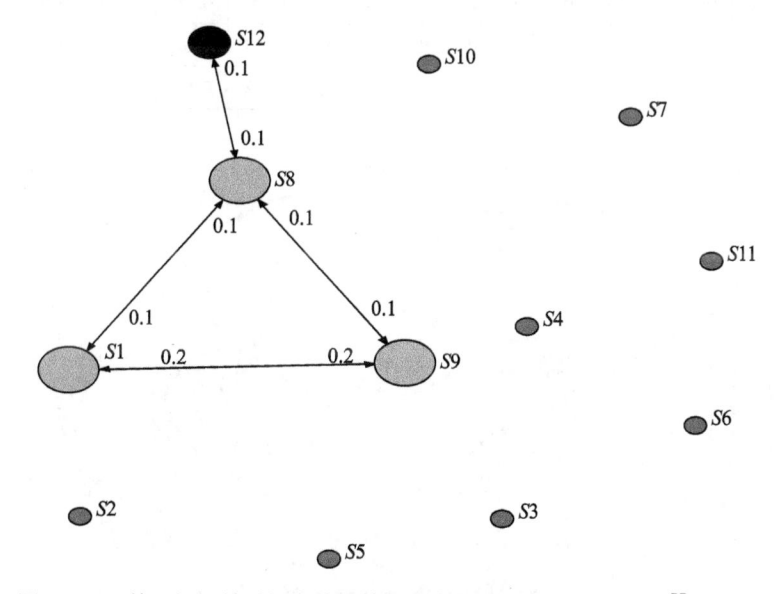

图 4-11　基于知识被引耦合关系的团队内部知识整合网络 $((SS_{CoC}^{RR})_{ij})_{12\times12}$
Fig. 4-11　Team's internal knowledge integration network $((SS_{CoC}^{RR})_{ij})_{12\times12}$ based on knowledge cited co-occurrence

4.8.6　团队内部复合式的知识整合网络构建

根据 4.6 小节中复合式知识整合网络模型的构建方法,为分析简便,认为各种知识整合网络的权重是相等的，构建团队内部复合式知识整合网络矩阵$(KI_{ij}^M)_{12\times12}$，见表4-20，复合式知识整合网络如图4-12所示。

表4-20　$(KI_{ij}^M)_{12\times12}$矩阵
Tab. 4-20　$(KI_{ij}^M)_{12\times12}$ matrix

	S_1	S_2	S_3	S_4	S_5	S_6	S_7	S_8	S_9	S_{10}	S_{11}	S_{12}
S_1	0.00	0.19	0.43	0.00	0.78	0.17	0.43	0.02	0.14	1.98	0.26	0.50
S_2	0.24	0.00	0.00	0.00	0.33	0.00	0.00	0.00	0.02	0.36	0.25	0.50
S_3	0.44	0.00	0.00	0.00	0.00	0.00	0.33	0.00	0.00	0.17	0.00	0.17
S_4	0.02	0.00	0.00	0.00	0.00	0.00	0.00	0.17	0.03	0.00	0.00	0.00
S_5	0.81	0.33	0.00	0.00	0.00	0.17	0.00	0.00	0.08	1.10	0.17	0.51
S_6	0.18	0.00	0.00	0.00	0.17	0.00	0.00	0.00	0.35	0.17	0.00	0.00
S_7	0.47	0.00	0.33	0.00	0.00	0.00	0.00	0.00	0.00	0.17	0.00	0.17
S_8	0.03	0.00	0.00	0.08	0.00	0.00	0.00	0.00	0.05	0.00	0.00	0.02
S_9	0.13	0.00	0.00	0.00	0.08	0.42	0.00	0.02	0.00	0.08	0.00	0.00
S_{10}	1.89	0.33	0.17	0.00	1.17	0.00	0.17	0.00	0.00	0.09	0.25	0.68
S_{11}	0.30	0.33	0.00	0.00	0.17	0.00	0.00	0.00	0.02	0.28	0.00	0.42
S_{12}	0.52	0.50	0.17	0.00	0.50	0.00	0.17	0.02	0.03	0.70	0.42	0.00

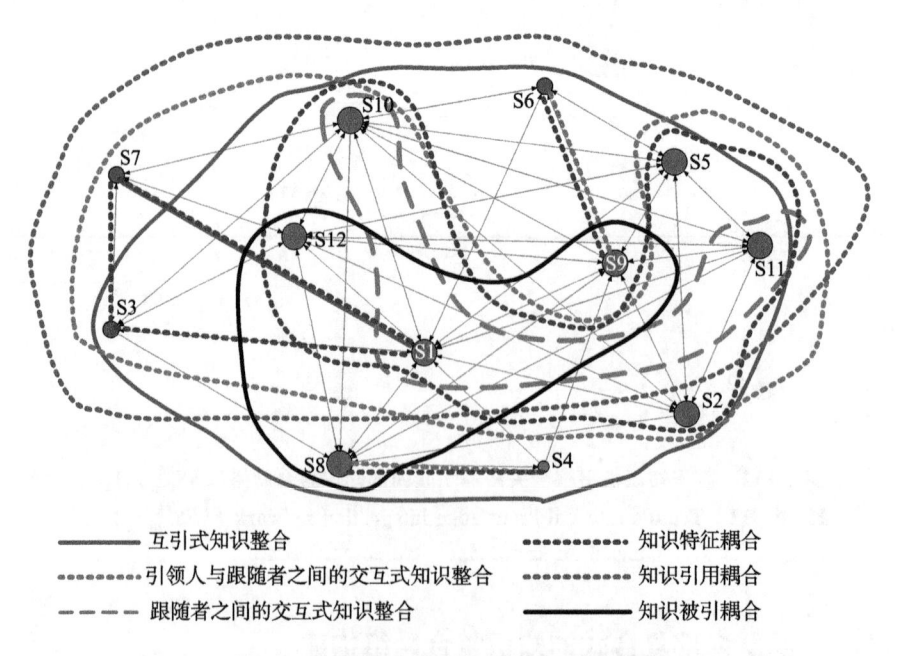

图4-12　团队内部复合式的知识整合网络
Fig. 4-12　Team's internal mixed knowledge integration network

在图4-12所示的各种网络中，没有哪两个网络是完全重合的，并且每种网络的参与节点都不一致，例如跟随者之间的交互式知识整合网络有3个节点，而知识被引耦合网络有4个节点，而这两个网络的共有节点只有1个。

4.8.7 团队内部知识整合网络结构特征分析

该团队内部知识整合网络的结构特征的计算结果见表4-21。

表4-21 团队内部知识整合网络结构特征的计算结果
Fig. 4-21 Team's internal knowledge integration network structure characteristics computing result

网络特征	基于互引关系的知识整合网络		基于交互行为的知识整合网络		引用耦合网络	知识特征耦合网络	知识被引耦合网络	复合式知识整合网络
密度	0.0180	0.0322	0.0171	0.0105	0.0163	0.0070	0.0757	0.163167
效率	0.4167	0.4167	0.0758	0.0379	0.4318	0.0758	0.3788	0.760101
非中心化程度	0.8596	0.7081	0.9647	0.8182	0.7259	0.8818	0.8429	0.8292
$E-I$指数	-0.1850	-0.1850	0.4000	1.0000	-0.1430	0.5000	-0.3	0.5000
聚类系数	0.3600	0.3600	0.0830	0.0000	0.6450	0.6000	0.8630	0.8500

在该团队的五种知识整合网络中，密度最大的是知识特征耦合网络，说明团队内部成员在研究内容上的相似度相对较高。

在基于互引行为的知识整合网络中，与基于自被引的知识整合网络E的密度相比，基于自引的知识整合网络E'的密度相对较高，说明虽然团队内部知识利用率较低，但团队的知识创新成果对外影响力较大。

对于基于交互行为的知识整合网络来说，基于知识创新引领人和知识创新跟随者交互关系的知识整合网络T的密度较高，说明团队内部作为知识创新引领人的成员积极寻求知识资源实现知识创新目标，而基于知识创新跟随者交互关系的知识整合关系网络C^e的密度较小，说明团队内部成员之间的合作规模较小或交互活动的范围较小。知识引用耦合网络和知识被引耦合网络的密度均较小，说明网络中各个节点之间关联的紧密程度较小。

知识特征耦合网络的聚类系数高，说明在团队中存在着一些子团队，成员之间彼此熟悉，容易形成基于知识特征耦合关系的知识整合网络。而交互知识整合网络的聚类系数较小，说明团队成员之间的交互式知识整合关系并不明显。知识引用耦合网络和知识被引耦合网络的聚类系数较高，证明团队内部成员之间具有很多相同的知识创新来源和知识创新逻辑增长点。

$E-I$ 指数总体上并没有呈现出明显的分派效应，但是对于知识特征耦合网络来说，分派效应较为明显，$E-I$ 指数为 -0.3，而且还是显著的，说明团队内部形成了比较明显的研究范式或研究方向；对于基于互引行为的知识整合网络和基于知识引用耦合的知识整合网络来说，分派情况不明显，而交互式知识整合网络、知识被引耦合关系网络没有呈现出明显的分派效应。

对于网络效率来说，交互式知识整合网络的效率较低，说明团队内部成员难以进行交互活动或建立合作关系，或者说建立合作关系的成本较大；而基于互引行为的知识整合关系网络的效率最高，说明团队成员更愿意借鉴其他人已有的知识创新成果而实现自己的知识创新，其他成员更多的是以虚拟参与人的身份来辅助他人实现知识创新；知识引用耦合网络和知识特征耦合网络的效率也较高，可以知识创新来源或研究内容的相似性来建立团队内部的知识整合关系，会达到更好的效果，成本会更低。

从非中心化程度角度看，所有网络的非中心化程度较高，没有哪一个人成为团队的核心人物，这也对知识特征耦合网络、知识引用耦合网络和知识被引耦合网络做了进一步的说明，即对于这几种网络来说，团队内部较高的聚类系数是由于成员之间的关系所造成的，而不是由于哪个成员过多的外部联系形成的。知识引用耦合网络的非中心化程度为 0.7259，在所有网络中最低，即中心化程度较高，说明团队成员知识创新的来源较为相似，因此知识引用耦合网络的聚类系数较大（0.6450）。对于知识特征耦合网络来说，较大的聚类系数说明知识主体之间在知识特征方面关联程度较强，而该网络的非中心化程度较高，不仅说明该团队的研究方向划分较为细致，而且说明该团队在所处领域的研究较为专深。

鉴于该团队基于互引行为的知识整合网络、知识引用耦合网络以及知识特征耦合网络的密度、效率、聚类系数等都呈现出较大的数值，同时网络的中心化程度均较高（较高的非中心化程度），同时 $E-I$ 指数都小于 0，而交互式知识整合网络的相关结构指标诸如密度、效率、聚类系数等均较小和 $E-I$ 指数都大于 0。说明该团队适合于基于互引关系、知识引用耦合关系和知识特征耦合关系等建立团队层次的知识整合关系，而不适合于建立交互式（包括合作）的知识整合关系。可见，即使知识主体之间在以往没有任何合作关系或没有任何交互行为，他们仍然可以建立知识整合关系，因为合作关系的建立往往存在着很多社会性因素[149]。特别是当合作的利益分配机制的设立不够合理时，会在很大程度上影响合作关系的建立，即团队内部的交互式（合作式）知识整合关系很难建立起来，因此如果仅从成员之间的合作关系来判定团队内部的知识整合强度，则显得过于片面。

4.9　本章小结

该章首先研究了高校科研团队内部知识整合网络模型的构建过程与方法。首先从引用行为和交互行为两大分析视角，构建了团队内部基于互引行为的团队内部知识整合网络、基于交互行为的团队内部知识整合网络、基于知识特征耦合的团队内部知识整合网络、基于知识引用耦合的团队内部知识整合网络、基于知识被引用耦合的团队内部知识整合网络。然后从凝聚性特征（密度、$E-I$ 指数）和中心性特征（效率、中心化程度、聚类系数）两个方面分析了团队内部知识整合关系网络的结构特征与团队内部知识整合的相关关系。最后利用一个以基础创新为主的理工类高校科研团队为实例来说明团队内部知识整合网络模型的构建过程，并分析了相应的网络结构特征，得出该团队更适合在知识特征耦合、知识引用耦合、互引行为等方面建立面向知识创新的知识整合关系而最不适合建立基于交互行为的知识整合关系的结论。为第 5 章实证研究部分概念模型的构建和第 6 章有关知识整合的激励机制的研究奠定一定的实践基础。

第 5 章 高校科研团队内部知识整合与团队知识创新绩效关系的实证研究

以社会资本理论与网络嵌入理论为基本的思想观点，构建了高校科研团队内部知识整合与团队知识创新绩效关系的理论模型；以第 4 章团队内部知识整合网络构建与网络结构特征分析为基础，构建了团队内部知识整合与团队知识创新绩效关系的概念模型与假设模型，并采用 PLS 结构方程建模方法对高校科研团队内部知识整合与团队知识创新绩效之间的关系进行了实证研究。

5.1 问题提出与模型构建

5.1.1 问题提出

团队内部知识整合与团队知识创新绩效之间存在着一定的关系，是建立在任何一个团队内部的知识主体都无法获得知识创新目标所需相关知识的假设之上的，通过对团队内部知识主体所掌握或能够获取的知识，进行深入剖析达到预期的知识创新目标，能够实现更加理想的团队知识创新绩效。

有关知识整合和团队绩效之间关系的研究并不鲜见，诸如 Tiwana（2000）研究知识整合与信息系统研发的创造性之间的关系，得出知识整合能够降低信息系统的缺陷的结论[172]，柯江林等（2007）也研究了知识整合和研发团队效能之间的关系，发现前者对后者具有显著的正向影响[173]。

从团队内部知识网络的视角对团队网络结构特征与知识整合或团队绩效之间关系的研究也并不少见。朱亚丽等（2011）以企业知识转移意愿等为中介变量，研究了网络密度对企业间知识转移效果的影响[161]。谢洪明等（2011）

研究了网络密度、知识流入对企业管理创新的影响，得出了网络密度对企业管理创新具有正向影响，知识流入在网络密度与企业管理创新之间的关系分析中起到的是中介变量的作用[174]。

熊焰等（2011）将团队成员之间的关系网络分为工具型社会网络和情感型社会网络，采用管理学课程模拟游戏的方式从这两种网络结构的重要特性（密度和非中心化程度）的角度对团队知识整合与团队绩效之间的关系进行了研究，得出网络密度对团队知识整合具有显著的正向影响以及工具型社会网络的非中心化程度对团队知识整合具有倒U形的影响的结论[166]。任胜钢、吴娟和王龙伟等（2011）对网络嵌入结构和企业创新行为之间的关系进行了实证研究，研究结果表明关系强度、网络位置和网络密度对企业渐进式创新具有显著的正向影响，对于突破式创新具有负向影响[175]。

可见，以往的研究很少关注高校科研团队内部的知识整合网络及其结构与团队知识创新绩效之间的关系。

5.1.2 理论模型

社会资本广泛存在于社会网络关系之中，能够通过协调和行动来提升社会组织的效率。在高校科研团队内部，知识创新主体之间的知识整合网络就可以被看作为，主体为实现知识创新能够利用的各种社会资本的集合（对于知识创新来说，利用的是存在于社会资本中的知识资源，个体的社会资本体现了其可以利用的潜在知识资源），通过各个知识主体的优势融合而形成的效率更高的团队式知识创新形式。

根据波茨对于社会资本研究的观点，参与知识整合活动的知识创新主体必然通过他们在团队知识整合网络中的成员资格而获取知识创新资源的能力，而且这种获取资源的能力不仅仅取决于个体的接收能力，而且还取决于个体与其他人所建立的关系网络中所包含的资源，即与网络中知识资本嵌入关系的结果[176]。

按照格兰诺维特的观点，网络的嵌入方式分为理性嵌入和结构嵌入。理性嵌入是指网络中的个体与其建立关联的其他节点之间都具有互惠的预期，这种互惠的预期都建立在彼此在嵌入关系中能够取得对方承认的预期能力的基础上，团队内部的合作式知识整合关系就是理性嵌入关系的典型表现，因为合作式知识整合活动的参与人都认为，与他人合作所创造的预期知识创新成果能为自身带来相应的收益，而这种基于预期的知识整合关系也是建立在对知识创新所需的知识能力进行预期的基础上的[177]。

如果关联的双方是更庞大网络的一部分时，他们之间就形成了结构嵌入关系，对于团队内部成员的知识整合关系而言，除了具有基于合作式知识整合关系的理性嵌入关系外，如果还存在着独立式知识整合、知识引用耦合、知识特征耦合以及知识被引耦合等结构嵌入关系，那么他们对于彼此的认同就会增加而强化对双方知识整合关系建立的正面预期，如果知识主体在多个方面都存在着关联，为了达到知识创新的目的，彼此对于知识创新能力的信任就会得到强化，知识整合关系的确立就存在着一定程度的必然性，波茨称之为"可强制推行的信任"[178]。

团队内部知识整合网络是团队知识资源积累的组织基础，但并不是团队获得知识资源的充分条件，虽然有些团队具有建立知识整合网络的动机和能力，但缺乏利用网络内部知识资源的能力，即团队成员之间无法利用彼此的知识资源。那么知识整合网络的构建也不能带来团队知识资源的增加，因为团队知识创新能力的提高很大程度上是依赖于团队内部多主体之间交互作用的学习过程。如果主体间能够基于理性嵌入和结构嵌入关系而建立起知识整合网络的话，知识创新主体就具备了有效利用团队内部知识资源的能力。因此从团队内部知识整合网络的建立到团队知识创新能力的产生是一个从获取团队内部知识资源到有效利用知识资源能力的培养过程，以知识创新为行动导向的知识资源判定、寻求与筛选机制起到了重要作用[179]。

综上所述，团队内部的理性嵌入关系和结构嵌入关系反映了知识整合网络的关系强度，知识整合网络的关系强度同样反映了团队内部知识资源交互利用的强度，反之亦然，团队内部知识资源交互利用的强度是团队成员利用团队内部知识资源能力的表征，这种知识资源利用能力会对团队的知识创新能力产生重要的影响，因此团队内部知识整合网络关系强度与团队的知识创新能力存在着某种必然性的联系，则反映团队知识整合网络关系强度的结构特征与团队的知识创新绩效之间存在必然性的联系。基于社会资本分析模式的高校科研团队内部网络式的知识整合与其知识创新绩效关系如图 5-1 所示。

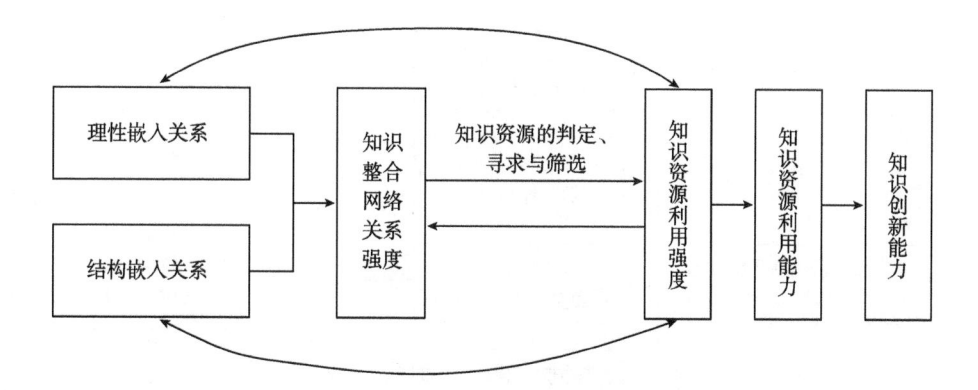

图 5-1　基于社会资本分析模式的高校科研团队内部网络式的知识整合
与其知识创新绩效关系

Fig. 5-1　The relationship between university scientific research team's internal knowledge integration network and knowledge innovation——social capital analysis model

5.1.3　概念模型

根据 5.1.2 节中的研究结论，高校科研团队内部知识整合网络及其结构特征是团队成员掌握团队内部知识资源和利用团队内部知识资源能力的表征，这种知识资源利用能力会对团队的知识创新能力产生重要影响，因此团队内部知识整合网络的关系强度与团队的知识创新能力存在着某种必然性的联系。

团队内部知识整合网络节点之间的关系强度是高校科研团队内部知识整合的动态特征，因此团队内部的知识整合与知识创新绩效之间存在着某种必然性的联系。很多学者从不同角度对团队内部知识整合网络的结构特点与知识创新绩效的关系进行了分析，这些研究成果为本书进一步研究奠定了知识基础。综合以上论述，本部分所建概念模型如图 5-2 所示。

5.1.4　研究假设

5.1.4.1　基于知识互引行为的知识整合与团队知识创新绩效

团队成员之间的相互引用关系反映了团队成员知识经验范畴之间的相关性，这种相关性或者是研究内容在横向上的对应性整合（实验或方法的互相参照与借鉴或研究结论的比较与应用，融合新的知识体系与原有的知识体系，使知识系统更加完善），或者是纵向上的知识继承性整合（知识创新的基础与来源、发展与进步以及学术争鸣）。

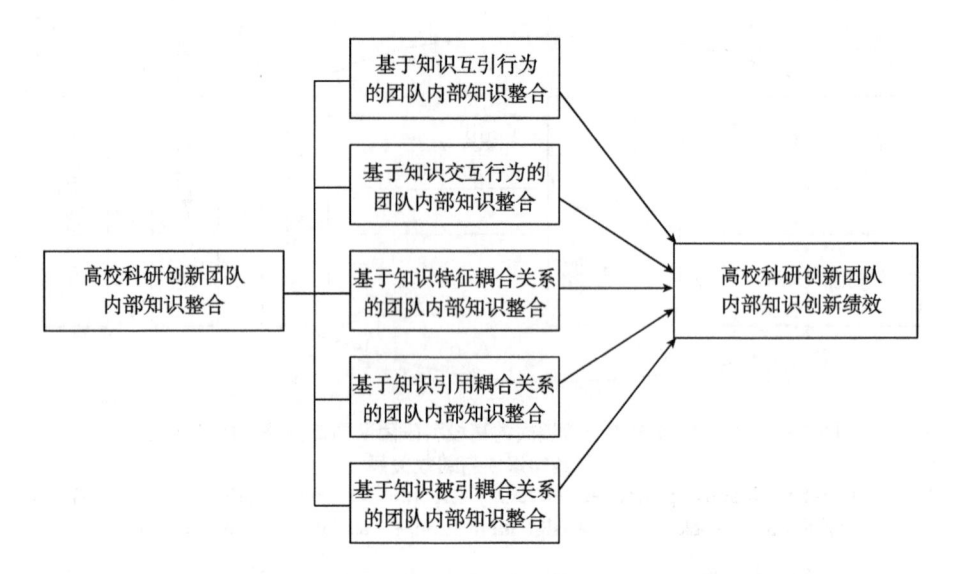

图 5–2　高校科研团队内部知识整合与知识创新绩效关系的概念模型
Fig. 5–2　The concept model of relationship between team's internal knowledge integration and knowledge innovation performance

如果团队自引率和自被引率均较高，表明该团队对外知识交流较少，知识环境较为封闭，是一个专业性强、非常独立的团队；如果团队自引率高，而自被引率偏低，则表明该团队的知识创新地位较高，研究内容稳定，常被团队外部的其他主体所引用，而且整合团队外部知识的机会较多，即对外交流充分；反之，如果团队自引率低，而自被引率偏高，则表明该团队的知识创新地位较低，研究内容不稳定，团队外部对其知识创新成果的关注较少，对外交流不充分。如果二者都偏低，则说明该团队研究范围广泛，内容丰富，并广为其他主体引用[137]。

因此，从该角度可以判断成功的团队具备的特征组合是团队自引率和自被引率均高、团队自引率偏高和团队自被引率偏低或者二者都偏低，前两种特征组合表示专业性的创新团队，而第三种组合表示综合性创新团队。

从团队知识利用能力的角度看，团队的知识创新不仅需要充分利用团队内部的知识资源，而且需要充分的对外交流机会以利用外部知识创新成果，因此较高的团队自引率是充分利用团队内部知识资源的表征，而对团队外部的知识资源利用相对较少，较低的自被引率是充分利用团队外部知识资源的表征，并且团队内部的知识资源受到外部的关注较多，团队的知识创新能力较强。

从团队内部知识整合的角度来看，如果团队自引率和自被引率均较高时，表明团队的对外知识交流相对较少，说明团队成员很难在外部找到可替代或更优异的知识资源，从而充分利用和整合团队内部的知识资源以实现知识创新目标。故本书认为团队内部自引率和自被引率均高是团队内部知识整合效果良好的表现，从而有利于团队知识创新目标的实现和知识创新绩效的提升。而自被引率除了自己引用外，还有团队外部引用的结果，因此自引率的提升可以促进自被引率的提升。根据上述分析，提出假设H1、H2和H3。

H1：基于自被引率的团队内部互引式知识整合（EKed）对团队内部的知识创新绩效（PER）具有正向的影响。

H2：基于自引率的团队内部互引式知识整合（EKing）对团队内部的知识创新绩效（PER）具有正向的影响。

H3：基于自引率的团队内部互引式知识整合（EKing）对基于自被引率的团队内部互引式知识整合（EKed）具有正向影响。

5.1.4.2 基于知识交互行为的知识整合与团队知识创新绩效

知识创新引领人根据知识创新目标寻求知识创新跟随者，系统规划并开展团队内部知识整合活动，积极整合彼此的知识资源，因此知识创新引领人和知识创新跟随者所形成的知识交互关系能够实现团队内部知识资源的有效配置，知识创新引领人借用了知识创新跟随者的部分知识，通过知识系统整合的过程实现了自身的知识创新设想。知识创新引领人不仅是知识创新活动的发起人和知识整合活动的系统规划者，还为知识创新跟随者提供了知识交互活动的平台，让知识创新跟随者能够熟悉彼此的知识特征，获取彼此优异的知识资源，如果经过深层次的知识交流活动，可实现团队内部知识的进一步整合，能够促进团队产生更多的知识创新成果。综合上述分析，提出如下研究假设：

H4：基于知识创新引领与知识创新跟随关系的团队内部交互式知识整合（TKPC）对基于知识创新跟随者共现关系的团队内部交互式知识整合（TKCC）具有正向的影响。

H5：基于知识创新引领与知识创新跟随关系的团队内部交互式知识整合（TKPC）对团队内部知识创新绩效（PER）具有正向的影响。

H6：基于知识创新跟随者共现关系的团队内部交互式知识整合（TKCC）对团队内部知识创新绩效（PER）具有正向的影响。

5.1.4.3　基于知识特征耦合关系的知识整合与团队知识创新绩效

团队成员之间知识特征耦合强度越大，说明团队成员之间共同的研究主题越多，越证明成员之间可以建立密切的知识整合关系[153]，尤其更容易建立交互式知识整合关系，因为知识引领人更容易寻求到知识创新目标所需的知识资源，而且知识创新跟随者之间如果存在知识特征耦合关系，可以有更多的知识交流话题，因此能够促进团队知识创新的顺利进行。按照上述分析，提出如下假设：

H7：基于知识特征耦合关系的团队内部知识整合（SSf）对基于知识创新引领与知识创新跟随关系的团队内部交互式知识整合（TKPC）具有正向的影响。

H8：基于知识特征耦合关系的团队内部知识整合（SSf）对基于知识创新跟随关系的团队内部交互式知识整合（TKCC）具有正向的影响。

H9：基于知识特征耦合关系的团队内部知识整合（SSf）对团队内部知识创新绩效（PER）具有正向影响。

5.1.4.4　基于知识引用耦合关系的知识整合与团队知识创新绩效

知识主体之间的知识引用耦合关系揭示了主体之间共同的关注领域、共同的创新思想来源以及共同的知识创新基础。两个团队成员知识引用耦合强度越高，意味着两人在学科内容与专业性质越接近，或具备更相近的知识特征，两人之间的知识整合关系也越紧密，越能够促进团队知识创新的顺利进行。根据上述分析，提出如下假设：

H10：基于知识引用耦合关系的团队内部知识整合（SSRf）对团队内部知识特征耦合（SSf）具有正向的影响。

H11：基于知识引用耦合关系的团队内部知识整合（SSRf）对团队内部知识创新绩效（PER）具有正向的影响。

5.1.4.5　基于知识被引用耦合关系的知识整合与团队知识创新绩效

通过知识主体的被引用耦合关系构建知识整合关系网络，将能够大大促进团队特定研究主题的深入和发展。知识主体数量和结构方式的变化可以作为判断知识研究领域动态变化的一个依据，通过定期考察和分析这些变化就可以跟踪和推测团队内部知识体系的分化、渗透、整合的发展方向和趋势，知识主体的被引用耦合关系体现了团队内部知识整合的逻辑增长点，可能是原有知识创新成果进一步向专深化方向发展的表征[155]。按照上述分析思路，提出如下假设：

H12：基于知识被引用耦合关系的团队内部知识整合（SSCoC）对团队内部知识创新绩效（PER）具有正向的影响。

5.1.4.6 研究假设模型

根据上述分析和所提出的研究假设，绘制研究假设模型，如图5-3所示。

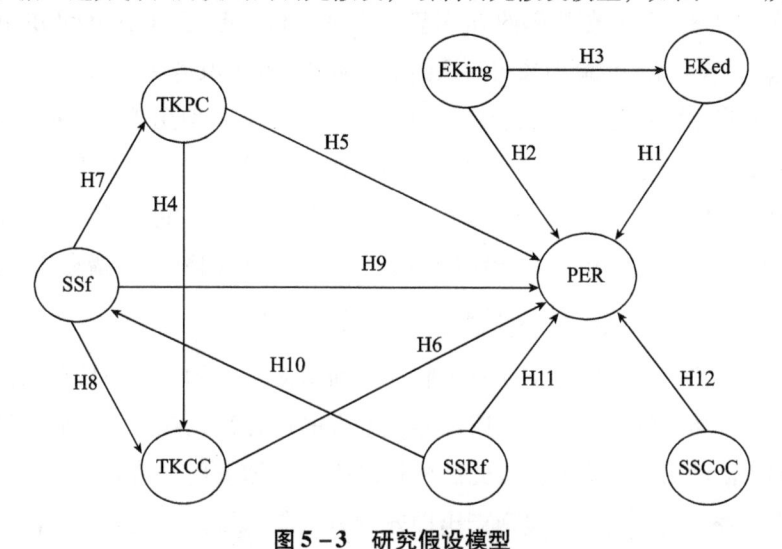

图5-3 研究假设模型
Fig. 5-3 Research hypothesis model

5.1.5 测量工具

5.1.5.1 知识整合观测变量与潜在变量

根据第4章中对网络的凝聚性和中心性结构特征与知识整合关系的论述，将凝聚性特征（密度、$E-I$指数和聚类系数）和中心性特征（效率和中心化程度）等指标作为知识整合的观测变量，将上述几种类型的知识整合作为潜在变量，所有观测变量都属于反映性指标。

在所选取的观测变量中，密度、效率、聚类系数、中心化程度的值域都为$[0,1]$，而$E-I$指数的值域为$[-1,1]$，为将所有指标的值域控制在$[0,1]$之间，需要将所有类型知识整合网络的$E-I$指标进行标准化处理，计算公式如下[138]：

$$V_{E\text{-}I} = \frac{\text{EI} - \min(\text{EI})}{\max(\text{EI}) - \min(\text{EI})}$$

其中，V_{E-I} 为标准化处理后的 $E-I$ 指数；EI 为根据网络的结构特征直接计算出来的 $E-I$ 指数；$\min(\text{EI})$ 为 $E-I$ 指数可能取值的最小值，即 -1，$\max(\text{EI})$ 为 $E-I$ 指数可能取值的最大值，即 1，这样经过标准化处理后的 $E-I$ 指数也将在 $[0,1]$ 之间进行取值。结构模型中观测变量和潜在变量的关系如图 5-4 所示，具体的观测变量可汇总为表 5-1 ~ 表 5-5。

从图 5-4 中可以看出，该结构模型（SEM）包括 8 个潜在变量，具体的潜在变量包括基于自被引率的知识整合（EKed）、基于自引率的知识整合（EKing）、基于知识创新引领与知识创新跟随关系的知识整合（TKPC）、基于知识创新跟随者共现关系的知识整合（TKCC）、基于知识引用耦合关系的知识整合（SSRf）、基于知识特征耦合关系的知识整合（SSf）和基于知识被引耦合关系的知识整合（SSCoC）以及团队内部知识创新绩效（PER），除团队内部知识创新绩效（PER）属于内生的潜在变量之外，其他都属于外生的潜在变量。

5.1.5.2　团队知识创新绩效观测变量的选择与度量

由于知识创新目标的实现及团队内部知识体系的优化是高校科研团队内部知识整合活动的最终体现，以及知识整合的过程知识是高校科研团队内部知识整合活动的具体体现，因此高校科研团队的知识创新绩效分为产出绩效和过程绩效。过程绩效是实现产出绩效的方法与手段，不仅对本阶段的知识创新具有重要影响，而且对团队后续阶段的知识创新实现仍具有一定的启发作用，产出绩效是过程绩效的最终体现，因此本书将团队知识创新绩效界定为产出绩效[180]。

团队知识创新绩效的观测变量的选择依据也是团队的产出绩效，将知识创新成果作为团队产出绩效的唯一标准，因为在一般情况下，专著、教材、项目、获奖等知识创新成果的产生或类似产出绩效的评价指标均以论文为基础，可以说论文是团队所有产出绩效的根基，因此为了不重复核定团队产出绩效，仅将论文作为团队知识创新产出绩效的核定基础。

本实证研究中，团队知识创新绩效的观测变量主要有两个：①团队内部知识创新绩效的标准化均值；②团队内部知识创新绩效标准差指标。据此，高校按照知识创新成果所刊载的学术期刊的重要性程度划分相应的等级，并将每一等级赋予相应的分值，等级划分和分值赋值情况见表 5-6，本书根据知识创新成果（论文）级别的界定标准来计算各个团队中各个知识创新成果的绩效分值。

第 5 章　高校科研团队内部知识整合与团队知识创新绩效关系的实证研究　　143

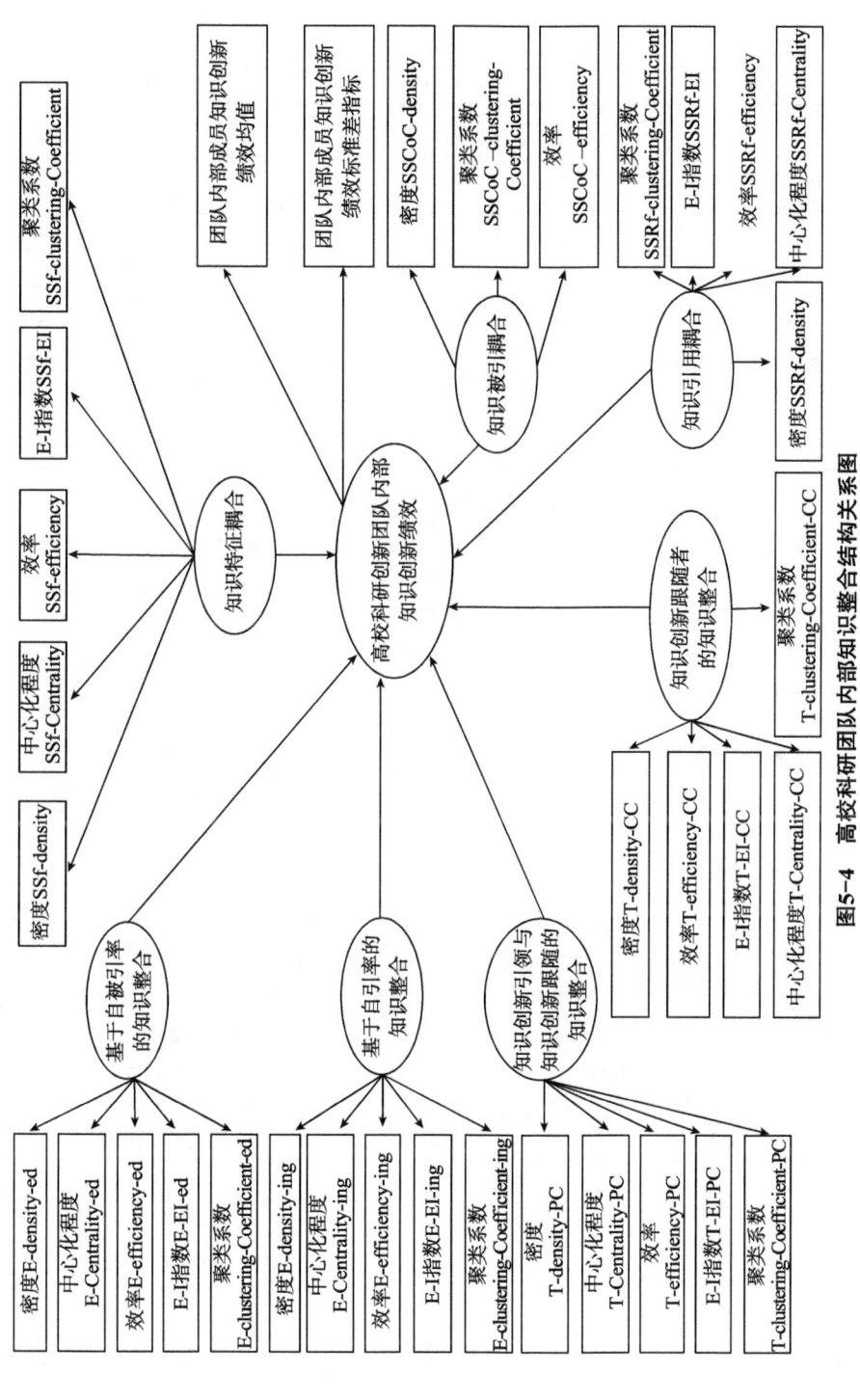

图5-4　高校科研团队内部知识整合结构关系图

Fig.5-4　Team's internal knowledge integration structure relationship

表5-1 基于知识互引行为的团队内部知识整合的观测变量
Tab. 5-1 The measurement variables of team's internal knowledge integration based on cross-citation

测量维度	观测指标	观测指标代码
基于自被引率的团队内部知识整合（EKed）	网络密度（Eked1）	E-density-ed
	网络中心化程度（Eked2）	E-Centrality-ed
	网络效率（Eked3）	E-efficiency-ed
	E-I指数（Eked4）	E-EI-ed
	聚类系数（Eked5）	E-clustering-Coefficient-ed
基于自引率的团队内部知识整合（EKing）	网络密度（Eking1）	E-density-ing
	网络中心化程度（Eking2）	E-Centrality-ing
	网络效率（Eking3）	E-efficiency-ing
	E-I指数（Eking4）	E-EI-ing
	聚类系数（Eking5）	E-clustering-Coefficient-ing

表5-2 基于知识交互行为的团队内部知识整合的观测变量
Tab. 5-2 The measurement variables of team's internal knowledge integration based on interaction

测量维度	观测指标	观测指标代码
基于知识创新引领与知识创新跟随者交互关系的团队内部知识整合（TKPC）	网络密度（TKPC1）	T-density-PC
	网络中心化程度（TKPC2）	T-Centrality-PC
	网络效率（TKPC3）	T-efficiency-PC
	E-I指数（TKPC4）	T-EI-PC
	聚类系数（TKPC5）	T-clustering-Coefficient-PC
基于知识创新跟随者交互关系的团队内部知识整合（TKCC）	网络密度（TKCC1）	T-density-CC
	网络中心化程度（TKCC2）	T-Centrality-CC
	网络效率（TKCC3）	T-efficiency-CC
	E-I指数（TKCC4）	T-EI-CC
	聚类系数（TKCC5）	T-clustering-Coefficient-CC

表5-3 基于知识特征耦合的团队内部知识整合的观测变量
Tab. 5-3 The measurement variables of team's internal knowledge integration based on knowledge features coupling

测量维度	观测指标	观测指标代码
基于知识特征耦合关系的团队内部知识整合（SSf）	网络密度（SSf1）	SSf-density
	网络中心化程度（SSf2）	SSf-Centrality
	网络效率（SSf3）	SSf-efficiency
	E-I指数（SSf4）	SSf-EI
	聚类系数（SSf5）	SSf-clustering-Coefficient

表 5-4 基于知识引用耦合关系的团队内部知识整合的观测变量
Tab. 5-4 The measurement variables of team's internal knowledge integration based on citations coupling

测量维度	观测指标	观测指标代码
基于知识引用耦合关系的团队内部知识整合（SSRf）	网络密度（SSRf1）	SSRf-density
	网络中心化程度（SSRf2）	SSRf-Centrality
	网络效率（SSRf3）	SSRf-efficiency
	E-I 指数（SSRf4）	SSRf-EI
	聚类系数（SSRf5）	SSRf-clustering-Coefficient

表 5-5 基于知识被引耦合关系的团队内部知识整合的观测变量
Tab. 5-5 The measurement variables of team's internal knowledge integration based on co-citation

测量维度	观测指标	观测指标代码
基于知识被引耦合关系的团队内部知识整合（SSCoC）	网络密度（SSCoC1）	SSCoC-density
	网络效率（SSCoC2）	SSCoC-efficiency
	聚类系数（SSCoC3）	SSCoC-clustering-Coefficient

表 5-6 团队知识创新成果的等级与相应分值
Tab. 5-5 The measurement variables of team's internal co-citation effect

理工类知识创新成果		人文社科类知识创新成果	
成果等级	等级分值	成果等级	等级分值
一区 SCI	100	A 类（SSCI 或 A&HCI）	100
二区 SCI	80	B 类（国内专业学会主办）	80
三区 SCI	60	C 类（国内专业学会主办，档次低于 B 类）	60
四区 SCI	50	D 类（普通核心）	30
B 类期刊	40	E 类（省级）	15
EI 期刊（C 类期刊）	30	—	—
D 类期刊	20	—	—
E 类期刊	10	—	—

团队内部知识创新绩效均值：按照成果所属等级和相应分值进行累加求和 S_i，并按照团队成员的数量取平均值 m_i，取团队绩效均值中的最大值 $\max(m_i)$，最终团队绩效的标准化均值为 $m_i/\max(m_i)$。

团队知识创新绩效标准差指标：首先按照团队内部各个成员的知识创新

绩效和团队知识创新绩效的均值 m_i，来计算各个团队知识创新绩效的标准差 st_i，取团队绩效标准差中的最大值 $\max(st_i)$，最终团队绩效的标准差指标为 $st_i/\max(st_i)$。

5.1.6 数据收集

某高校为了支持高层次创新人才发展计划，资助了校内 32 个科研团队，资助期为 3 年，本研究调查了这 32 个科研团队的成员在资助期内国内外优秀期刊上所发表的科研创新成果，将上述资料作为本部分研究的实证数据基础。

样本数据收集步骤如下：①各个团队基本资料的获得以该高校网站上所公布的受资助团队名单为基础；②对该高校人力资源管理处负责高层次人才管理事务的相关部门进行调研，获取各个团队负责人及具体团队成员的相关信息；③对该高校科学技术管理处（人文社会科学管理处）进行调研，获取各个团队负责人及团队成员的知识创新成果信息；④鉴于该校科研管理部门所收集的成果信息均为该高校所奖励的高水平成果范畴之内，其他较为优秀的但并不在该校所奖励范畴之内的成果信息无法反映出来，鉴于实际调研的成果信息的非全面性特征，采取从各个文献数据库中查询各个团队成员成果的方式，以补全成果信息；⑤根据第 3 章高校科研团队内部知识整合流程研究中对团队知识资源信息的收集原则，不仅收集知识创新成果的基本信息，而且还收集了与上述成果相关的其他科研创新成果，诸如团队所引用的知识创新成果和引用团队成果的其他知识创新成果，以及知识创新成果包含的知识特征等作为构建上述团队知识整合网络的基础数据，各个团队的信息收集方式如附录 B 中所展示的样例团队信息。

然后按照第 4 章团队内部知识整合网络的构建原则分别建立上述团队的知识整合网络，计算每个团队中每种类型知识整合网络的相应结构特征和知识创新绩效。

5.1.7 样本的描述性统计分析

被调查高校科研团队的特征涉及学科类型、团队规模、团队负责人学术级别（决定了团队建设经费支持级别）情况。理工类团队包括化学、控制、数学、物理、生命、建筑等，人文类包括哲学、教育、文学、语言等，被调查团队的总体情况见表5-7，被调查的各个团队的总体情况见附录C。

表5-7 被调查团队的总体情况
Tab.5-7 Basic information about the investigated teams

度量维度	内容	频数	百分比（%）	累积百分比（%）
团队学科类型	理工科类团队	18	56.3	56.3
	人文类团队	8	25.0	81.3
	经济管理类团队	5	15.6	96.9
	农学类	1	3.1	100.0
团队规模	5~10人	28	87.5	87.5
	11~20人	4	12.5	100.0
团队负责人学术级别	新世纪百千万人才工程国家级人选	2	6.3	6.3
	新世纪优秀人才支持计划	6	18.8	25.0
	龙江学者特聘教授	4	12.5	37.5
	普通教授	20	62.5	100.0

注：对于团队规模的统计主要以构成团队的所在高校教工为主，由于资源流动性，导师所带非教工身份的研究生或博士生在统计时间范围内列入团队规模的统计范畴，对于在统计时间范围内已经毕业的博士生或研究生不列入团队规模的统计范畴。

5.1.8 分析估计方法及软件选择

为检验团队内部知识整合对团队知识创新绩效影响的概念模型，本书采用结构方程模型（Structural Equation Modeling，SEM）的分析方法进行验证。

对结构方程模型进行参数估计和检验主要有两种方法：线性结构分析法（Linear Structural RELationship，LISREL）和偏最小二乘法（Partial Least Square，PLS）。LISREL的基本原理是以协方差分析为基础，寻求理论模型所导出的协方差矩阵与实际搜集数据的协方差矩阵之间的差异最小，要求样本数据服从多元正态分布，比较适合于大样本的统计分析[181]。PLS的基本原理是以方差为基础，寻求所有残差方差条件最小来构建模型，PLS方法在样本数据非正态分布、共线性等情况下仍然很稳定，而且所受限制很小，特别是在解释变量多，而样本数量较少的情况下更为适用，对观测数据的拟合具有更高的精度、稳健性和实用性[182]。

鉴于本书的实证研究部分样本规模相对较小，很难保证样本服从正态分布，所以采用偏最小二乘法（PLS，Partial Least Square）进行数据分析与估计[183]，所选用的数据分析软件为SmartPLS 2.0。

5.2 数据分析

根据 Anderson 和 Gerbing 的观点，利用结构方程模型方法对模型进行验证可分为如下独立过程：对测量模型进行验证和对结构模型进行验证的过程[184]。对测量模型进行验证的目的是保证后续模型内构念之间关系的有效性，而结构模型验证的目的是检验构念之间的关系是否符合概念模型的逻辑假设[185]。

5.2.1 测量模型验证

本部分首先对测量模型进行验证，主要检验模型的效度（收敛效度和判别效度）和信度。收敛效度（Convergent Validity）主要依据三方面来进行检验：构念的每个测量指标的载荷因子的显著性、平均变异萃取量（Average Variance Extracted，AVE）的平方根大于0.5、组合信度值[186,187]；判别效度（Discriminant Validity）可以通过利用 AVE 的平方根值大于构念之间相关系数值来判别其有效显著性[188]。信度检验的主要依据是所有构念的 Cronbach's Alpha 系数都大于0.7。

5.2.1.1 信度检验

第一次测量模型验证分析结果见表5-7，虽然绝大多数构念的 Cronbach's Alpha 系数都大于0.7，说明本研究所采用的测量模型具有很好的信度。但 EKed、EKing、TKCC、SSRf、SSCoC 等潜在变量的最后一个观测指标的载荷因子均为0，载荷因子过于低，主要是因为样本数据中这几种整合网络的聚类系数均为0（如图5-5所示），另外，TKCC2 的载荷因子也低于0.6，应将其从所反映构念的观测指标中删除，重新对模型进行修正并进行第二次验证分析，如图5-6所示。第二次验证分析结果的载荷因子和 Cronbach's Alpha 系数见表5-8。模型经过修正后，所有构念的 Cronbach's Alpha 系数都大于0.7，说明模型经过修正后达到了更优的信度。

第5章 高校科研团队内部知识整合与团队知识创新绩效关系的实证研究

表 5-7 第一次测量模型验证分析结果
Tab. 5-7 First measurement model verification analysis result

Construct	Item	Factor loadings	Cronbach's Alpha
EKed	EKed1	0.886140	0.753867
	EKed2	0.874745	
	EKed3	0.664150	
	EKed4	0.958375	
	EKed5	0	
EKing	EKing1	0.780522	0.796965
	EKing2	0.967085	
	EKing3	0.866216	
	EKing4	0.962855	
	EKing5	0	
TKPC	TKPC1	0.976902	0.948503
	TKPC2	0.901391	
	TKPC3	0.982453	
	TKPC4	0.784607	
	TKPC5	0.905294	
TKCC	TKCC1	0.975544	0.678373
	TKCC2	0.209015	
	TKCC3	0.975544	
	TKCC4	0.975544	
	TKCC5	0	
SSRf	SSRf1	0.983098	0.826219
	SSRf2	0.790418	
	SSRf3	0.976928	
	SSRf4	0.949665	
	SSRf5	0	
SSf	SSf1	0.675102	0.880448
	SSf2	0.826387	
	SSf3	0.882738	
	SSf4	0.911140	
	SSf5	0.660433	
SSCoC	SSCoC1	0.997475	0.596904
	SSCoC2	0.998204	
	SSCoC3	0	
PER	Per1	0.938301	0.799397
	Per2	0.882767	

149

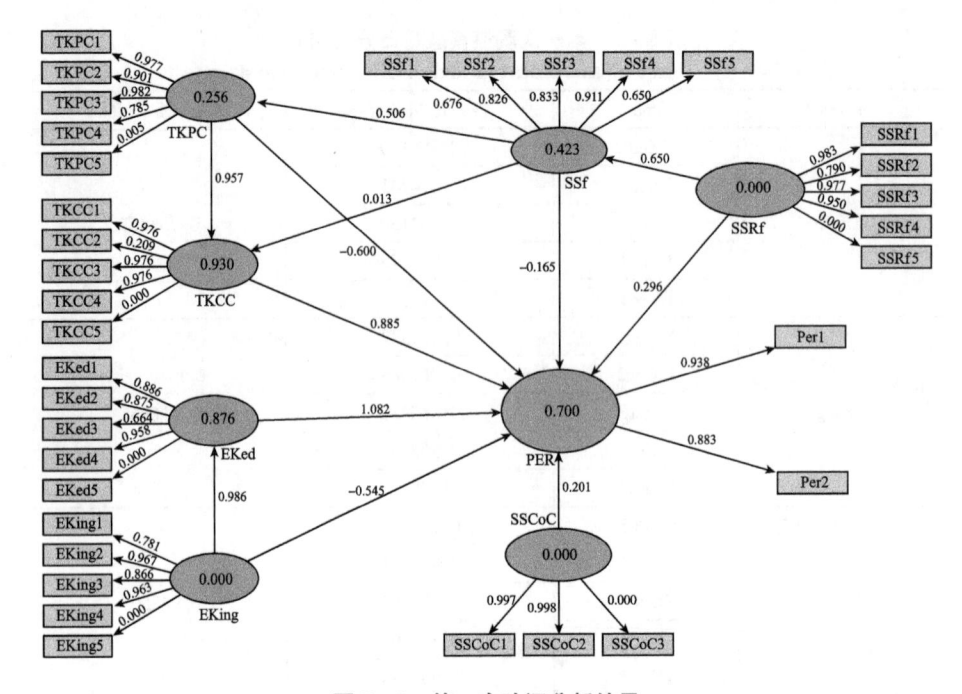

图 5-5 第一次验证分析结果
Fig. 5-5 First measurement model verification analysis result

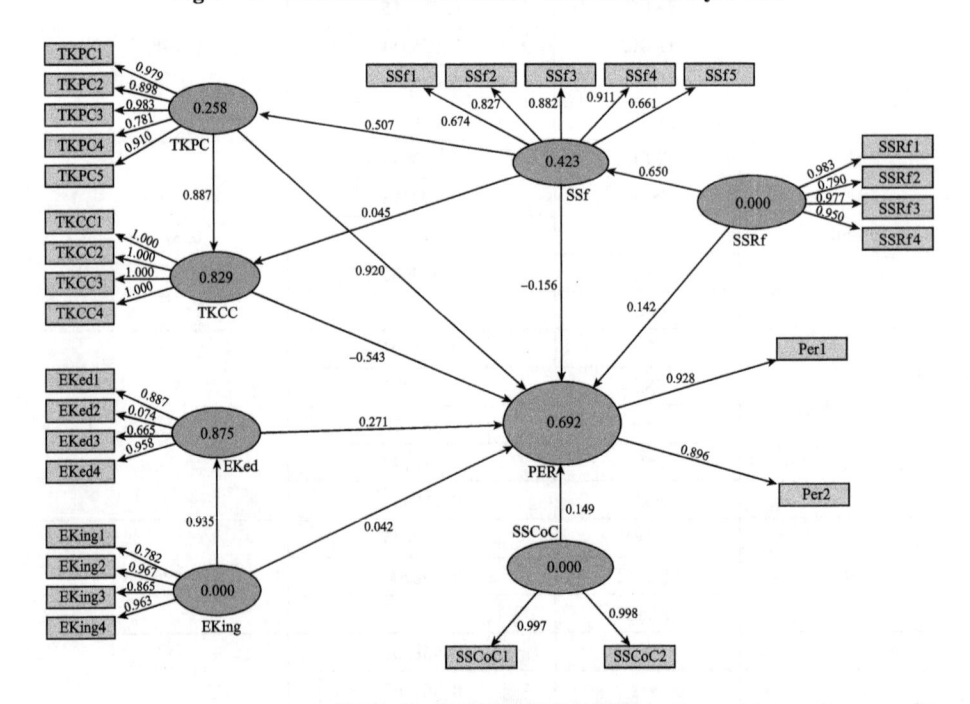

图 5-6 第二次验证分析结果
Fig. 5-6 Second measurement model verification analysis result

表 5-8 第二次测量模型验证分析结果
Tab. 5-8 Second measurement model verification analysis result

Construct	Item	Factor loadings	Cronbach's Alpha	AVE	Composite Reliability
EKed	EKed1	0.887100	0.873461	0.727684	0.913150
	EKed2	0.873633			
	EKed3	0.665469			
	EKed4	0.957971			
EKing	EKing1	0.781983	0.916531	0.805411	0.942647
	EKing2	0.966600			
	EKing3	0.865032			
	EKing4	0.963095			
TKPC	TKPC1	0.978988	0.948503	0.833350	0.961302
	TKPC2	0.897656			
	TKPC3	0.982789			
	TKPC4	0.780522			
	TKPC5	0.909647			
TKCC	TKCC1	1.000000	1.000000	1.000000	1.000000
	TKCC3	1.000000			
	TKCC4	1.000000			
SSRf	SSRf1	0.983144	0.945403	0.861834	0.961196
	SSRf2	0.789999			
	SSRf3	0.976989			
	SSRf4	0.949821			
SSf	SSf1	0.673792	0.880448	0.636550	0.895902
	SSf2	0.826849			
	SSf3	0.882443			
	SSf4	0.911032			
	SSf5	0.660600			
SSCoC	SSCoC1	0.997478	0.995696	0.995685	0.997838
	SSCoC2	0.998202			
PER	Per1	0.927884	0.799397	0.831903	0.908214
	Per2	0.896011			

5.2.1.2 效度检验

根据表 5-8 可知：①构念的每个观测指标的载荷因子都高于 0.6，达到可接受水平；②组合信度值（Composite Reliability）均大于 0.7；③平均变异萃取量的平方根均大于 0.5。因此修正模型的收敛效度得到验证。

如果每个构念的 AVE 的平方根值大于其与构念之间相关系数值，判别效度可得到验证。修正模型后的判别效度检验结果（第二次验证分析）见表 5-9。

表 5-9 判别效度检验（第二次验证分析）
Tab. 5-9 Discriminant validity verification

	EKed	EKing	PER	SSCoC	SSRf	SSf	TKCC	TKPC
EKed	**0.853044**							
EKing	0.935462	**0.897447**						
PER	0.788023	0.734263	**0.912087**					
SSCoC	0.147253	0.189924	0.177550	**0.997840**				
SSRf	0.617341	0.609716	0.581859	0.059487	**0.928350**			
SSf	0.277971	0.441944	0.274302	0.304646	0.650194	**0.797841**		
TKCC	0.386882	0.552602	0.372400	-0.178439	0.377384	0.494912	**1.000000**	
TKPC	0.674690	0.752215	0.633641	-0.083808	0.590791	0.507458	0.909647	**0.912880**

根据判别分析结果可知，除了 EKing 和 EKed 外，所有构念的 AVE 的平方根值均大于其与其他构念之间的相关系数值，说明 EKing 和 EKed 的相关度过大，二者可相互替代，应将其中一个构念在模型中移除，于是对模型继续进行修正。

将 EKing 和 EKed 之间的连接路径移除再次进行验证，验证结果（第三次验证分析）如图 5-7 所示。根据图 5-6 可知，EKed 与知识创新绩效

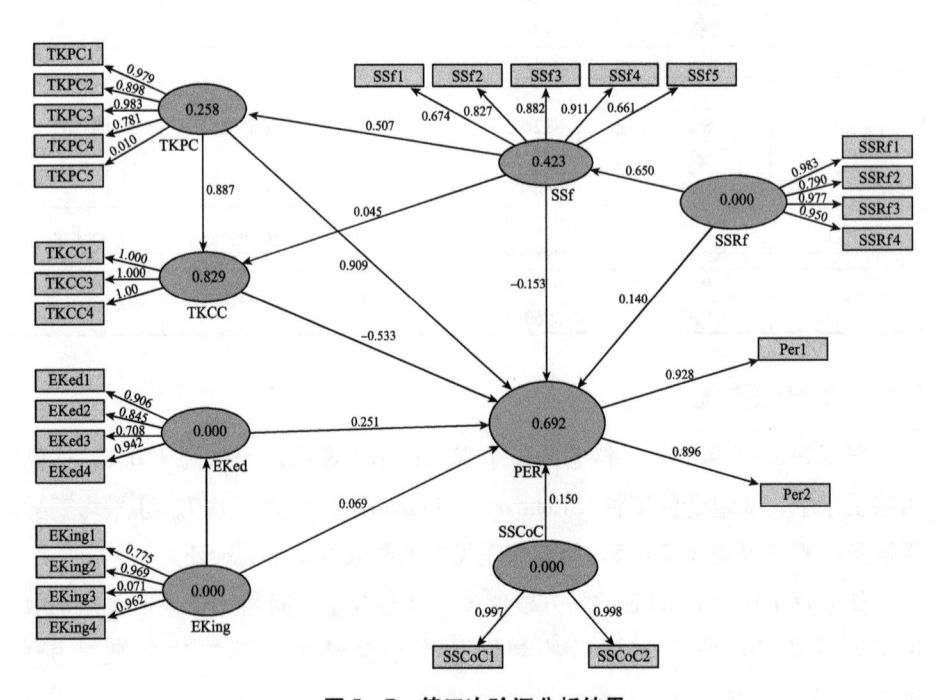

图 5-7 第三次验证分析结果
Fig. 5-7 Third measurement model verification analysis result

(PER) 的路径系数大于 EKing 与知识创新绩效（PER）的路径系数，于是将 EKing 从模型中移除，并进行第四次验证分析，第四次分析结果见表 5-10 并如图 5-8 所示。根据表 5-10，修正模型（第四次分析结果）的信度和收敛效度都得到了验证。

表 5-10 第四次测量模型验证分析结果
Tab. 5-10 Fourth measurement model verification analysis result

Construct	Item	Factor loadings	Cronbach's Alpha	AVE	Composite Reliability	R Square
EKed	EKed1	0.906059	0.873461	0.730807	0.914825	—
	EKed2	0.844541				
	EKed3	0.707708				
	EKed4	0.942437				
TKPC	TKPC1	0.978988	0.948503	0.833350	0.833350	0.257515
	TKPC2	0.897656				
	TKPC3	0.982788				
	TKPC4	0.780523				
	TKPC5	0.909647				
TKCC	TKCC1	1.000000	1.000000	1.000000	1.000000	0.828952
	TKCC3	1.000000				
	TKCC4	1.000000				
SSRf	SSRf1	0.983144	0.945403	0.861834	0.961196	—
	SSRf2	0.790000				
	SSRf3	0.976989				
	SSRf4	0.949820				
SSf	SSf1	0.673791	0.880448	0.636550	0.895902	0.422753
	SSf2	0.826849				
	SSf3	0.882443				
	SSf4	0.911032				
	SSf5	0.660600				
SSCoC	SSCoC1	0.997478	0.995696	0.995685	0.997838	—
	SSCoC2	0.998202				
PER	Per1	0.927907	0.799397	0.831900	0.908212	0.691999
	Per2	0.895984				

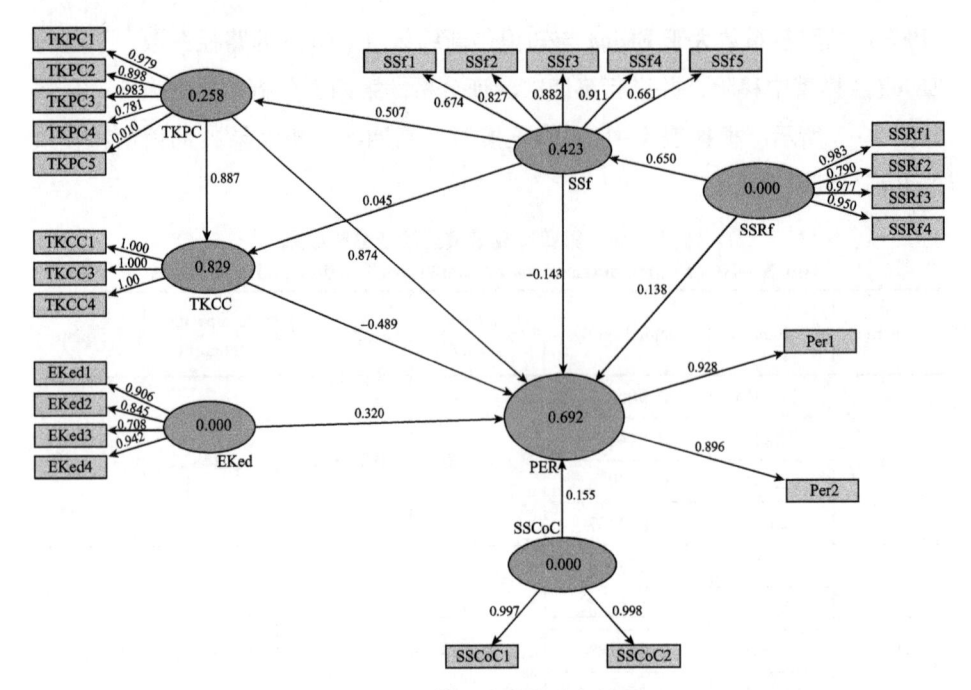

图 5-8 第四次验证分析结果

Fig. 5-8 Fourth measurement model verification analysis result

根据第四次分析结果进行判别效度检验,检验结果见表 5-11。根据表 5-11 的检验结果可知,每个构念的 AVE 的平方根值均大于该构念与其他构念之间的相关系数值,于是修正模型的判别效度得到验证。

表 5-11 判别效度检验(根据第四次分析结果)

Tab. 5-11 Discriminant validity verification (according to the fourth analysis result)

	EKed	PER	SSCoC	SSRf	SSf	TKCC	TKPC
EKed	0.854873						
PER	0.787924	0.912086					
SSCoC	0.135804	0.177544	0.997840				
SSRf	0.613120	0.581872	0.059487	0.928350			
SSf	0.246496	0.274331	0.304645	0.650195	0.797841		
TKCC	0.353933	0.372446	-0.178539	0.377384	0.494712	1.000000	
TKPC	0.653472	0.633677	-0.083808	0.590791	0.507459	0.909647	0.912880

综上所述,修正后的测量模型(第四次验证分析结果)是有效的。

5.2.2 结构模型验证

结构模型验证主要检验由 PLS 方法所估计的路径系数的正负方向、大小

第5章 高校科研团队内部知识整合与团队知识创新绩效关系的实证研究 155

及显著性水平来进行。本研究利用的是 SmartPLS 软件中的 Bootstrapping 算法来计算结构模型的路径系数，结果如图 5-9 所示。该图描述了各个结构变量之间的路径关系、结构变量之间的路径系数和 T 检验值，模型内部标注的所有路径关系均是显著的（所有的 T 值均大于 1.96，$P < 0.05$），即修正模型（第四次验证分析）成立，结构模型验证结构见表 5-12。

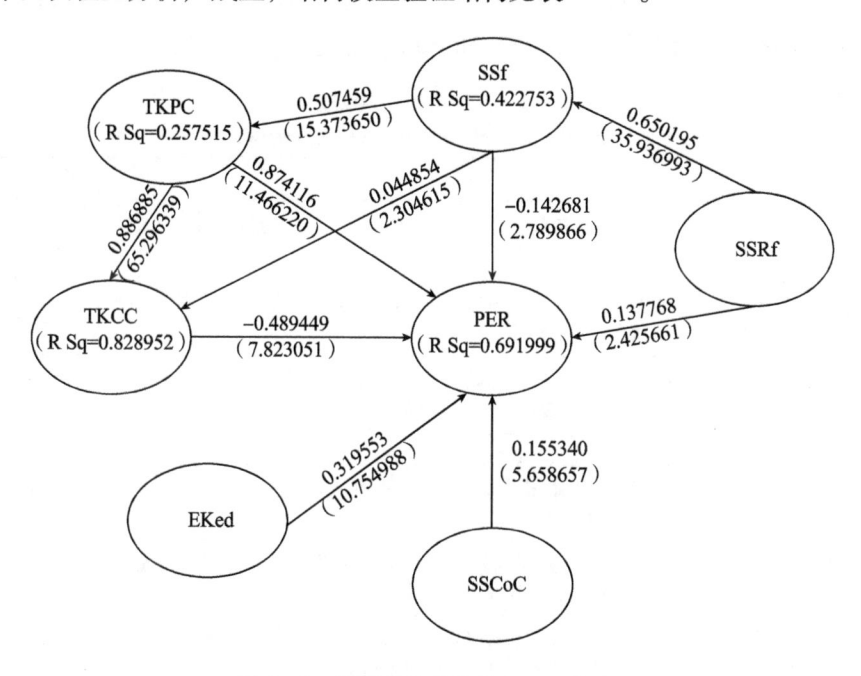

图 5-9 模型路径分析结果（T 检验）
Fig. 5-9 Model path analysis result（T test）

表 5-12 结构模型验证结果
Tab. 5-12 Structural model verification result

假设代码	路径	路径系数	T 值
H1	EKed -> PER	0.319553	11.617599
H4	TKPC -> TKCC	0.886885	65.045467
H5	TKPC -> PER	0.874116	12.219340
H6	TKCC -> PER	-0.489449	8.208638
H7	SSf -> TKPC	0.507459	13.835146
H8	SSf -> TKCC	0.044854	2.282435
H9	SSf -> PER	-0.142681	2.832098
H10	SSRf -> SSf	0.650195	35.115028
H11	SSRf -> PER	0.137768	2.634215
H12	SSCoC -> PER	0.155340	5.679223

根据表 5-12 的路径系数及其 T 值，得到本研究所提出的假设检验的研究结果，见表 5-13。由于在模型验证分析的过程中，基于自被引率的团队内部知识整合（EKed）与基于自引率的团队内部知识整合（EKing）具有很强的相关性，而且模型经过修正来比较分析 EKing 和 EKed 对团队知识创新绩效的影响时，发现 EKed 对团队知识创新绩效的影响更大，因此 EKing 可完全用 EKed 来替换，于是就可以认为 H2 和 H3 均成立。

表 5-13　假设检验结果
Tab. 5-13　Hypothesis testing result

假设代码	假设	检验结果
H1	基于自被引率的团队内部知识整合（EKed）对团队知识创新绩效（PER）具有正向影响	支持
H2	基于自引率的团队内部互引式知识整合（EKing）对团队内部的知识创新绩效（PER）具有正向的影响	支持
H3	基于自引率的团队内部互引式知识整合（EKing）对基于自被引率的团队内部互引式知识整合（EKed）具有正向影响	支持
H4	基于知识创新引领与知识创新跟随关系的团队内部交互式知识整合（TKPC）对基于知识创新跟随者共现关系的团队内部交互式知识整合（TKCC）具有正向的影响	支持
H5	基于知识创新引领人与知识创新跟随者交互关系的团队内部知识整合（TKPC）对团队知识创新绩效（PER）具有正向影响	支持
H6	基于知识创新跟随者共现关系的团队内部交互式知识整合（TKCC）对团队内部知识创新绩效（PER）具有正向的影响	不支持
H7	基于知识特征耦合关系的团队内部知识整合（SSf）对基于引领人与跟随者交互关系的团队内部知识整合（TKPC）具有正向的影响	支持
H8	基于知识特征耦合关系的团队内部知识整合（SSf）对基于知识创新跟随关系的团队内部交互式知识整合（TKCC）具有正向的影响	支持
H9	基于知识特征耦合关系的团队内部知识整合（SSf）对团队内部知识创新绩效（PER）具有正向影响	不支持
H10	基于知识引用耦合关系的团队内部知识整合（SSRf）对团队内部知识特征耦合（SSf）具有正向的影响	支持
H11	基于知识引用耦合关系的团队内部知识整合（SSRf）对团队内部知识创新绩效（PER）具有正向的影响	支持
H12	基于知识被引用耦合关系的团队内部知识整合（SSCoC）对团队内部知识创新绩效（PER）具有正向的影响	支持

内部模型的解释功能用 R Sq（R^2）来评价，结果显示模型内的四个因变量中，PER、SSf、TKCC 和 TKPC 的 R^2 均大于 0.2，其中团队内部知识创新绩

效（PER）对于其外生潜在变量的 R^2 达到 0.691999，基于知识创新跟随者共现关系的知识整合（TKCC）对于其外生潜在变量的 R^2 达到 0.828952，说明 PER 等对其潜在变量的概括程度非常高，可以在很大程度上反映原始变量信息。

5.3 实证分析与讨论

5.3.1 基于知识互引行为的知识整合与团队知识创新绩效

假设 H1 成立，说明基于自被引率的团队内部知识整合（EKed）对团队知识创新绩效（PER）具有正向影响。由于在模型验证分析的过程中，基于自被引率的团队内部知识整合（EKed）与基于自引率的团队内部知识整合（EKing）具有很强的相关性，而且模型经过修正来比较分析 EKing 和 EKed 对团队知识创新绩效的影响时，发现 EKed 对团队知识创新绩效的影响更大，因此 EKing 可完全用 EKed 来替换，于是就可以认为 H2 和 H3 均成立，即 EKing 对 EKed 具有正向影响，以及 EKing 对团队知识创新绩效（PER）具有正向影响。

自被引率是团队内部知识被团队自身利用的程度与团队知识被利用总量的比重。自被引率越高，说明与团队外部成员相比，团队知识被内部成员利用的程度较高，与团队外部知识创新成果相比，团队成员对团队内部的知识创新方向的认同度较高，能够激发自身积极投入到团队内部的知识创新活动中，产生较高的团队知识创新绩效。而自引率越高，说明团队成员可能过分依赖团队内部已有的知识创新成果，对团队外部知识的利用程度较低，系统开放性低，没有积极地从团队外部获取有用的知识，从而产生较低的团队知识创新绩效。

自引率体现的是团队成员自身的引用行为，是团队成员对团队内外知识关注程度对比的表征，而自被引率还体现了团队外部成员的引用行为，是团队内外成员对团队内部知识关注程度对比的表征，具有"旁观者清"效应。从系统开放程度的角度看，自被引率体现了知识系统更大范畴的开放度。因此，与基于自被引率的团队内部知识整合相比，基于自被引率的团队内部知识整合对团队知识创新绩效的正向影响相对较大。

5.3.2 基于知识交互行为的知识整合与团队知识创新绩效

5.3.2.1 基于引领人与跟随者交互关系的知识整合（TKPC）与团队知识创新绩效（PER）

假设 H5 成立，表明基于知识创新引领人和知识创新跟随者交互关系的团队内部知识整合（TKPC）对团队内部知识创新绩效（PER）具有正向影响。在这种知识整合关系中，引领人与跟随者彼此都明晰自身的角色和任务，因为角色与任务往往是在知识整合流程中的知识资源配置阶段就基本确立下来了。为了完成所设定的知识创新目标，知识创新引领人清晰地知道自己需要什么样的知识资源，特别是主体知识资源应该具备的知识能力，而知识创新跟随者也能够明晰自身在知识整合活动中所扮演的角色和需要完成的任务。

在这两种参与人所从事的知识整合活动中，虽然知识整合的目标、知识整合参与人的角色、知识整合的任务等都是明确的，但知识整合活动并不具备可自动实施的条件。如果团队内部知识整合活动能够顺利进行，就必须要有合理而有效的激励机制做保障，知识整合的激励机制设定不仅要满足个体层面的参与约束和激励相容约束，而且还要在团队层面上制定适合参与人角色差异的利益分配机制。

有了合理而有效的激励机制做保障，不仅知识创新引领人能够充分发挥知识创新发起人的作用，并为知识创新目标的实现，积极规划和组织知识整合活动，而且知识创新跟随者的参与意愿也能得到充分调动，并为之付出相应的努力。因为明确的知识整合目标、参与人角色和知识整合的任务能让团队成员感受到参与团队内部知识整合活动所获取知识经验以及知识创新成果能够取得的未来价值，而合理有效的激励机制，能让参与人感受到取得的知识创新成果能带给自身的预期收益，预期收益决定了参与人对知识创新目标的重视程度以及在知识整合活动中的个体努力程度。

根据参与人角色差异制定团队内部知识整合活动的激励机制，不仅能够充分发挥知识创新引领人的作用，而且能够提升知识创新跟随者参与他人所规划的知识创新活动，通过对知识创新目标所需知识的系统学习和深层次的知识交流，达到团队内部多个主体知识进行系统整合的状态。

5.3.2.2 基于跟随者共现关系的知识整合（TKCC）与团队知识创新绩效（PER）

假设 H6 不成立，说明基于知识创新跟随者共现关系的团队内部知识整合（TKCC）对团队知识创新绩效具有负向影响（PER）。导致这种现象产生的原因是如下。

从实证数据的角度看，可能与所选取的样本数据有关，由于所选取样本中跟随者之间的共现关系很弱，样本的特殊性决定了团队内部知识整合力度不强，知识整合的深度无法体现出来，对知识创新没有产生积极正向的影响。

从理论分析的角度讲，团队成员共同作为他人的知识创新跟随者，是团队内部知识整合中知识资源配置的结果，跟随者之间的知识交流机会是由引领人所提供的，引领人在他们的知识整合关系网络中扮演着中介的角色，由于引领人的中介效应和结构洞角色，知识创新跟随者之间的知识交互效率相对于引领人和跟随者之间的知识交互效率会降低。因此，在团队内部创建开放畅通的多向的知识交流网络可为团队内部的知识整合活动储备有效的知识资源，在知识整合活动实施的过程中，增加参与人之间的知识交流机会和深化知识交流的层次，将为知识整合活动的顺利进行提供知识资源保障，为团队知识创新绩效的提升奠定基础。

5.3.3 基于知识特征耦合关系的知识整合与团队知识创新绩效

假设 H9 不成立，说明基于知识特征耦合关系的团队内部知识整合（SSf）对团队知识创新绩效（PER）不具有正向影响。

从知识观的角度看，团队成员之间既存在相同的知识，又存在异质的知识。对于存在知识特征耦合关系的团队成员而言，不需要进行过多的知识交流和知识共享即可实现团队成员的协调行动。实证分析结果表明，团队成员之间知识特征耦合关系与团队知识创新绩效呈现负向的相关关系，可见团队成员之间共同的知识特征并不是越多越好，过高的知识特征耦合虽然有利于成员之间的协调行动，但没有不同思想观点的冲击，这并不利于团队的知识创新，尤其不利于革命性知识创新的产生[189]，而且团队成员对片面的知识结构过于关注，也会浪费团队成员的认知资源[190]。从实证数据的角度看，样本数据中知识特征的同质性过强也会造成知识整合耦合对团队知识创新绩效具有负向影响。

5.3.4　基于引用耦合关系的知识整合与团队知识创新绩效

假设 H11 成立，说明基于知识引用耦合关系的团队内部知识整合（SSRf）对团队知识创新绩效具有正向影响。

知识主体之间的知识引用耦合关系揭示了主体之间共同的关注领域、共同的创新思想来源以及共同的知识创新基础。根据主体之间的知识引用耦合关系，将在客观上把没有其他外部联系的主体组合成一个有序的群体网络，形成以他人知识创新成果为交流媒介的知识网络，为主体之间的知识交流提供共同的研究话题。

由于知识主体的个体差异，即使具有共同的研究话题，也会形成差异化的思考方法和研究结论，这些都将为团队内部的知识创新提供差异化的知识能量，为分析同一研究问题的不同维度提供了研究的基本导向，不同的研究导向会分化为多个具有一定独立性而在内容上又存在交叉渗透关系的研究方向，个体成员将会根据自身的研究兴趣，在团队知识整合激励机制的引导下，努力为各个研究方向贡献新的知识创新成果，从而提升团队知识创新绩效。

5.3.5　基于被引耦合关系的知识整合与团队知识创新绩效

假设 H12 成立，说明通过知识被引耦合关系团队内部成员可以了解团队内外同一领域知识主体的知识创新情况，存在知识被引耦合关系的主体和引用主体都是所属研究领域的同行，主体之间的被引耦合程度越高，说明主体之间的研究内容关系越密切。对于团队内部成员来说，通过了解彼此的知识创新成果被其他主体的利用情况，彼此的知识创新成果为他人的知识创新做出了什么样的贡献，可以为捕捉团队内部新的知识整合内容，为寻找团队知识创新的逻辑增长点提供便利的手段。可见，被引耦合关系是原有知识创新成果进一步向专深化方向发展的表征，通过被引耦合关系数据的挖掘能够预测团队未来一段时间内的知识创新目标与知识整合方向。团队内部被引主体可以联络引用主体针对所研究专题组成知识创新协作网络，扩充团队对外学术交流，开展联合攻关，促进研究专题的深入和拓展，为团队内部的知识创新绩效提升提供新的知识能量，实证研究的分析结果也验证了上述结论。

5.3.6 外生潜在变量之间的因果关系

除了上述外生潜在变量与内生潜在变量之间的关系之外，最终模型所反映出来的存在因果关系的外生潜在变量包括 SSRf、SSf、TKPC、TKCC，这 4 个潜在变量之间的因果关系包括 SSRf 对 SSf 的正向影响（假设 H10）、SSf 对 TKPC 的正向影响（假设 H7）、SSf 对 TKCC 的正向影响（假设 H8）以及 TKPC 对 TKCC 的正向影响（假设 H4）。这四种正向的因果关系验证了 Nonaka 和 Takeuchi 曾经的研究结论，即共同知识是允许个体之间共享与整合彼此不同知识的基础[191]。SSRf 代表知识主体之间具有共同的知识创新来源，因而会产生 SSf，因此假设 H10 成立；而 SSf 会降低知识主体之间知识的认知难度，SSf 对 TKPC 和 TKCC 具有正向影响，因此 H7 和 H8 成立。假设 H4 成立，说明知识创新引领人不仅起到知识创新发起人的作用，而且还能够为知识创新跟随者提供知识交流的平台，因此基于引领人—跟随者交互关系的 TKPC 能够促进 TKCC 的产生。

基于上述分析结果，可以看出团队内部畅通的知识整合关系网络的确对团队的知识创新绩效具有正向的影响，因此如何构建有效的团队内部知识整合关系是提升团队知识创新绩效的关键。团队内部知识整合活动的最基本元素是积极的、具有奉献精神的、主观上愿意从事知识创新活动的个体成员，而核心元素是个体成员之间能够通力合作，钻研知识创新点，为共同的知识创新目标积极主动地贡献自身的知识能量。为保证上述因素在团队内部知识整合活动中发挥出积极正面的作用，需要从个体和整体两个层面为高校科研团队内部的知识整合活动设定相应的激励机制和利益保障机制，即不仅从个体层面激励团队成员积极从事团队的知识创新活动、主动寻求知识创新点，而且从整体层面上能够保障团队知识创新顺利进行的利益分配机制，为高校科研团队内部知识整合活动的顺利进行和知识创新绩效的提升提供制度上的保障机制。

5.4 本章小结

本章依据国内外研究成果，结合研究的需要，依据理论分析构建了研究的概念模型并提出相应的假设。采用第 3 章高校科研团队内部知识整合流程研究中对团队特征信息的收集原则，收集了 32 个高校科研团队重要的知识创新成果及与之相关的知识创新成果（诸如团队成员所引用的知识创新成果和来源知识创新成果），并将之作为构建高校科研团队内部知识整合关系网络的基础数据。然后按照第 4 章中团队内部知识整合关系网络的构建原则分别建立上述团队的五种知识整合关系网络，并计算每个团队中每种类型知识整合关系网络的相应结构特征，并将之作为每种知识整合（构念）的观测指标，建立实证研究模型，在对实证数据予以分析以及对模型假设进行验证的基础上，得出如下结论：①在基于互引关系的团队内部知识整合中，基于自被引率的团队内部知识整合对团队知识创新绩效具有正向影响，支持研究假设，而基于自引率的团队内部知识整合对团队知识创新绩效具有负向影响，不支持研究假设；②在基于交互行为的团队内部知识整合中，基于知识创新引领人和知识创新跟随者交互关系的团队内部知识整合对团队知识创新绩效具有正向的影响，支持研究假设，而基于知识创新跟随者共现关系的团队内部知识整合对团队知识创新绩效具有负向影响，不支持研究假设；③基于知识引用耦合关系的知识整合对团队的知识创新绩效具有正向的影响，支持研究假设；④基于知识特征耦合关系的知识整合对团队的知识创新绩效具有负向的影响，不支持研究假设；⑤基于知识被引耦合关系的团队内部知识整合对团队知识创新绩效具有正向的影响，支持研究假设。

在上述研究的基础上，得出建立畅通的团队内部知识整合关系网络是提升团队知识创新绩效的关键，关系网络的形成是以个体成员的参与为基础的。而关系网络的可持续性却是以参与团队内部知识整合活动的激励机制和优化团队内部知识整合活动的利益分配原则为制度保障机制的，这部分内容将在第 6 章完成。

第6章 面向知识创新的高校科研团队内部知识整合的激励机制

根据第 4 章团队内部知识整合网络的构建过程和分析结果以及第 5 章实证研究的结论，畅通的知识整合网络是提升知识创新绩效的关键，而知识整合网络的形成以个体成员的参与为微观基础，因此个体层面的激励机制是团队内部知识整合微观层面的保障机制，而知识整合网络的可持续性是以团队层面的激励机制为制度保障的，因此本章主要从个体和团队两个层面来研究面向知识创新的高校科研团队内部知识整合的激励机制。首先采用委托代理关系的分析视角对个体层面的激励机制予以研究，然后采用社会网络分析方法对团队层面的激励机制予以研究。

6.1 个体层面的激励机制

在面向知识创新的高校科研团队内部知识整合活动中，将团队成员个体的知识创新产出分为名义产出（Nominal Output）和实际产出（True Output）[192]。通过参与团队内部的知识整合活动，团队成员将自身知识与团队其他成员知识进行有机融合，实现最终的知识创新目标，进而取得了相应的知识创新产出。因此团队成员的名义产出不仅包括自身对团队的知识创新所发挥的作用，而且还包括团队中的其他成员对其知识创新所发挥的知识供应作用。而实际产出是指个体成员通过参与知识整合活动对团队知识创新所做出的贡献，既包括自己的知识创新产出又包括自己对他人的知识创新所做出的贡献。

目前高校对科研创新人员知识创新能力的评价体系主要侧重的是其名义产出，典型表现为更愿意认定成员本人为第一署名的知识创新成果。以个体的名义产出作为评价其对团队内部知识整合的贡献而忽视了其他知识创新跟随者的作用，夸大了知识创新引领人的作用，因为这种评价取向容易使非知识创新引领人的知识资源以非常廉价的成本被他人占有。从委托代理的角度看，这样的评价体系无法激发团队成员参与团队知识创新的意愿，因此更无法满足团队成员参与团队内部知识整合活动的参与约束[193]。而面向知识创新的团队内部知识整合是以满足参与主体的参与约束为前提的，如果不满足这一条件，成员不会参与到知识整合活动中，自然无法为团队的知识创新贡献自己的知识。

在面向知识创新的高校科研团队内部知识整合活动中，知识创新是知识整合的最终目标，因此成员个体只有对团队知识创新活动感兴趣，才愿意参与团队内部的知识整合活动，即愿意为团队内部知识整合去学习新的知识、并贡献自身的知识能量。因此从个体层面上研究团队内部知识整合的激励机制，即是研究成员个体参与团队知识创新、愿意为团队知识整合进行个体融知的激励机制。

6.1.1 案例与问题

在对高校科研团队成员参与团队知识创新的激励机制进行实证调查的过程中，北方某高校对其校级科研创新团队建设的经费支持方案引起了笔者的注意。该高校对科研创新团队的经费支持方案比较简单：理工类创新团队获得经费支持为20万元~50万元（三年），人文社科类科研团队获得经费支持为10万元~20万元（三年）。

科研团队内部工作安排和经费支配方案如下：团队负责人必须完成资助期间内整个团队工作量的60%，经费支配比例为60%，所有成员完成40%的工作量，经费支配的总比例为40%，经费支配的比例与资助期限内的科研成果产出呈正比，如果在资助期限内没有科研成果产出，则经费的支配比例为0。团队成员的知识创新成果必须达到国内与国际的先进水平（以科研成果刊载的期刊为主要考核标准），才可以获得相应的经费支持（如负责发表论文的版面费等），这对于绝大多数成员来说都是一个不小的挑战。在平时的科学研究中，除可以无偿使用团队实验室的相关设备外，所获得的其他经费支持力度很小，甚至为0。

在走访的多个科研团队中，参与团队知识创新的所有成员竟然干劲十足，并为自己有机会参与团队的知识创新而感到骄傲，而没有机会成为高校科研团队一员的人还表示非常遗憾，希望自己也能有这样的机会。通过上述描述我们发现，科研创新团队为其成员所开的是一张在未来才可以兑现的支票，究竟何时兑现取决于成员自身的知识创新效率。

高校科研团队的各个组织成员将自身所能利用的各类资源投入其传统的教学工作中，为其所隶属的稳定型学科组织（表现形式为院系）做出应有的贡献，能够充分享有从事传统的教学工作所带来的物质报酬，避免了创新活动的高风险性。但即使创新活动存在着高风险，有些员工甚至希望放弃某些传统教学工作而投入科研团队的知识创新活动中。

那么在这种充满不确定性的薪酬方案中到底是什么力量激励着团队成员参与团队知识创新的积极性呢？

经过深入访谈研究，成员之所以加入高校科研团队这个开拓性的学术组织，是希望利用该高水平的学术机缘（深入访谈的团队负责人都曾获得"新世纪百万人才资助项目"），提升自身对科学研究活动规律的把握，拓宽个人发展机遇，而且所取得高水平的知识创新成果又可以得到学校一定的物质奖励（其实即使非高校科研团队成员如果取得高水平的知识创新成果也可以得到该物质奖励）。由此可见，成员们的回答以及该校对高水平知识创新成果的奖励表明了高校科研团队成员知识创新的动机，因此本书从科研团队成员个体的行为动机角度来考虑高校科研团队成员知识创新的激励机制问题。

个体的行为动机分为内外两种，而且外在动机和内在动机将共同对个体的行为产生影响，这已经为学术界所认可[194]。经济学家侧重的是外在动机的研究，认为为了获得物质奖励而采取行动的外在激励能够提升个体的努力水平和业绩[195-197]；而心理学家却强调出于自身内心真实需求而采取行动的内在动机对提升绩效和个体努力水平具有更大的作用[198]。

目前，这两种动机都得到了学术界的关注。April London（2009）研究了内外动机对工作选择的影响，发现正向的内在奖励对工作选择的正向影响更大，相对于短时间内的外在激励，长期的外在激励对工作选择同样具有正向的影响[199]。

国内某些学者有效地分析了内外动机对个体行为的作用机制，认为个体的所有动机都源于其自身的需要，个体内外动机的最终根源都是源于物质财富积累的欲望，即使人的精神需求也是在一定的物质财富积累基础之上[195]的，虽然这样的研究结果显得过于功利化，但对于激励机制的设计却有很好的启示作用。

个体成员参与团队知识创新的最终根源并不仅仅源于物质财富的积累，而且还包括可以和相应的物质财富积累达到同样效用的其他收益，这些收益可用其效用的确定性等值（CE）来表示[200-201]。沿着这一分析思路，结合上述案例，本书对高校科研团队成员参与团队知识创新活动进行了研究，阐释了高校或者科研资助机构应如何设计出有效的知识创新激励机制，既可提升科研创新团队成员参与知识创新的积极性，又可以为高校科研团队建设或科研资助机构的经费优化配置提供适当的参考依据。

6.1.2　模型构建

科研创新团队成员个体的知识创新产出量用 q 表示，q 能够为个体带来的所有外部收益的确定性等值（CE）的现值用 $m(q)$ 表示，成员个体的知识创新产出为其自身带来的效用用 $U_1(q) = g(m(q))$ 表示，$U_1(q)$ 可被认为是个体进行知识创新的内在动机，由于该效用是知识创新成果外部收益现值的函数，于是将 $m(q)$ 称为个体创造知识的内在动机。

知识创新产出 q 主要取决于两种因素，即个体的才能与努力程度，才能用 d 表示（即个体的知识创新效率），个体的努力程度用 a 表示，并且假定才能与努力程度不相关，即 $\mathrm{Cov}(d, a) = 0$，同时假定 $\partial q / \partial d > 0$，表示个体才能越高，其个人的知识创新产出量越大，知识创新的业绩越佳，即它们之间是正相关关系[202]。

同样假定 $\partial q / \partial a > 0$，$\partial^2 q / \partial a^2 > 0$，表示个体的努力程度越高，个体的知识创新产出量越大，为整个科研创新团队知识创新绩效的贡献越大。

需要注意的是，$q = q[f(d, a)] = q(d, a)$，$f(d, a)$ 表示在其他情况确定的条件下，个体的知识创新产出由其才能和努力程度共同决定，但是对于我们讨论的特定的成员个体来说，其才能是一定的，可以把它看作为个体的特征常量，因此个体成员的知识创新产出量大小主要取决于其自身的努力程度，即 $q = q[f(d, a)] = q(\bar{d}, a) = q(a)$。

假设 i 代表高校科研团队中的任意一个成员，其知识创新产出量 $q_i =$

$q_i[f(d_i,a_i)] = q_i(\overline{d}_i, a_i) = q_i(a_i)$。团队成员 i 参与知识创新活动所付出努力的成本为 $c_i(a_i)$，可将其理解为成员个体的负效用函数，同时 $c_i(a_i)$ 是边际递增的，即 $c_i'(a_i) > 0$，$c_i''(a_i) > 0$，并且 $c_i(0) = 0$（如果成员不付出努力，其负效用为0），$c_i'(0) = 0$。

该所高校的科研团队成员个体从其知识创新产出中得到的收益可以分成两部分：

（1）一部分是由当前科研团队组织支付的，即团队成员进行科学研究、学术研究成果出版、学术交流以及访问进修等科研相关活动的经费资助（根据实践调研的结果，这些资助都是和团队成员的科研产出成果直接挂钩的，即没有科研成果，上述所有机会都没有），如果没有科研团队组织的资助，上述学术机缘的所有经费将由个人承担，由科研团队组织提供的所有物质激励和非物质激励都可以用科研团队成员得到的经费支持来等价地表示（非物质激励可用其效用的确定性等值来表示）。

本部分采用线性经费支持的形式，即 $n_i(q_i) = \alpha_1 q_i$。假设 F_i 为个体 i 的初始财富水平（即从事传统的教学科研工作所获得的收益），如果用 $U_2(\cdot)$ 表示个体从当前的物质收益中得到的效用，那么个体从本部分的经费支持 $n_i(q_i)$ 中得到的效用为 $U_2(F_i + n_i(q_i)) - U_2(F_i)$。

（2）另一部分来自于科研团队之外的收益，短期内科研团队之外的收益为高校对于高水平科研创新成果的奖励（主要由高校的科研奖励制度决定）以及长期的职称晋升、社会地位的提高、为取得更大的学术成就奠定基础及个体在所属专业领域人力资本市场中的评价获得提升等。这些收益的产生要落后于知识创新成果完成后至少一年之久（根据所调研高校的实际状况得出的结论），甚至要滞后更长的时间。但所有这些收益变成了高校科研团队成员与其所处工作环境之间的社会心理契约，个体通过其知识创新产出在未来所获得收益的期望中得到满足，为了获得满足而做出努力的动机，即内在动机，用 $U_1(q_i)$ 表示，是团队成员对其知识创新成果可获得收益的内在预期。

如果 U 表示高校科研团队成员的总效用，则高校科研团队成员个体从当期的努力中得到的总效用为

$$U(q_i) = U_1(q_i) + U_2(F_i + n_i(q_i)) - U_2(F_i) - c_i(a_i) \quad (6-1)$$

考虑到科研创新成果、学术会议交流等的经费支持，$n_i(q_i)$ 一定是与团

队成员个体知识创新成果相关的经费支持形式，即 $\alpha_1 > 0$。

如果不考虑团队成员个体进行知识创新的内在动机，团队成员个体效用的最大化问题为

$$\mathop{\text{Max}}_{a_i} U_2(F_i + n_i(q_i)) - U_2(F_i) - c_i(a_i) \qquad (6-2)$$

一阶条件为

$$U_2'(F_i + n_i(q_i))\alpha_1 q_i'(a_i) = c'(a_i) \qquad (6-3)$$

将最优解表示为 a_i^*，即科研团队成员个体的最优努力水平，显然 $a_i^* > 0$，即以知识创新成果为基础的经费支持具有激励作用。

如果再考虑高校科研团队成员个体的内在动机，科研团队成员个体的效用最大化问题为

$$\mathop{\text{Max}}_{a_i} U_1(q_i) + U_2(F_i + n_i(q_i)) - U_2(F_i) - c_i(a_i) \qquad (6-4)$$

一阶条件为

$$U_1'(q_i)q_i'(a_i) + U_2'(F_i + n_i(q_i))\alpha_1 q_i'(a_i) = c'(a_i) \qquad (6-5)$$

将最优解表示为 a_i^{**}，由于 $U_1'(q_i)q_i'(a_i) > 0$，所以有以下关系存在

$$U_1'(q_i)q_i'(a_i) + U_2'(F_i + n_i(q_i))\alpha_1 q_i'(a_i) > U_2'(F_i + n_i(q_i))\alpha_1 q_i'(a_i) \qquad (6-6)$$

又由于 $c_i'(a_i) > 0$，$c_i''(a_i) > 0$，即 $c_i'(a_i)$ 是单调递增的，因此 $a_i^{**} > a_i^*$。

至此，可以看出，内在动机对于团队成员的努力水平确实具有激励作用，如果辅以高校科研团队组织的支持，团队成员会付出更大的努力。

6.1.3　高校科研团队成员知识创新的内在动机与外在激励

假定高校科研团队成员的个体努力水平 a_i 为一维变量，$q_i(a_i) = d_i a_i + \theta_i$，其中 d_i 表示成员 i 的知识创新效率或知识创新能力，表明团队成员的知识创新产出量不仅仅取决于个体的努力程度，还取决于其知识创新能力，并且假定二者存在着乘数效应，θ_i 是均值为零，方差为 σ^2 的正态分布随机变量，表示影响科研创新团队成员知识创新的外生不确定因素，则 $Eq = E(d_i a_i + \theta_i) = d_i a_i$，$\text{Var}(q) = \text{Var}(d_i a_i) + \text{Var}(\theta_i) = \sigma_i^2$，即高校科研团队中个体成员的努力程度与其知识创新效率（能力）只决定其知识创新产出的均值，而不会影响知识创新产出的方差[203]。

假设给予经费支持的高校科研团队对待风险的态度是中性的，而团队中

的个体成员属于风险规避者，那么在线性经费支持合同 $n_i(q_i) = \alpha_1 q_i$ 中，α_1 是团队成员科研产出所获得的经费支持，即产出 q_i 每增加一个单位，从科研创新团队组织中获得经费支持为 α_1 单位，则作为委托人的团队，其期望效用等于期望收入，即 $E(q_i - n_i(q_i)) = E(q_i - \alpha_1 q_i) = (1 - \alpha_1)d_i a_i$，假设团队成员从其社会心理契约中获得收益的确定性等值为 $m_i(q_i) = \alpha_2 q_i = \alpha_2(d_i a_i + \theta_i)$，$1 < \alpha_2 < 1$，$\alpha_2$ 的数值大小决定了成员个体能够从知识创新产出中得到的未来收益，可以将其理解为知识创新产出在团队成员心目中的分量大小。

假定高校科研团队的个体成员拥有绝对不变风险规避特征的效用函数[204]，即 $U = -e^{-\rho x}$，其中，ρ 为绝对不变风险规避特征，x 为可用货币来衡量的财富收入，假定团队成员的努力成本 $c_i(a_i)$ 可以等价为货币成本，假定 $c_i(a_i) = b_i a_i^2$，b_i 代表团队成员 i 付出努力的成本系数，即使两个团队成员付出同样的努力水平，如果他们所拥有的知识创新资源不同，诸如实验设备的差异、信息资源的差异、阅读外文文献能力的差异等，也会导致努力的成本系数 b_i 的差异。那么，成员从科研创新团队组织获得的实际收入为

$$\omega_i(q_i) = n_i(q_i) - c_i(a_i) = \alpha_1 q_i - b_i a_i^2 = \alpha_1(d_i a_i + \theta_i) - b_i a_i^2 \quad (6-7)$$

则科研产出 q_i 带给成员个体总收入为

$$\omega_i(q_i) + m_i(q_i) = \alpha_1(d_i a_i + \theta_i) - b_i a_i^2 + \alpha_2(d_i a_i + \theta_i)$$
$$= (\alpha_1 + \alpha_2)d_i a_i + (\alpha_1 + \alpha_2)\theta_i - b_i a_i^2 \quad (6-8)$$

那么科研产出 q_i 带给成员个体的效用的确定性收入等价为

$$CE = (\alpha_1 + \alpha_2)d_i a_i - b_i a_i^2 - \rho(\alpha_1 + \alpha_2)^2 \sigma^2 / 2 \quad (6-9)$$

如果 $\bar{\omega}$ 为与团队成员的保留效用水平相对应的收入水平，则团队成员参与科研创新团队知识创新的参与约束条件（IR）为

$$(\alpha_1 + \alpha_2)d_i a_i - b_i a_i^2 - \rho(\alpha_1 + \alpha_2)^2 \sigma^2 / 2 \geq \bar{\omega} \quad (6-10)$$

根据努力水平 a_i 的可观测性，分两种情况进行讨论[205]。

1. 团队成员的努力可观测时

当高校科研团队成员的努力程度 a_i 可以被观测到时，激励约束是不起作用的，任何水平的努力都可以通过满足参与约束的高校科研团队支持计划聘任合同来实现。因此，高校科研团队作为成员的委托人，其问题是选择 α_1 和 a_i 来解下列最优化问题：

$$\underset{\alpha_1, a_i}{\text{Max}}(1 - \alpha_1)d_i a_i \quad (6-11)$$

$$\text{s. t. (IR)} (\alpha_1 + \alpha_2) d_i a_i - b_i a_i^2 - \rho (\alpha_1 + \alpha_2)^2 \sigma^2/2 \geq \overline{\omega} \quad (6-12)$$

在最优的情况下，参与约束的等式成立。将式（6-12）代入目标函数，则式（6-11）的最优化问题可以表示为

$$\underset{\alpha_1, a_i}{\text{Max}} (1 + \alpha_2) d_i a_i - b_i a_i^2 - \rho (\alpha_1 + \alpha_2)^2 \sigma^2/2 - \overline{\omega} \quad (6-13)$$

由最优化的一阶条件，可以得到：$a_i = (1 + \alpha_2) d_i / 2 b_i$，$(\alpha_1 + \alpha_2) = 0$，很显然，$\alpha_1 < 0$，即科研创新团队成员没有获得团队的任何资助，相当于没有参与科研创新团队，所有知识创新的经费完全由个人承担，而 $\alpha_2 > 0$，完全靠个体的社会心理契约支持着团队成员进行知识创新活动。由 $a_i = (1 + \alpha_2) d_i / 2 b_i$ 可知，团队成员个体的努力程度完全由知识创新成果在未来的收益、个体的知识创新效率以及努力的成本系数等决定。

可见，这种团队成员的努力程度可观测的结果与没有科研经费资助的无创新团队存在的情况是如出一辙的。这个结论告诉我们，即使在没有任何科研经费资助的情况下，也要对知识创新团队成员的知识创新成果进行考核。因为知识创新成果是团队成员的内在动机的基础，如果不对团队的知识创新成果进行考核，不对其进行业绩评定，对其知识创新成果视而不见，内在动机对团队成员的知识创新活动就没有什么激励作用了，其结果就是没有人参与知识创新活动。

2. 团队成员的努力不可观测时

给定高校科研团队的经费资助比率 α_1，团队成员会选择一个努力水平以最大化自己的确定性等价收入，即 $\underset{a_i}{\text{Max}} (\alpha_1 + \alpha_2) d_i a_i - b_i a_i^2 - \rho (\alpha_1 + \alpha_2)^2 \sigma^2/2$，则团队成员的最优努力水平为 $a_i = (\alpha_1 + \alpha_2) d_i / 2 b_i$，则高校科研团队作为成员的委托人，其问题是选择 α_1 来解下列最优化问题：

$$\underset{\alpha_1, a_i}{\text{Max}} (1 - \alpha_1) d_i a_i \quad (6-14)$$

$$\text{s. t. (IR)} (\alpha_1 + \alpha_2) d_i a_i - b_i a_i^2 - \rho (\alpha_1 + \alpha_2)^2 \sigma^2/2 \geq \overline{\omega} \quad (6-15)$$

$$\text{(IC)} a_i = (\alpha_1 + \alpha_2) d_i / 2 b_i \quad (6-16)$$

在最优的情况下，参与约束的等式成立。将参与约束式（6-15）的部分和激励相容约束（6-16）代入目标函数，上述最优化问题可以转化为

$$\underset{\alpha_1}{\text{Max}} (\alpha_1 + \alpha_2) d_i^2 / (2 b_i) + (\alpha_1^2 + \alpha_1 \alpha_2) d_i^2 / (2 b_i) + (\alpha_1 + \alpha_2)^2 d_i^2 / 4 b_i$$

$$- \rho (\alpha_1 + \alpha_2)^2 \sigma^2/2 - \overline{\omega} \quad (6-17)$$

一阶条件为

$$d_i^2/(2b_i) - [d_i^2/(2b_i) + \rho\sigma^2]\alpha_1 - \rho\sigma^2\alpha_2 = 0 \qquad (6-18)$$

由式 (6-18) 得 $\alpha_1 = (d_i^2 - 2b_i\rho\sigma^2\alpha_2)/(d_i^2 + 2b_i\rho\sigma^2)$。由 α_1 的表达式可知，高校科研团队的经费支持力度 α_1 随着团队成员对知识创新成果在未来所可能取得业绩的重视程度 α_2 的提高而降低，这就意味着如果个体认为知识创新成果在未来所获得收益越大，即越重视自身与环境之间的社会心理契约，高校科研团队的经费支持力度就可以越低，这就可以解释研究案例中的非团队成员进行知识创新的积极性了。而 α_2 是由团队所在的科研环境决定的，而不是团队本身的决定。此时，团队成员的努力水平 $a_i = d_i^3(1+\alpha_2)/[2b_i(d_i^2+2b_i\rho\sigma^2)]$ 或者 $a_i = d_i^3(1-\alpha_1)/4b_i^2\rho\sigma^2$，可见，团队成员的努力水平取决于个体的内在动机的强度，内在动机比团队经费支持力度更加有效。

6.1.4　数值模拟与参数分析

6.1.4.1　数值模拟[206]

设置参数为：$d_i = 0.8$，$b_i = 0.7$，$\rho = 0.5$，$\sigma = 0.2$，α_1 的变化区间为 [0, 1]。从图 6-1 可以看出，α_2 随着 α_1 的增加而减小，即个体对知识创新成果未来价值的重视程度随着初期获得资助的增加而降低，这就可以解释为什么一些有经费支持的科研项目其知识创新成果的水平并不高。而团队成员的努力程度 a_i 随着 α_1 的增加而降低，随着 α_2 的增加而提高，如图 6-2 所示。

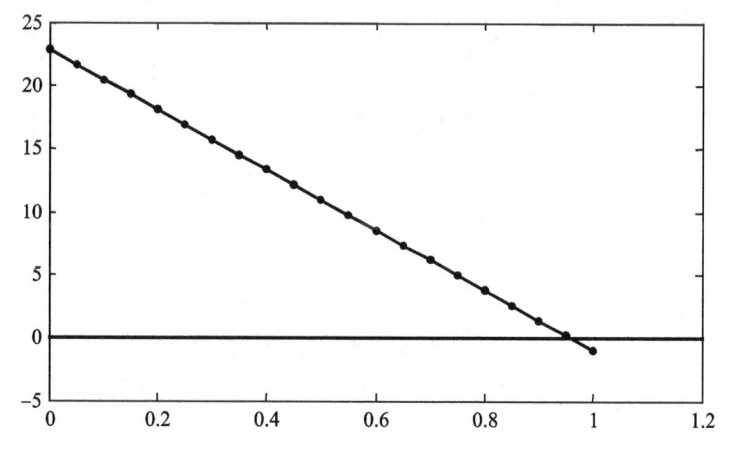

图 6-1　α_2 随 α_1 的变化趋势图
Fig. 6-1　The changing trend of α_2 along with α_1

图 6-2　a_i 随着 α_1 和 α_2 的变化趋势图
Fig. 6-2　The changing trend of a_i along with α_1 and α_2

在图 6-2 中，还可以发现比较有趣的现象，即使未来的知识创新激励是负值，即不但没有奖励，而且可能还需要自己支付现在的知识创新成本，个体仍然能够付出努力参与知识创新（虽然其努力的程度较低），因为此时可能由于知识创新的经费资助比例比较大，见图 6-3 中两条趋势线相交部分以下。这种现象还可能由于所在单位的知识创新考核机制导致，即如果没有知识创新成果，可能会丢了饭碗。

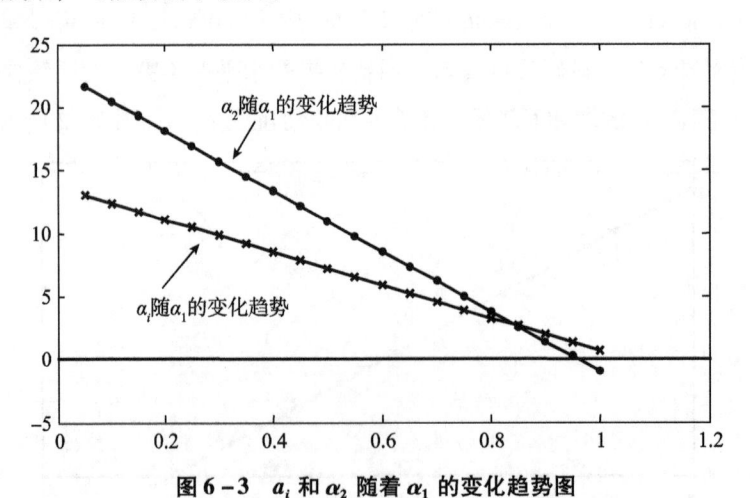

图 6-3　a_i 和 α_2 随着 α_1 的变化趋势图
Fig. 6-3　The changing trend of a_i and α_2 along with α_1

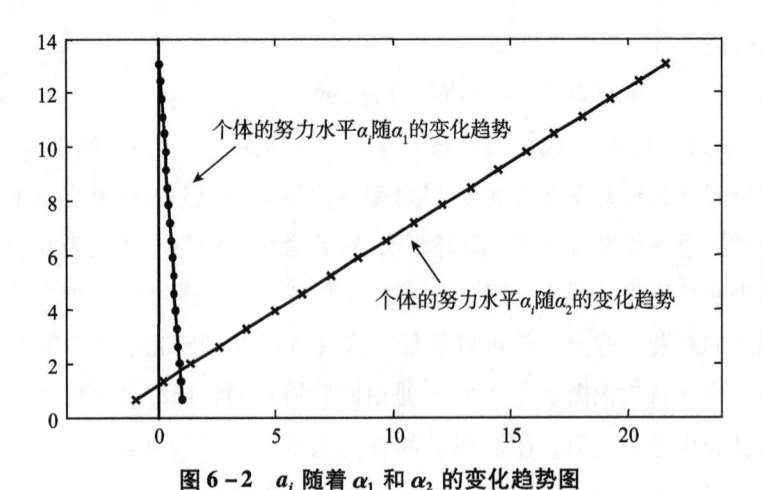

6.1.4.2　参数分析[206]

团队成员个体努力程度 a_i 的表达式模型中涉及 d_i、b_i、ρ_i、σ_i、α_1 和 α_2

等变量，其中 α_1 和 α_2 由团队成员所处环境的知识创新激励制度所决定，即使会影响团队成员个体的努力程度，但不是团队成员个体能够左右的因素。

从表6-1的数值模拟结果可以看出，参数变化对个体知识创新的努力程度都会产生比较明显的影响，具体体现在以下几个方面。

表6-1 不同参数下高校科研团队成员知识创新努力程度的数值解
Tab.6-1 The numerical solutions to the team members' efforts under different parameters

\multicolumn{5}{c	}{参数值}	努力程度	\multicolumn{5}{c	}{参数值}	努力程度
d_i	b_i	ρ_i	σ_i	α_1	a_i	d_i	b_i	ρ_i	σ_i	α_2	a_i
0.4	0.3	0.3	0.2	0.2	11.85	0.4	0.3	0.3	0.2	1.5	1.59
0.4	0.3	0.3	0.2	0.4	8.89	0.4	0.3	0.3	0.2	2	1.91
0.4	0.3	0.3	0.4	0.2	2.96	0.4	0.3	0.3	0.4	1.5	1.41
0.4	0.3	0.5	0.2	0.2	1.78	0.4	0.3	0.5	0.2	1.5	1.28
0.4	0.5	0.5	0.4	0.2	0.64	0.4	0.5	0.5	0.4	1.5	0.67
0.8	0.5	0.5	0.4	0.2	5.12	0.8	0.5	0.5	0.4	1.5	1.78
0.8	0.5	0.5	0.4	0.4	3.84	0.8	0.5	0.5	0.4	2	2.13
0.8	0.5	0.5	0.2	0.4	15.36	0.8	0.5	0.5	0.2	2	2.33
0.8	0.5	0.3	0.2	0.4	25.60	0.8	0.5	0.3	0.2	2	2.36
0.8	0.3	0.3	0.2	0.4	71.11	0.8	0.3	0.3	0.2	2	3.96

d_i 是团队成员的知识创新效率，是知识创新能力的表征。根据科学计量学中对科学家科学能力论的研究结论，发表论文较多的科学家的知识创新能力往往高于发表论文较少的科学家的知识创新能力，并得出知识创新生产力的倒平方定律（某一领域发表 q 篇论文的作者所占比例为 C/q^2），这就意味着发表同一级别论文的数量越多，该个体知识创新能力越强，不妨沿用第3章中对知识创新主体环境加权系数（知识创新效率）的确定方法，则 $d_i = 1 - 1/(q_i+1)^2$，即发表0篇论文的作者，认为其知识创新效率为0，即使其拥有知识创新的能力，但如果其没有参与知识创新活动或者对知识创新活动本身没有兴趣，也认为其知识创新效率为0。数值分析结果表明，当 b_i、ρ_i、σ_i、α_1 分别为0.5、0.5、0.4和0.2时，d_i 的数值由0.4变化为0.8时，个体的努力程度就会由0.64变化为5.12，表示个体的知识创新能力越强，对知识创新活动越有兴趣，其参与知识创新的能动性越强。

b_i 表示个体参与知识创新活动的成本系数，即使有相应的知识创新能力，但个体所处的环境缺乏相应的配套设施或有效的信息资源，其从事知识创新的成本系数 b_i 与拥有这些资源的个体相比就会变得很大，例如从事化学研究的知识创新工作者，如果没有化学药品或相应的设备辅助其实验，b_i 可能会无限大。数值分析结果表明，当 d_i、ρ_i、σ_i、α_1 分别为 0.4、0.5、0.4 和 0.2，b_i 的数值由 0.3 变化为 0.5 时，个体的努力程度就会由 1.78 变化为 0.64，表示个体参与知识创新的难度越大，即使其有能力参与知识创新活动，对知识创新活动也有兴趣，由于客观条件的限制，其参与知识创新的能动性也会受到负向的影响。

ρ_i 表示知识创新个体对风险的规避程度。知识创新本身是有风险的，数值分析结果表明，个体对风险的规避程度越强，其参与知识创新的努力越低，即不想付出宝贵的时间和精力来从事一项可能没有任何收益的活动。σ_i 是知识创新个体从事知识创新活动的外生不确定程度，数值分析的结果表明，这种不确定性程度越强，个体从事知识创新的努力程度受到的负向影响越大。

无论 α_1 的表达式还是团队成员个体努力程度的表达式，以及表 6-1 中的数值分析结果，都能够证明心理学家的研究结论，即内在动机与外在激励确实存在着一定的冲突，过多的团队内部经费支持可能会降低业绩，成为负的强化因素，为了完成一定的科研任务，不惜采用拉郎配的方式拼凑科研成果，以实现科研项目结题的目的，违背了知识创新的宗旨，对于有限的经费支持来说是一种极大的浪费。而内在动机却始终是正的强化因素，因为没有一定水平的科研创新成果，是无法获得未来收益的。经过对高校科研团队部分成员或团队负责人的访谈，也证实了上述结论，所有的成员或团队负责人想获得的项目经费只要能够支付团队知识创新的成本即可。因此，团队成员的内在动机应该成为高校科研团队知识创新激励机制设计的核心，而团队的科研经费支持作为内在动机的补充即可。科研经费的分配上，支持经费可以少一些，而奖励经费可以多一些。对于项目完成得比较好的，可以给予持续性资助，并加大资助力度。这也可以解释为什么很多人申请自筹经费的项目也去冲击科研课题，看重的是项目的未来价值，而非现有价值。

6.1.5　团队成员知识创新的声誉建立、声誉获利与外部公平

对于高校科研团队成员来说，其参与团队知识创新的内在动机主要体现为两个方面：一是声誉建立，二是声誉获利。而声誉获利又取决于声誉的建

立，机构内部的声誉获利主要取决于机构的科研奖励机制，其外在的声誉获利主要取决于人力资本市场对其知识创新效率的评价与预期决定，体现了知识创新成员所面临的外部公平态势。

高校科研团队成员其声誉主要是靠自身所取得的知识创新业绩而建立起来的，声誉获利是其知识创新业绩可能给团队成员个体所带来的一切未来收益，诸如：

①较高的知识创新业绩可以提高高校科研团队内外的人力资本市场对个体的评价，从而提高未来可获得的科研经费支持（获取项目经费支持的机会）和改善未来的科研条件（为实验条件的改善获得经费支持，如申请重点实验室建设经费等，如所在院校无法满足个体的科研需求，知识创新个体可能会寻求新的科研环境）；

②较高的知识创新业绩可以得到特定的外部机构奖励以及获得很多科学研究学会的会员资格等，为自身未来的科学研究创设更好的人文环境；

③较高的知识创新业绩可以提高团队成员的学术地位，这样会吸引更多的人参与到其研究课题中，在科学研究中会得到更多人的积极配合，为培养自己未来的科学研究梯队赢得更多的机会；

④较高的知识创新业绩可以得到更多的晋升机会，对于高校科研团队的成员来说，其晋升不仅仅是职称的晋升（这往往是许多知识创新个体最看重的，因为很多学术机会的获得都是以职称作为主要的考核指标，如申请国家级课题，要求负责人必须具有高级职称或较高的学位，如果没有高级职称或博士学位，就必须由其他高级职称的人员推荐），包括许多学术科研机遇的获得（负责主持重大科研项目的机会增加或成为某一研究领域的资深专家等）。

可见，高校科研团队成员从晋升中得到的收益主要来源于组织内部，得到晋升的前提条件是要创造一定的业绩，而最终是否会被准予晋升还取决于高校及所处环境的制度与文化，这是内部公平。而其内部公平又会受到外部公平的影响，如果人力资本市场给予成员的综合待遇高于当前所在组织支付给知识创新个体的获利水平，那么当前的激励机制就不满足外部公平性，如有其他科研条件更好的单位摆出更优越的激励机制吸纳具有较高业绩的团队成员加入，知识个体就有转移其知识资源的倾向。可见，高校科研团队成员所面临的外部公平主要由人力资本市场对知识个体知识创新业绩的认可程度来决定。

在考虑外部公平时，高校科研团队成员知识创新的总效用是声誉建立与声誉获利两阶段效用的总和。声誉建立阶段其效用主要取决于团队内部的经费支持，这部分效用主要由科研业绩来决定，对于某个成员的一定量的科研业绩来说，这部分效用可以看成是固定的，因此本书考虑的重点是声誉获利阶段的效用。

声誉获利阶段的效用是由机构内部的科研奖励机制以及内部公平和外部公平共同决定的，而人力资本市场对于机构内部的科研奖励机制不发挥任何作用，只对科研创新团队成员的外部公平发挥作用，进而对内部公平产生影响。人力资本市场在声誉建立阶段、声誉获利阶段的科研奖励以及内部公平阶段对于科研团队成员的能力只有预期，获得的是先验信息。在声誉获利阶段，人力资本市场可以观察到知识创新成员个体的业绩，而且其在人力资本市场上的获利不是取决于其绝对绩效而是相对绩效，知识创新个体的绩效被人力资本市场获知后，得到知识创新个体的后验信息，根据贝叶斯法则，人力资本市场对于其知识创新绩效后验预期的结果为获利报酬的变更，知识创新人员此时的获利标准来源于组织内外部比较的结果，形成对外部公平性的认知[207]。

当不存在声誉获利阶段，即高校科研团队成员所面临的是单阶段一次性的委托代理关系，此时高校科研团队成员的收益为 $\omega_i(q_i) = \alpha_1(d_i a_i + \theta_i) - b_i a_i^2$，其一阶最优条件为 $a_i = \alpha_1 d_i / 2b_i$，如果在这一委托代理关系中，不存在任何显性激励机制，即 $\alpha_1 = 0$，高校科研团队成员将不会有任何努力工作的积极性，此时个体的努力水平 $a_i = 0$。

如果知识创新的声誉建立和声誉获利两个阶段同时存在，即使声誉建立阶段没有显性的激励机制，即 $CE = \alpha_2 d_i a_i - b_i a_i^2 - \rho \alpha_2^2 \sigma^2 / 2$，一阶最优条件为 $a_i = \alpha_2 d_i / 2b_i$，高校科研团队成员仍然具有知识创新的动力。原因是科研团队成员在声誉获利阶段的收益严格依赖于声誉建立阶段的业绩。

如果将问题考虑得更极端一些，即组织内部没有相应的科研奖励和不存在内部公平而仅仅有外部公平时，团队成员也会努力工作，因为此时人力资本市场会对成员的知识创新行为产生显著作用。假设人力资本市场给予高校科研团队成员的业绩价值为 $HCM = \alpha_3 q_i$，团队成员的收益为 $HCMC = \alpha_3 q_i - b_i a_i^2 = \alpha_3(d_i a_i + \theta_i) - b_i a_i^2$，其一阶最优条件为 $a_i = \alpha_3 d_i / 2b_i$。团队成员在人力资本市场上的价值依赖于人力资本市场对团队成员努力工作绩效的预期，而声誉建立阶段的努力程度 a_i 通过对 HCM 的作用影响这种预期，即使在声誉建立阶段没有任何显性激励机制，团队成员也会在此阶段努力工作，因为此阶段的努力工作有助于人力资本市场对其能力水平或努力程度的评价。

当声誉建立阶段的显性激励机制、声誉获利阶段的内部公平与外部公平同时存在时，高校科研团队成员所面临的外部公平可看作是其科研产出的机会成本，此时高校科研团队成员总相对收益可以表示为

$$\omega_i(q_i) + m_i(q_i) - \text{HCM}_i(q_i)$$
$$= \alpha_1(d_i a_i + \theta_i) - b_i a_i^2 + \alpha_2(d_i a_i + \theta_i) - \alpha_3(d_i a_i + \theta_i)$$
$$= (\alpha_1 + \alpha_2 - \alpha_3) d_i a_i + (\alpha_1 + \alpha_2 - \alpha_3) \theta_i - b_i a_i^2 \quad (6-19)$$

那么科研产出 q_i 带给成员个体的相对效用的确定性收入等价为

$$\text{CE}_R = (\alpha_1 + \alpha_2 - \alpha_3) d_i a_i - b_i a_i^2 - \rho(\alpha_1 + \alpha_2 - \alpha_3)^2 \sigma^2/2 \quad (6-20)$$

团队成员会选择一个努力水平以最大化自己的确定性等价收入，即

$$\underset{a_i}{\text{Max}}(\alpha_1 + \alpha_2 - \alpha_3) d_i a_i - b_i a_i^2 - \rho(\alpha_1 + \alpha_2 - \alpha_3)^2 \sigma^2/2 \quad (6-21)$$

则团队成员的最优努力水平为

$$a_i = (\alpha_1 + \alpha_2 - \alpha_3) d_i / 2 b_i \quad (6-22)$$

可见，高校科研团队成员在人力资本市场即外部公平中所面临的机会成本与内部公平是逆向关系，即 $\alpha_1 + \alpha_2$ 的值越大，外部公平对科研创新团队成员的扰动作用越小，即人力资本市场相对于组织内部赋予科研团队成员科研产出的相对价值越大，成员对于组织的忠诚度越低。因此，高校应时刻关注其员工在人力资本市场上的价值，为其匹配良好的科研激励政策，对于低于市场准入资格的员工，给予负向激励机制。科研管理部门应时刻关注各种头衔获得者或项目资金获得者的业绩。

6.1.6　团队成员知识创新的激励机制与科研政策

正如普赖斯在 20 世纪 60 年代论断的那样，当代科学研究已经由"小科学"研究发展成"大科学"研究，相对于"小科学"时代，"大科学"时期的科学知识本身变得越来越深奥，科学的发展需要强大的物质基础和越来越多的科研经费。而当今任何一个政府和国家都无法满足科学家们无穷尽的自由探索能力和科研兴趣，因此，势必有一大部分科学研究活动在有限的科学

资源和投资经费的竞争中被淘汰出局。

资金项目的申请受到同行评议的限制，这种外在激励对于许多研究业绩较少的年轻科研工作者来说，由于其对科研成果的早期考虑不够成熟，同行评审专家会认为对其资助存在着高风险性，其课题不易被接受。因此，对于这样的知识创新主体，申请经费资助的可能性较小。

日益严峻的迅速发展的科研规模与有限资源之间的矛盾，使科学选择的规则更加严格，知识创新个体对于科学研究的积极性势必会受到一定的影响，因为对于这些知识创新群体，$\alpha_1=0$，知识创新成果的产生更加困难，在缺少前期成果的情况下申请具有经费支持的科研课题变得更加困难，这就形成了出成果难和申请课题难循环的怪圈。此种态势下，知识创新个体知识创新的内在动机应该是科研政策考虑的重点，如何降低优秀科研创新成果收益的不确定性是科研政策的关键。

目前中国高校教师的科研课题经费主要来自于国家自然（社会）科学基金委、教育部以及省市相关部门的支持，而这些科研资助在 GDP 中所占比例较低（科研经费占 GDP 的 1.4%），科研资助的比例低，但每个受资助项目的金额不少。以国家自然科学基金委数理科学部2006—2008年结题的14项科研项目为例，资助经费共计1269万人民币，论文共计395篇（包括277篇SCI收录的论文），平均每篇科研成果产生的成本是3.48万元人民币[208]，这个成本是比较高的，相当于中国高校一个讲师一年的收入，如果按照这个经费标准去搞科研，这些年轻的科研创新群体就没有生存的物质基础了。

据调查，资金用于项目研究本身的比例只占40%[209]，表明用于科学研究的经费分配是不合理的，60%的科学研究经费没有用于科研项目本身。而没有受到资助的科研工作者却没有任何经费可以利用，如果将这部分多余的科研经费用于奖励没有获得科研资助却和受资助项目取得同样科研成果的科技创新群体，这对于科研工作者来说是一种激励，更能发挥知识创新的内在动力。因为对于这些没有科研项目资助的知识创新群体来说，尽管没有 α_1，但却有了 α_2。因此对于科研政策的启示是，科研资助政策可以调整为压缩初期（即研发阶段）资助金额，节省资金以奖励有重大举措的项目，或者奖励没有项目资助的优秀科研创新成果。如果两个同样水平的科研成果，一个有科研经费支持，另一个没有科研经费支持，科研政策制定的原则是二者的 $(\alpha_1+\alpha_2)$ 不会相差太多。

从创新团队成员努力程度 a_i 的表达式来看，其进行知识创新的动力除了自身的物质与名誉需求（体现为 α_1、α_2 和 α_3）这一制度上的"根本动力"以外，还有其进行知识创新的"内在动力"，即高校科研团队成员进行知识创新的能力（体现为 d_i），如果缺少这一项，即使制度再完善，知识创新成果的产生依然是有限的。

6.1.7　个体层面激励机制的分析结果

本部分从委托代理关系的研究视角对高校科研团队成员个体参与知识创新的激励机制进行了研究。通过模型的建立与分析过程，得出的结论是过多的科研经费支持可能会降低团队成员的知识创新绩效，即过多的资金支持可能会成为负向的激励机制，而表征高校科研团队成员知识创新内在动机的科研产出的未来收益却始终是正向的激励机制。因此，高校科研团队成员的内在动机应该成为个体层面的激励机制设计的核心，而团队的科研经费支持应该成为激励知识创新和参与团队知识整合的补充措施。不仅从微观个体层面上研究了高校科研团队成员参与团队知识创新的激励机制，而且也为科研资助政策的制定提供了相应的启示，即知识创新研发阶段的科研经费资助可以适当削减，将节省的经费资源用于奖励和激励优秀的科研成果，甚至奖励研发阶段没有经费资助的优秀科研成果，以优化科研资源的分配。

科研团队成员所面临的外在公平的研究表明，只要知识创新有获利的希望，有应用价值或者有欣赏的人群，高校科研团队成员就有知识创新的动力。即使在组织内部没有任何激励机制，团队成员也会从组织外部寻求合适的激励机制，这就是外部公平的鼓励和激励作用。这就提示了高校或其他学术机构的科研管理部门，应该密切关注组织的员工在学术人力资本市场上的价值，进而为其匹配合适的科研条件。

最后，研究结果表明科学工作者或科研创新成员的努力程度取决于两个方面：一方面为科研政策制度，如科研资金资助政策（科研创新成员外在激励的表现）、科研奖励政策（科研创新成员内在动机的表现）；另一方面为表征团队成员知识创新能力的知识创新效率，这与科学计量学学家的研究结论是一致的，科研产出量与科学家的能力呈现正相关关系[210]。

根据第 4 章团队内部知识整合网络的构建过程和分析结果及第 5 章实证研究的结论，畅通的知识整合网络是提升知识创新绩效的关键，而知识整合网络的形成是以个体成员的参与为微观基础，因此个体层面的激励机制是团队内部知识整合微观层面的保障机制。

综合上述分析，高校科研团队可为成员个体提供可靠的知识创新经费和科研条件保证，特别是年轻的知识创新群体没有经费方面的眼前之忧，对于团队内部以知识创新为导向的知识整合活动而言，个体层面的激励机制是保证其顺利进行的微观基础，调动每个团队成员都能够积极为团队内部知识整合活动贡献知识能量，有助于实现团队内部通畅的知识整合网络，为成员之间知识资源的交互利用提供充足的机会，有效的激励机制可为团队吸引优秀的知识资源，而无效的激励机制只能令团队优秀的知识资源外流。因为有效的个体层面激励机制可以令成员个体对参与团队内部以知识创新为导向的知识整合产生正向的心理预期，认为自己只要付出劳动，就有相应的收益，这不仅有助于提升个体的知识创新绩效，而且为团队内部通畅的知识整合网络的形成与可持续性提供微观保障。

6.2 团队层面的激励机制

6.2.1 模型构建

假设某一高校科研团队内有 n 个成员参与了某一知识创新成果的研发，成员之间的知识具有一定的互补性，为了实现知识创新，他们之间的知识整合关系形成一个有向的知识整合网络 g，这个网络之所以是有向的，因为我们将团队成员的角色分为知识创新引领人和知识创新跟随者，这样成员之间的知识整合关系体现了主动式的知识创新寻求和被动的知识创新供应两种知识创新行为，用 $n \times n$ 的矩阵 G 表示，$G = \{g_{ij}, i, j \in N\}$，$g_{ij}$ 表示成员 j 作为知识创新引领人时，成员 i 对该知识创新做出了贡献，$g_{ij} \in [0, 1]$，表示该知识整合网络上节点 i 与 j 的链接强度，即团队成员 i 与 j 的知识整合频率[211]。

$N_i^{out}(g)$ 表示团队成员 i 作为知识创新跟随者与其知识创新引领人之间的知识整合关系网络，即成员 i 向团队内部其他成员的知识能量流动网络，将其定义为 $N_i^{out}(g) = \{g_{ij} \geq 0, i \in N\}$，而 $N_i^{in}(g)$ 表示团队成员 i 作为团队内部知识创新引领人与其知识创新跟随者之间的知识整合关系网络，即其他团队成

员向成员 i 的知识能量流动网络,将其定义为 $N_i^{in}(g) = \{g_{ji} \geq 0, i \in N\}$。对于三人或三人以上的知识创新主体合作完成的知识创新成果,只考虑知识创新引领人与知识创新跟随者之间的关系,而不考虑知识创新跟随者之间的知识整合关系[212],因为知识创新跟随者都是为知识创新引领人所提出的知识创新目标而贡献自身知识的。

对于高校科研团队的每一个成员来说,既有可能成为知识创新的引领人,也可以作为知识创新跟随者与他人建立知识整合关系实现知识创新。对于团队内部的成员来说,有明显的知识整合关系,才认为他们之间存在知识整合关系,如有共同的知识创新成果认为他们之间存在交互式的知识整合关系,而彼此引用对方的知识创新成果认为他们之间存在着互引式的知识整合关系。因此每个成员的知识创新产出都是自身与所处的团队知识系统环境相互作用的结果,即如果不找人合作,知识创新引领人无法达到其知识创新的目的,而知识创新跟随者如果不与知识创新引领人合作,其所拥有的知识也无用武之地,就是说他自己利用这部分知识产生不了相应的知识创新成果。

6.2.2 团队内部知识整合的利益分配机制

在团队内部的知识整合系统中,第 i 个人的名义知识创新产出为

$$Q_i = q_i + \sum_{j \in N_i^{in}(g)} g_{ji} q_j \qquad (6-23)$$

其中,q_i 为团队成员 i 的实际创新产出;g_{ji} 表示知识从团队成员 j 流向成员 i,即团队成员 j 对成员 i 的知识创新做出了贡献。则该知识整合系统中 n 个团队成员的名义知识创新产出方程可以用 Q 表示,$Q = q(I_n + G)$,

$$Q = (q_1, q_2, \cdots, q_n) \begin{pmatrix} 1+g_{11} & g_{12} & \cdots & g_{1i} & \cdots & g_{1n} \\ g_{21} & 1+g_{22} & \cdots & g_{2i} & \cdots & g_{2n} \\ \vdots & \vdots & \ddots & \vdots & \ddots & \vdots \\ g_{i1} & g_{i2} & \cdots & 1+g_{ii} & \cdots & g_{in} \\ \vdots & \vdots & \ddots & \vdots & \ddots & \vdots \\ g_{n1} & g_{n2} & \cdots & g_{ni} & \cdots & 1+g_{nn} \end{pmatrix}$$

$$(6-24)$$

$$Q^{\mathrm{T}} = \begin{pmatrix} q_1(1+g_{11}) & + q_2 g_{21} & + \cdots + & \boxed{q_i g_{i1}} & + \cdots + & q_n g_{n1} \\ q_1 g_{12} & + q_2(1+g_{22}) & + \cdots + & \boxed{q_i g_{i2}} & + \cdots + & q_n g_{n2} \\ \vdots & \vdots & \ddots & \vdots & & \vdots \\ q_1 g_{1i} & + q_2 g_{2i} & + \cdots + & \boxed{q_i(1+g_{ii})} & + \cdots + & q_n g_{n2} \\ \vdots & \vdots & & \vdots & \ddots & \vdots \\ q_1 g_{1n} & + q_2 g_{2n} & + \cdots + & \boxed{q_i g_{in}} & + \cdots + & q_n(1+g_{nn}) \end{pmatrix}$$

$$(6-25)$$

从 Q^{T} 中可以看出，知识整合系统中每个人的知识创新产出都有可能对他人的知识创新提供一定的知识存量，Q^{T} 的划框部分就可以理解为团队内部知识整合系统中的任意一个成员对该系统知识创新的贡献，则得到在面向知识创新的高校科研团队内部知识整合活动的获益分配规则（即成员 i 对整个团队知识整合的贡献）。

$$\begin{aligned} S_i(Q,g) &= q_i g_{i1} + q_i g_{i2} + \cdots + q_i(1+g_{ii}) + \cdots + q_i g_{in} \\ &= q_i + q_i \sum_{j \in N_i(g)} g_{ij} = \left(1 + \sum_{j \in N_i(g)} g_{ij}\right) q_i \end{aligned} \qquad (6-26)$$

可见，在面向知识创新的高校科研团队内部的知识整合活动中，团队成员的获益分配结果取决于两个方面：一方面是自身为团队知识创新目标实现中所完成的工作量；另一方面为自身的知识创新工作量为团队他人的知识创新所做出的贡献。按照上述利益分配原则，不仅对每位成员的知识创新予以奖励，能够为未来的知识创新做激励动员，另外成员对他人知识创新的贡献也会得到相应的奖励，即按其对团队内部知识整合的实际贡献给予利益分配[213]，则成员 i 在团队内部知识整合活动中的获益分配比例为

$$S'_i(Q,g) = \frac{S_i(Q,g)}{\sum_{i=1}^{n} S_i(Q,g)} \qquad (6-27)$$

6.2.3 团队内部知识整合利益分配机制的具体实现过程

1. 计算团队知识创新成果的权重

根据团队成员所完成知识创新成果的重要性差异，首先采用层次分析法依据知识创新成果所刊载期刊的重要程度，计算出团队知识生产中的所有知识创新成果的权重向量[214]。

$$\omega = \{\omega_r, r = 1, 2, \cdots, m\} \quad (6-28)$$

2. 计算团队成员实际的知识产出向量

列出团队成员 - 知识创新成果的隶属关系矩阵。矩阵元素为成员对该知识创新成果的贡献系数，将其定义为成员在知识创新成果中署名排序的倒数，则对于任意一个成员 i 来说，其对该知识创新成果 r 的贡献为 $1/R_i^r$，令 $x_{ir} = 1/R_i^r$，则该成员 - 知识创新成果隶属矩阵可以写成

$$X = \{x_{ir} \mid i = 1, 2, \cdots, n; r = 1, 2, \cdots, m\} \quad (6-29)$$

则团队成员的实际知识产出向量为

$$q = \omega \cdot X^{\mathrm{T}} \quad (6-30)$$

3. 知识创新成果中参与主体的角色判定

判定每一知识创新成果中参与主体的角色。假设该项目团队共完成 m 个知识创新成果，r 作为任意一个知识创新成果，将 x_{ir} 看作成员 i 对知识创新成果 r 的贡献力量，如果 $x_{ir} = 1$，则成员 i 是知识创新引领人，如果 $0 < x_{ir} < 1$，成员 i 是知识创新跟随者。

则成员之间的知识贡献矩阵 G 中的任一元素 g_{ij} 取值规则如下：

设定 x_{ij}^r 表示在成果 r 中成员 i 对成员 j 引领的知识创新成果的贡献。如果 $x_{ir} = \max\{x_{ir}\}$，则成员 i 作为知识创新的引领人，$x_{ij}^r = 0$，而 $x_{ji}^r = \omega_r \cdot x_{jr}$，则

$$g_{ji} = \sum x_{ji}^r = \sum \omega_r \cdot x_{jr} \quad (6-31)$$

当 $x_{ir} < x_{jr} = \max\{x_{ir}\}$，成员 i 作为知识创新的跟随者，$x_{ij}^r = \omega_r \cdot x_{ir}$，则

$$g_{ij} = \sum x_{ij}^r = \sum \omega_r \cdot x_{ir} \quad (6-32)$$

6.2.4 应用案例

以某个已经预备提交结题的国家自然科学基金项目（此项目 2015 年立项）为例，该项目的研究方向为信息融合，该项目共有 13 个团队成员，成员主要由高校教师、博士生和研究生组成，其中项目负责人为新世纪优秀人才入选者和龙江学者，成员中有 7 名为高校教师，其余为博士生和硕士生，知识创新成果由 22 篇论文组成，其中 SCI 论文 15 篇，EI 源期刊论文 3 篇，中国国内核心期刊论文 2 篇，国内一般期刊论文 2 篇，具体成果出处（刊载期刊）列表见表 6 - 2，成果代码和成果完成人以及刊载源见表 6 - 3。

表 6-2 知识创新成果的具体出处（刊载期刊）
Tab. 6-2 The publications sources (journals) of scientific research project's outputs

期刊名称	期刊级别	分区（IF）	刊载团队成果数量
IEEE Transactions On Systems Man Cybernetics-Systems	SCI 收录	3 区（5.131）	1
IEEE Transactions On Signal Processing	SCI 收录	2 区（4.203）	3
IEEE Transactions On Aerospace And Electronic Systems	SCI 收录	3 区（2.063）	1
IET Control Theory And Applications	SCI 收录	3 区（3.296）	2
Information Fusion	SCI 收录	1 区（6.639）	1
Sensors	SCI 收录	3 区（2.475）	2
IET Signal Processing	SCI 收录	4 区（1.250）	1
Aerospace Science And Technology	SCI 收录	3 区（2.228）	1
International Journal Of Systems Science	SCI 收录	3 区（2.185）	1
Signal Processing	SCI 收录	2 区（3.470）	1
IEEE Sensors Journal	SCI 收录	3 区（2.617）	1
智能系统学报	CSCD 收录	1.028	1
控制理论与应用	EI 收录	1.736	2
自动化学报	EI 收录	2.620	1
黑龙江大学工程学报	普刊	0.529	2
系统科学与数学	CSCD 收录	0.633	1

表 6-3 知识创新成果及其完成人和刊载源

成果代码	完成人代码	刊载源	影响因子
P1	WX；SSL	Aerospace Science And Technology（3 区 SCI）	2.228
P2	LXY；SSL	IEEE Sensors Journal（3 区 SCI）	2.617
P3	LHL；SSL	IEEE Transactions On Aerospace And Electronic Systems（3 区 SCI）	2.063
P4	LHL；SSL	IEEE Transactions On Signal Processing（2 区 SCI）	4.203
P5	SSL；PFF；LHL	IEEE Transactions On Signal Processing（2 区 SCI）	4.203
P6	SSL；TT；LHL	IEEE Transactions On Signal Processing（2 区 SCI）	4.203
P7	LHL；SSL	IEEE Transactions On Systems Man Cybernetics-Systems（3 区 SCI）	5.131
P8	LXY；SSL	IET Control Theory And Applications（3 区 SCI）	3.296
P9	DYF；SSL；RCJ	IET Control Theory And Applications（3 区 SCI）	3.296
P10	MJ；SSL	IET Signal Processing（4 区 SCI）	1.250
P11	SSL；LHL；MJ；LXY	Information Fusion（1 区 SCI）	6.639
P12	LHL；SSL	International Journal Of Systems Science（3 区 SCI）	2.185
P13	LHL；SSL	Sensors（3 区 SCI）	2.475
P14	LY；SSL；HG	Sensors（3 区 SCI）	2.475

续表

成果代码	完成人代码	刊载源	影响因子
P15	MJ；SSL	Signal Processing（2区SCI）	3.470
P16	HN；MH；ZT	智能系统学报（CSCD）	1.028
P17	DYF；SSL；RCJ	控制理论与应用（EI）	1.736
P18	QB；SSL	自动化学报（EI）	2.62
P19	STF；DGQ；SSL	黑龙江大学工程学报（普刊）	0.529
P20	WX；SSL	控制理论与应用（EI）	1.736
P21	QB；SSL	黑龙江大学工程学报（普刊）	0.529
P22	QB；SSL	系统科学与数学（CSCD）	0.633

1. 计算所有知识创新成果的权重

利用层次分析法（AHP）计算22篇知识创新成果的权重，在衡量知识创新成果的相对重要程度时，论文级别的重要程度的大致排序为：SCI期刊论文＞EI期刊论文＞一般核心期刊论文＞普通期刊论文，其中SCI收录期刊论文的重要程度排序依据期刊影响因子的高低顺序和业内认定评价标准进行排序，其中业内认定评价标准采用专家访谈的方式（诸如虽然Sensors期刊的影响因子高于Aerospace Science And Technology期刊，但是后者的业内评价更好一些，所以后者的权重高于前者），其他同一类别的论文的重要程度是一致的，权重计算结果如表6-4所示。

表6-4 知识创新成果的权重计算结果

Tab. 6-3 The computing result of scientific research project outputs'weights

论文代码	权重	论文代码	权重	论文代码	权重
P1	0.027259916	P9	0.032711899	P17	0.032711899
P2	0.025162999	P10	0.040889873	P18	0.032711899
P3	0.032711899	P11	0.018173277	P19	0.163559493
P4	0.023365642	P12	0.02973809	P20	0.032711899
P5	0.023365642	P13	0.02973809	P21	0.163559493
P6	0.023365642	P14	0.02973809	P22	0.081779747
P7	0.020444937	P15	0.021807932		
P8	0.032711899	P16	0.081779747		

2. 构建团队成员之间知识贡献关系的网络矩阵

根据式（6-31）和式（6-32），利用知识创新成果权重以及知识创新参与人的角色，计算每对团队成员之间的知识贡献程度，以构建团队成员之间知识整合关系的网络矩阵 G，见表6-5。

表 6–5 团队成员之间知识整合关系网络矩阵图

Tab.6–5 The network matrix of knowledge contributing relationships among team members

	DYF	DGQ	HG	HN	LXY	LY	LHL	MJ	MH	PFF	QB	RCJ	STF	SSL	TT	WX	ZT
DYF	0	0	0	0	0	0	0	0	0	0	0	0	0	0	0	0	0
DGQ	0	0	0	0	0	0	0	0	0	0	0	0	0.08178	0	0	0	0
HG	0	0	0	0	0	0.009814	0	0	0	0	0	0	0	0	0	0	0
HN	0	0	0	0	0	0	0	0	0	0	0	0	0	0	0	0	0
LXY	0	0	0	0	0	0	0	0	0	0	0	0	0	0	0	0	0
LY	0	0	0	0	0	0	0	0	0	0	0	0	0	0	0	0	0
LHL	0	0	0	0	0	0	0	0	0	0	0	0	0	0.024508	0	0	0
MJ	0	0	0	0	0	0	0	0	0	0	0	0	0	0.005997	0	0	0
MH	0	0	0	0.04089	0	0	0	0	0	0	0	0	0	0	0	0	0
PFF	0	0	0	0	0	0	0	0	0	0	0	0	0	0.011683	0	0	0
QB	0	0	0	0	0	0	0	0	0	0	0	0	0	0	0	0	0
RCJ	0.010795	0	0	0	0	0	0	0	0	0	0	0	0	0	0	0	0
STF	0	0	0	0	0	0	0	0	0	0	0	0	0	0	0	0	0
SSL	0.016356	0	0	0	0.028937	0.165	0.067999	0.031349	0	0	0.139026	0	0.053975	0	0	0.029986	0
TT	0	0	0	0	0	0	0	0	0	0	0	0	0	0.011683	0	0	0
WX	0	0	0	0	0	0	0	0	0	0	0	0	0	0	0	0	0
ZT	0	0	0	0.026987	0	0	0	0	0	0	0	0	0	0	0	0	0

由网络矩阵 G 所对应的知识整合网络中参与人之间的知识贡献关系计算结果如图 6-4 所示，其中每个参与人的点出度（OutDegree）是该参与人对团队中其他成员知识创新中总的知识贡献，点入度（InDegree）表示其他参与人对其自身知识创新的知识贡献。

```
            OutDegree  InDegree  NrmOutDeg  NrmInDeg
            ---------  --------  ---------  --------
14 SSL        0.533     0.054     20.175     2.041
 2 DGQ        0.082     0.000      3.098     0.000
 9 MH         0.041     0.000      1.549     0.000
17 ZT         0.027     0.000      1.022     0.000
 7 LHL        0.025     0.068      0.928     2.576
10 PFF        0.012     0.000      0.443     0.000
15 TT         0.012     0.000      0.443     0.000
12 RCJ        0.011     0.000      0.409     0.000
 3 HG         0.010     0.000      0.372     0.000
 8 MJ         0.006     0.031      0.227     1.187
 5 LXY        0.000     0.029      0.000     1.096
 4 HN         0.000     0.068      0.000     2.571
13 STF        0.000     0.136      0.000     5.142
 6 LY         0.000     0.175      0.000     6.622
11 QB         0.000     0.139      0.000     5.266
16 WX         0.000     0.030      0.000     1.136
 1 DYF        0.000     0.027      0.000     1.028

DESCRIPTIVE STATISTICS
                        1          2          3          4
                   OutDegree   InDegree   NrmOutDeg  NrmInDeg
                   ---------   --------   ---------  --------
 1     Mean          0.045      0.045       1.686     1.686
 2     Std Dev       0.124      0.054       4.686     2.059
 3     Sum           0.757      0.757      28.665    28.665
 4     Variance      0.015      0.003      21.962     4.239
 5     SSQ           0.294      0.084     421.693   128.390
 6     MCSSQ         0.260      0.050     373.357    72.055
 7     Euc Norm      0.542      0.290      20.535    10.972
 8     Minimum       0.000      0.000       0.000     0.000
 9     Maximum       0.533      0.175      20.175     6.622
10     N of Obs     17.000     17.000      17.000    17.000

Network Centralization (Outdegree) = 19.645%
Network Centralization (Indegree)  =  5.244%

Actor-by-centrality matrix saved as dataset FreemanDegree
```

图 6-4 团队成员的知识贡献（OutDegree）与知识寻求（InDegree）的计算结果
Fig. 6-4 The computing result of team members' outdegrees and indegrees

3. 计算每个团队成员的实际知识创新产出

根据式（6-30），计算成员个体的知识创新工作量，即实际知识创新产出，见表 6-6 中的第四列；进而根据团队知识整合中的获益分配原则[式（6-26）和式（6-27）]，计算最终的知识创新业绩，见表 6-6 中的最后一列。

表 6-6 团队成员知识创新产出的获益分配表
Tab. 6-6 Team members' knowledge innovation outputs' benefit distribution

成员	对他人知识贡献（点出度）	他人的知识贡献（点入度）	成员个体的知识创新工作量（q_i）	最终的知识创新业绩（获益分配）（$S_i(Q, g)$）
DYF	0	0.027	0.065423797	0.065423797
DGQ	0.082	0	0.081779747	0.095722023
HG	0.01	0	0.00981357	0.010008975
HN	0	0.068	0.081779747	0.081779747

续表

成员	对他人知识贡献（点出度）	他人的知识贡献（点入度）	成员个体的知识创新工作量（q_i）	最终的知识创新业绩（获益分配）（$S_i(Q, g)$）
LXY	0	0.029	0.057874898	0.057874898
LY	0	0.175	0.02973809	0.02973809
LHL	0.025	0.068	0.160506619	0.168551317
MJ	0.006	0.031	0.068694987	0.069521605
MH	0.041	0	0.040889873	0.044306891
PFF	0.012	0	0.011682821	0.011961141
QB	0	0.139	0.278051138	0.278051138
RCJ	0.011	0	0.021589853	0.022298591
STF	0	0.136	0.163559493	0.163559493
SSL	0.533	0.054	0.452074472	0.96944714
TT	0.012	0	0.011682821	0.011961141
WX	0	0.03	0.059971814	0.059971814
ZT	0.027	0	0.026987316	0.028463953

结合表6-4和图6-6，可发现有7个成员是纯粹的知识创新的贡献者，因为他们的点入度为0，诸如DGQ、HG、MH、PFF、RCJ、TT以及ZT，7个成员是纯粹的知识创新引领人，诸如DYF、HN、LXY、LY、QB、STF、WX。不难发现，如果参与同样水平的知识创新成果研发，只做知识创新的跟随者，相对于知识创新引领人而言，其产出一般比较小，除非参与的是高水平的知识创新活动，如SLS对他人的知识贡献较多，其产出就比较大，如果仅做知识创新跟随者，而跟随的知识创新产出水平又比较低，其产出比例也比较低，如HG。某个团队成员如果既是知识创新的引领人，又是知识创新贡献者（表现为点出度不为0），其最终的知识创新业绩明显高于其实际知识创新工作量，如表中的SLS，在图6-5中也可以看出，SLS做知识创新引领人的次数较多。

6.2.5 利益分配模型对团队层面知识整合激励机制设计的启示

1. 以新的视角评估团队成员对团队知识整合的贡献

模型不仅肯定了成员在团队知识创新中的实际产出，而且鼓励团队成员之间为彼此的知识创新互相贡献知识，尤其提倡高水平的面向知识创新的知识整合关系的确立，正因为有彼此合作的经验，成员从合作中得到了相应的

第6章 面向知识创新的高校科研团队内部知识整合的激励机制

知识启示，对未来的知识创新也是有益处的。

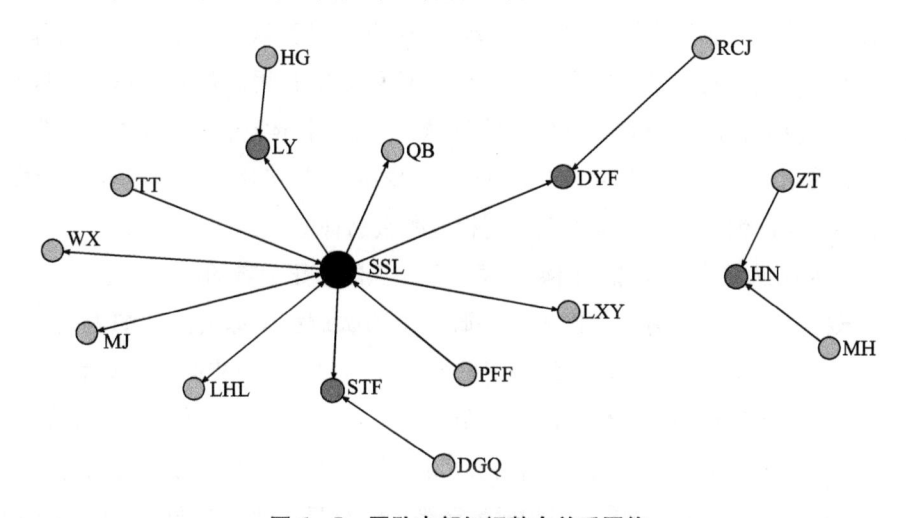

图 6-5　团队内部知识整合关系网络
Fig. 6-5　Team's internal knowledge integration relationship network

如果按照实际知识产出向量予以奖励，只是肯定了团队成员的工作量，而没有考虑团队成员对其他团队成员知识创新的贡献，因为团队中任何成员都进行"单打独斗"式的知识创新，拒绝与他人建立知识整合关系以实现知识创新目标，那么知识创新引领人的知识成果的产生可能需要更大的成本或者干脆无法出现，因此需要研究成员实际产出对其他成员实现知识创新的贡献予以奖励。同样，作为知识创新引领人，发表了同样水平的知识创新成果，同时作为他人知识创新跟随者的成员的绩效一定要高于没有为他人知识创新做出贡献的成员，在评定团队成员对团队内部知识整合活动的贡献时才是公平的，这是对于团队成员积极参与团队内部知识整合活动的鼓励。

2. 肯定知识主体对他人的知识溢出效应

该模型涵盖范围较广。对于互引式的团队内部知识整合而言，如果某个成员的创新成果在刊出后，引起其他团队成员的关注和兴趣，可看作是对团队内其他成员的知识溢出，包括外部溢出也可作为一种奖励标准，鼓励高水平产出，扩大团队的对外影响力。被引用者只是一个被动的团队知识整合活动的参与人，没有情感，如同博弈活动的虚拟参与人一样，完全处于被动接受的地位，只是确定了知识创新成果的类别与技术状态。

对于交互式的团队内部知识整合（包括合作式知识整合和团队平时的知

识交流）而言，如果团队成员对团队的知识存量做出贡献，也可获得相应的激励。为了团队成员持续对团队内部知识整合做出贡献，可建立团队内部的知识产权制度，其他团队成员在未来的知识创新中利用成员的知识时，也对其给予相应的补偿。如团队成员某些特殊的知识创新经验与方法也可作为团队内部的知识产权予以保存，或鼓励这样的团队成员将这部分知识著书立说，提早刊出知识创新成果，也可以得到相应的激励补偿。

3. 对团队成员成为知识创新引领人和知识创新跟随者的双重激励

该模型利用社会网络分析的方法研究了团队成员个体之间的知识整合关系，只考虑了团队成员对他人的知识贡献（即模型中每个节点的点出度），鼓励与他人合作进行知识创新；团队成员的知识寻求动机（即他人对知识创新引领人的知识贡献）并没有考虑在内（在利用模型计算利益分配时没有减去每个节点的点入度），是鼓励团队成员充当知识创新引领人的角色，鼓励知识创新工作者积极主动地自由探索科学问题，力求在知识创新的过程中发现问题并寻求解决问题的途径。该激励机制（或获益分配原则）还体现了对团队长远知识创新贡献的鼓励，正因为有彼此知识整合的经历，他人从知识整合中得到了相应的知识启示，对未来的知识创新也是有益处的。

4. 知识整合成本由个体、团队共同承担

此模型充分体现了"尊重独立思考，鼓励整合创新"的大科学时代的科学研究与知识创新理念。对于团队内部知识整合活动而言，不仅能够充分发挥知识创新引领人的作用，而且能够充分尊重知识创新跟随者的知识贡献行为。打破了传统的科学研究合作贡献计算方法，知识创新参与人的贡献测定采用了"以知识创新成果为基本模块，以团队为系统的"的综合评价体系，这样知识整合的成本就由参与主体和团队来共同承担，优化了个体理性和集体理性之间的关系，形成个体和团队紧密结合的知识整合创新的利益保障机制。

6.2.6　团队层面激励机制的分析结果

本部分采用社会网络分析方法对面向知识创新的高校科研团队内部知识整合的激励机制进行了研究，论述了采用该方法的可行性，因为团队成员之间形成了错综复杂的有向的知识整合关系网络，并根据团队成员彼此之间存在着知识创新的贡献关系，对团队成员的名义知识创新产出和实际知识创新产出予以定义，成员对团队知识整合的贡献不仅仅在于其实际知识创新产出，还在于其对他人的知识创新产出所作出的外部贡献，一旦离开这部分产出，他人的知识创新也无法实现。

因此将团队的知识整合活动看作一个知识创新系统，采用社会网络分析的方法得出了团队内部知识整合的激励机制，利用上述理论并辅以实例分析得出了下述结论：团队成员如果想在团队内部知识整合活动中获得较高的收益，就不仅要成为知识创新引领人，也要成为知识创新跟随者；如果不做知识创新引领人，就必须多次与他人合作完成高水平的知识创新成果，才能获得较高的知识整合收益；如果只做低水平科研成果的知识创新引领人，获得的知识创新收益是非常低的，而低水平知识创新成果的知识创新跟随者收益更低。从而得出该模型对团队内部知识整合活动激励政策制定的启示，即鼓励高水平的知识创新合作，因为知识创新尤其是基础创新早已不是个别科学家的个人兴趣，也并不是科学家个人能力所能达到的目标，大规模合作式的科研活动在科学事业中正日益占据主导地位，尤其是高水平的知识创新成果更加需要科学家之间的合作创新。

6.3 本章小结

面向知识创新的高校科研团队内部知识整合活动的存在基础是能进行知识创新的团队成员，因此本章首先从委托代理关系的视角研究了团队成员个体参与知识创新的内在动机与外在激励。而大科学时代的知识创新尤其是基础创新早已不是个别知识创新工作者的个人兴趣，更不是个体的知识能力所能达到的目标，高校科研团队在知识创新中的交互式特点，为充分发挥团队个体在知识创新引领人以及知识创新跟随者在团队内部知识整合活动中的作用，采用社会网络分析的方法对高校科研团队内部知识整合的激励机制进行了研究。

结　　论

本书通过回顾面向知识创新的高校科研团队内部知识整合研究的相关内容，较为深入地剖析了面向知识创新的高校科研团队内部知识整合的特征与内涵，构建了以知识创新为导向的高校科研团队内部知识整合的流程模型，构建了团队内部的知识整合网络，分析了团队内部知识整合网络的结构特征，并对知识整合与团队知识创新绩效之间的关系进行了实证研究，最后论述了面向知识创新的高校科研团队内部知识整合的激励机制。

本书的主要研究成果及创新点如下：

（1）对面向知识创新的高校科研团队内部知识整合活动参与人的角色进行了明确划分，将团队内部知识整合活动的参与人角色分为知识创新引领人和知识创新跟随者，揭示了团队成员之间非对称的网络式的知识整合关系，以及在这种非对称的网络式的知识整合关系中所隐藏的个体理性和集体理性的矛盾。

（2）基于行为知识的信息融合过程模型，从总体分析和详细分析两个方面构建了面向知识创新的高校科研团队内部知识整合的流程模型。将面向知识创新的高校科研团队内部知识整合的流程划分为知识整合目标设定、知识资源获取、知识资源识别、知识资源筛选、知识资源配置、知识重构等6个阶段。在分析揭示知识资源获取过程的基础上，以知识图谱绘制为基本分析框架，论证揭示了知识资源的识别过程；采用D-S证据理论阐释了知识整合参与人知识创新能力的不确定程度的测度方法，揭示了知识资源筛选过程的主要任务；采用有向无环图表征了知识资源配置规划，揭示了知识资源配置过程的内容与行动；从个体层次的知识融合和团队层次的知识有机重构论证了知识重构的过程。最后从参与约束、激励约束、保密约束、知识创新成果的产权配置等方面揭示了高校科研团队内部知识整合流程中的行为规则。

（3）构建了团队内部知识整合网络模型，并揭示了知识整合网络的结构特征所反映的团队内部知识整合态势。基于团队内部知识引用式和知识交互式的知识整合模式，从知识互引行为、知识交互行为、知识引用耦合关系、知识特征耦合关系以及知识被引耦合关系等五个维度构建了团队内部知识整合网络模型以及复合式的知识整合网络模型，分析揭示了团队内部知识整合网络的结构特征所反映的团队内部的知识整合态势。并以某一高校科研团队为案例，论述了团队内部知识整合网络的构建过程，并分析了该团队内部知识整合网络的结构特征及其所反映的知识整合态势。

（4）利用PLS结构方程模型实证了团队内部知识整合对团队知识创新绩效的影响方向与影响程度。在实证问题分析与理论模型构建的基础上，提出了实证研究的概念模型和研究假设；然后采用第4章中团队内部知识整合网络的构建与分析方法，分别构建了所调研高校科研团队内部的知识整合网络，并计算了各个团队知识整合网络的结构特征指标，将其作为团队内部知识整合的观测变量；以团队内部知识整合作为外生的潜在变量，以团队知识创新绩效作为内生的潜在变量，并运用PLS结构方程模型进行了实证分析和结果验证。在实证分析的基础上，对所得出的研究结果进行了讨论，发现团队内部知识整合网络的畅通和知识整合关系的存续是提升团队知识创新绩效的关键，提出了团队内部知识整合关系存续的保障机制。

（5）从个体和团队两个层面分析提出了面向知识创新的高校科研团队内部知识整合的激励机制。基于信息经济学中的委托代理理论，论证提出了个体层面的激励机制设计原则：成员参与团队知识整合的内在动机应该成为个体层面的激励机制设计的核心，而知识创新经费支持应该成为激励机制设计的补充措施。基于社会网络分析理论，论证提出了团队层面知识整合激励机制设计的原则：团队成员如果想在团队内部知识整合活动中获得较高的收益，就不仅要成为知识创新引领人，也要成为知识创新跟随者，而且要参与面向高水平知识创新的知识整合活动，即应该鼓励面向高水平知识创新的团队内部知识整合，尊重成员个体的独立思考，激励团队知识资源的有效整合，充分发挥知识创新引领人的知识创新发起人作用，尊重知识创新跟随者的知识贡献行为。

本书对面向知识创新的高校科研团队内部知识整合研究的相关基础、知识整合的流程、知识整合网络构建与分析、团队内部知识整合与团队知识创新绩效之间的关系、知识整合的激励机制等方面进行了较为系统的研究探索。通过上述研究发现，仍然有一些问题需要深入地进行探讨，今后的研究可从如下两个方面展开：

（1）对团队内部知识整合活动参与人交互行为的进一步深入探讨。在团队内部知识整合网络中参与人的知识寻求行为、知识贡献行为以及团队内部知识整合活动的利益分配机制研究的基础上，进一步对团队内部知识整合参与人的知识寻求成本和知识贡献成本进行研究，即对参与人之间知识交互的成本与收益继续进行深入研究。

（2）在后续研究中进一步扩大调查范围、增加样本数量，以进一步扩大实证研究的范围，进一步深化对面向知识创新的高校科研团队内部知识整合问题的探讨。

附　　录

附录 A

本调研方法主要采用探索性研究技术（Exploring Research）技术——扎根理论（Ground Theory），对访谈的原始资料进行开放式编码、主轴编码来分析高校科研团队成员参与团队知识创新的内在动机和外在激励、参与团队知识整合的利益分配机制和团队内部知识整合流程的现存问题。受访者基本信息、开放式编码范畴化、主轴编码形成的主范畴，分别见附表1、附表2、附表3。

附表 1　受访者基本资料一览表

序号	受访者代码	性别	年龄	学历	团队角色	访谈形式
M1	WX	男	34	博士	成员	个人访谈
M2	HG	男	33	博士	成员	个人访谈
M3	LXY	女	34	在读博士	成员	个人访谈
M4	MJ	女	33	博士	成员	个人访谈
M5	MCQ	男	34	硕士	成员	个人访谈
M6	WSG	男	35	博士	成员	个人访谈
M7	ZLX	女	40	博士	成员	个人访谈
M8	LCY	女	42	在读博士	成员	个人访谈
M9	NXH	女	34	博士	成员	个人访谈
M10	HYH	男	42	博士	成员	个人访谈
M11	GY	男	43	博士	负责人	个人访谈
M12	SSL	男	42	博士	负责人	个人访谈

附表 2　开放式编码范畴化

范畴	原始语句（初始概念）
参与团队知识创新的动力	M2：参与团队的知识创新就有机会获得相应的经费支持，搞科研不用自筹经费，可以解决眼前资金紧张的困难（团队经费支持） M4：取得高水平的知识创新成果可以得到团队和所在高校的物质奖励，团队的奖励并不重要（预期的物质奖励） M5：利用该高水平的学术机缘，提升自身对科学研究活动规律的把握，拓展个人发展机遇（预期的个人发展） M1：参与团队的知识创新能够督促自己投身于知识创新活动，为提升个人的知识创新能力奠定基础（预期的个人发展） M11：虽然学校规定负责人与成员的经费支持比例为6:4，但我告诉团队成员只要能出成果，我愿意将自己的经费划拨给成员支配，但我仍然会完成60%的知识创新任务（团队经费支持） M12：鼓励成员多出成果，不让成员因为科研经费的问题而影响知识创新活动（团队经费支持）
团队知识整合的现存问题	M1：参与团队知识整合最担心的是自己的核心知识外溢，因为核心知识外溢往往无法获得相应的利益补偿，未来也没有像技术专利等相应的知识产权做保障（参与团队知识整合的利益保障） M3、M10：多数是从其他成员的成果中发现或汲取有效的知识资源，然后才针对自己有兴趣的知识资源与相应的成员进行交流（团队知识整合模式的选择） M6、M7：无法及时获取团队成员的知识创新成果，不能够及时了解彼此最新的研究进展，一般等到团队成员的知识创新成果刊出时，才能获取该知识资源的存在（知识资源获取的非及时性） M8、M9：团队成员知识资源获取的重复现象比较严重，团队内部缺乏全面而规范的知识资源清单，每次知识创新，都需要从公共信息数据库等数据源处获取（团队知识资源获取的重复性） M8、M1：在团队内部知识交流很少的情况下，只能对团队成员已有的知识创新成果进行深入研究，来及时了解彼此的研究主题（团队内部知识资源识别的问题） M1：团队知识整合不仅要考虑利益分配的问题，最重要的选择专业领域的合适知识主体参与自身所引领的知识创新活动，以提升知识创新的质量（团队知识资源筛选的问题）

附表 3　主轴编码形成的主范畴

主范畴	对应范畴	关系的内涵
知识整合的激励机制	个体层面的激励机制	内在动机：知识创新成果所带来的预期收益（团队奖励、所在高校奖励和预期的个人发展）对于成员个体的效用，以及该效用对成员的激励作用
		外在激励：参与团队知识创新所获得的经费资助对于个体成员的激励作用
	团队层面的激励机制	设定合理的利益分配机制，一方面鼓励团队成员发挥知识创新引领人的作用，另一方面鼓励团队成员为他人所引领的知识创新活动贡献自身的知识

续表

主范畴	对应范畴	关系的内涵
知识整合的流程问题	知识资源获取的对策	（1）鉴于个体知识资源获取的重复性，可采用团队知识资源获取的方式，即建立团队内部知识资源清单的方式对团队所需知识资源进行集中管理 （2）鉴于团队内部知识资源交流中的时滞，可采用团队成果已经录用，就被添加到团队内部知识资源清单中
	知识资源识别的对策	鉴于"在团队内部知识交流很少的情况下，只能对团队成员已有的知识创新成果进行深入研究，来及时了解彼此的研究主题"等情况，需绘制团队内部的知识图谱，以快速而有效地挖掘出团队知识资源所包含的知识特征以及知识特征之间的关联
	知识资源筛选的对策	为提升知识创新的质量，需选择合适的知识主体参与以知识创新为导向的知识整合活动，因此对知识主体知识创新能力的不确定性进行分析可为知识主体的选择提供参考依据

附录 B

第 3 章和第 4 章所研究案例的基本情况如附表 4 – 附表 8 所示：

附表 4 团队知识创新成果及参与人员

知识创新成果名称	成果代码	参与人员姓名代码
带未知有色观测噪声的自校正融合 Kalman 滤波器	P_1	S_{12}，S_1
含未知参数的自校正融合 Kalman 滤波器及其收敛性	P_2	S_{10}，S_1
自校正分量解耦信息融合 Wiener 状态滤波器	P_3	S_{12}，S_1
广义系统信息融合稳态与自校正满阶 Kalman 滤波器	P_4	S_6，S_9
Wiener 滤波，Kalman 滤波和信息融合滤波理论研究进展	P_5	S_1
带有色观测噪声的多传感器 ARMA 模型信息融合辨识	P_6	S_3，S_1
多传感器 ARMA 信号自校正分布式融合 Kalman 滤波器	P_7	S_2，S_{11}，S_1
多传感器多变量 AR 模型信息融合辨识方法	P_8	S_7，S_1
带未知模型参数的自校正集中式融合信息滤波器	P_9	S_5，S_{10}，S_1
多传感器分布式信息融合粒子滤波器	P_{10}	S_8，S_4

附表 5 团队知识创新成果中的知识特征及其代码

知识特征	代码	知识特征	代码
ARMA 模型	f_1	两段融合	f_{18}
Kalman 滤波（Kalman 滤波器）	f_2	偏差补偿最小二乘法	f_{19}
Wiener 滤波	f_3	收敛性	f_{20}
辨识	f_4	未知有色观测噪声	f_{21}
动态误差系统分析方法	f_5	稳态满阶滤波器	f_{22}
多传感器多变量 AR 模型	f_6	现代时间序列分析方法	f_{23}
多传感器信息融合	f_7	信息融合	f_{24}
多传感器信息融合估计	f_8	信息融合多段辨识方法	f_{25}
多重递推增广最小二乘法	f_9	信息融合估值器	f_{26}
分布式融合	f_{10}	信息融合滤波	f_{27}
广义系统	f_{11}	一致性	f_{28}
互协方差	f_{12}	有色观测噪声	f_{29}

续表

知识特征	代码	知识特征	代码
渐近全局最优	f_{13}	噪声方差估计	f_{30}
解耦融合	f_{14}	状态估计	f_{31}
科学方法论	f_{15}	自校正 Kalman 滤波器	f_{32}
粒子滤波器	f_{16}	自校正滤波器	f_{33}
两段辨识算法	f_{17}	自校正融合	f_{34}

附表6 团队知识创新成果代码及其知识特征代码

成果代码	成果知识特征代码	成果代码	成果知识特征代码
P_1	$f_7;f_{14};f_{21};f_4;f_{32};f_{20}$	P_6	$f_8;f_1;f_{29};f_{17};f_{28}$
P_2	$f_7;f_{34};f_{19};f_{20};f_5;f_2$	P_7	$f_7;f_{10};f_{32};f_{20};f_{13}$
P_3	$f_7;f_{20};f_4;f_{21};f_{32};f_{14}$	P_8	$f_6;f_{25};f_9;f_{26};f_{28}$
P_4	$f_{11};f_{18};f_{22};f_{12};f_{33}$	P_9	$f_7;f_2;f_{30};f_{20};f_5$
P_5	$f_2;f_3;f_{27};f_{23};f_{15}$	P_{10}	$f_{24};f_{16};f_{31}$

附表7 团队知识创新成果及其所引用的知识创新成果（参考文献）
（注：参考文献中团队相关人员名字已用其姓名代码替换）

知识创新成果名称	主要参与人员	引用知识创新成果（参考文献）
带未知有色观测噪声的自校正融合 Kalman 滤波器	S_{12},S_1	BAR SHALOM Y, LI X R. Multitarget-Multisensor Tracking: Principlesand Techniques [M]. Stors, CT: YBS Publishing, 1995.
		BAR SHALOM Y, LI X R. Estimator and Tracking: Principles, Techiques and Software [M]. Boston, MA: Artech House Inc, 1993.
		GAN Q, HARRIS C J. Comparison of two measure fusion methods for Kalman filter-based multisensor data fusion [J]. IEEE Transactions on Aerospace and Electronic Systems, 2001, 37 (1): 273 - 280.
		LI X R, ZHU Y M, WANG J, et al. Optimal linear estimator fusionpart I: Unified fusion rules [J]. IEEE Transactions on Information Theory, 2003, 49 (9): 2192 - 2205.
		ZHU Y M, YOU Z S, ZHANG K S, et al. The optimality for the distributed Kalman filtering fusion with feedback [J]. Automatica, 2001, 37 (9): 1489 - 1493.
		S9, S1. Multi-sensor optimal information fusion Kalman filter [J]. Automatica, 2004, 40 (6): 1017 - 1023.

续表

知识创新成果名称	主要参与人员	引用知识创新成果（参考文献）
带未知有色观测噪声的自校正融合Kalman滤波器	S_{12}, S_1	S9, S1. 带有色观测噪声系统多传感器标量加权最优信息融合稳态Kalman滤波器［J］. 控制理论与应用，2004，21（4）：635-638.
		GAO Y, WANG W L, S1. Information fusion estimation of noise statistics for multisensor systems［C］//2009 Chinese Control and Decision Conference. Shenyang：Northeastern University Press, 2009, 6：1128-1131.
		S1, GAO Y, LI C B, et al. Self-tuning decoupled information fusion Wiener state component filters and their convergence［J］. Automatica, 2008, 44（3）：685-695.
		S1, 王伟玲，王强. 自校正信息融合Wiener预报器及其收敛性［J］. 控制理论与应用，2009，26（11）：1261-1266.
		RAN C J, S10, LIU J F, et al. Self-tuning decoupled fusion Kalman predictor and its convergence analysis［J］. IEEE Sensors Journal, 2009, 9（12）：2024-2032.
		RAN C J, S1. Self-tuning weighted measurement fusion Kalman filter and its convergence［J］. Journal of Control Theory and Applications, 2010, 8（4）：435-440.
		LIU J F, S1. Self-tuning information fusion Kalman filter for ARMA signed and its convergence［C］//Proceedings of the 8th World Congress on Intelligent Control and Automation. Jinan：Shandong University Press, 2010, 6：6907-6912.
		S9, S1. Distributed optimal steady-state Kalman filter for systems with coloured measurement noises［J］. International Journal of Systems Science, 2005, 36（3）：113-118.
		LJUNG L. System Identification：Theory for User［M］. Engle-Wood Cliffs, NJ：Prentice-Hall, 1999.
		S1. 信息融合滤波理论及其应用［M］. 哈尔滨：哈尔滨工业大学出版社，2007.
		S10, S1. Convergence of self-tuning Riccati equation for systems with unknown parameters and noise variances［C］//Proceedings of the 8th World Congress on Intelligent Control and Automation. Jinan：2010, 6：5732-5736.
		KAMEN E W, SU J K. Introduction to optimal estimation［M］. Berlin：Spinger-Verlag, 1999.
含未知参数的自校正融合Kalman滤波器及其收敛性	S_{10}, S_1	王建文，税海涛，李迅，张辉，马宏绪. 噪声统计特性未知时的鲁棒卡尔曼滤波算法设计［J］. 控制理论与应用. 2011（05）.
		S1, 徐慧勤, S11. 多变量偏差补偿递推最小二乘法及其收敛性［J］. 科学技术与工程. 2010（02）.
		S1 著. 自校正滤波理论及其应用［M］. 哈尔滨工业大学出版社，2003.
		S9. Optimal and Self-tuning Information Fusion Kalman Multi-step Predictor［J］. IEEE Transactions on Aerospace and Electronic Systems, 2007.
		C. Ran, S10, J. Liu. Self-tuning decoupled fusion Kalman predictor and its convergence analysis. IEEE Sensors Journal, 2009.
		Moir T. J, Campbell D. R, Dabis H. S. A Polynomial Approach to Optimal and Adaptive Filtering with Application to Speech Enhancement［J］, 1991.

续表

知识创新成果名称	主要参与人员	引用知识创新成果（参考文献）
含未知参数的自校正融合Kalman滤波器及其收敛性	S_{10}, S_1	X. Rong Li, YunminZhu, Jie Wang, Chongzhao Han. Optimal Linear Estimation Fusion-Part I: Unified Fusion Rules. IEEE Transactions on Information Theory, 2003.
		S1, Gao Yuan, S8, Li Yun, Hao Gang. New approach to information fusion steady-state Kalman filtering. Automatica, 2005.
		Y. Gao, W. Jia, X. Sun. Self-tuning multisensor weighted measurement fusion Kalman filter. IEEE Transactions on Aerospace and Electronic Systems, 2009.
		S1, Y. Gao, C. Li. Self-tuning decoupled information fusion Wiener state components filters and their convergence [J]. Automatica, 2008.
		S9, S1. Multi-sensor optimal information fusion Kalman filter. Automatica, 2004.
		Hagander P, Wittenmark B. A Self-Tuning Filter for Fixed-Lag Smoothing, 1977.
		S1, Zhang Huanshui, Liu Shujun, etal. Optimal and Self-tuning White Noise Estimators with Applications to Deconvolution and Filtering Problems. Automatica, 1996.
		Bressler, Charles E. Literary Criticism: An Introduction to Theory and Practice, 1999.
		Kailath T, Sayed AH, Hassibi B. Linear Estimation, 2000.
		Box GEP, Jenkins GM, Reinsel GC. Time Series Analysis: Forecasting and Control, 1994.
		Chui C K, Chen G. Kalman Filtering with Real-Time Applications, 1999.
		J. D. Gibson,, B. Koo, S. D. Gray. Filtering of colored noise for speech enhancement and coding. IEEE Transactions on Signal Processing, 1991.
		Moir T, Grimble M J. Optimal self-tuning filtering, pre-diction, and smoothing for discrete multivariable processes. IEEE Transactions on Automatic Control, 1984.
		Julier S J, Uhlmann J K. A non-divergent estimation al-gorithm in the presence of unknown correlations, 1997.
		Wu D Z, Zhou J, Qu X M. A robust estimation fusion with unknown cross-covariance in distribution systems, 2009.
		Gao Y, Ran C J, Sun X J, S1. Optimal and self-tuning weighted measurement fusion Kalman filters and their asymptotic global optimality. International Journal of Adaptive Control and Signal Processing, 2010.
		S10, S1. Convergence of self-tuning Riccati equa-tion for systems with unknown parameters and noise vari-ances, 2010.
		Liggins M E, Hall D L, Llinas J. Handbook of Multisensor Data Fusion: Theory and Practice, 2009.
		Song E B, Zhu Y M, Zhou J, You Z S. Optimal Kalman fil-tering fusion with cross-correlated sensor noises. Automatica, 2007.
		Ran C J, S1. Information fusion multi-stage identi-fication method for multisensor multi-channel ARMA mod-els, 2011.
		Kamen E W, Su J K. Introduction to Optimal Estimation, 1999.
		Chen H F, Zhao W X. Identification of both coeffcients and orders of ARMAX sys-tem, 2009.

续表

知识创新成果名称	主要参与人员	引用知识创新成果（参考文献）
自校正分量解耦信息融合Wiener状态滤波器	S_{12}, S_1	Han Q, Harris C J. Comparison of two measuremoent fusion methods for Kalman-filter-bases rnulusensor data fusion. IEEE Transactions on Aerospace and Electronic Systems, 2001.
		S1, Gao Y, Mao L, et al. New approach to information fusion steady-state Kalman filtering. Automatica, 2005.
		Lee T T. A direct approach to identify the noise covariances of Kalman filtering. IEEE Transactions on Automatic Control, 1980.
		BAR SHALOM Y, LI X R. Multitarget-Multisensor Tracking: Principlesand Techniques [M]. Stors, CT: YBS Publishing, 1995.
		BAR SHALOM Y, LI X R. Estimator and Tracking: Principles, Techiques and Software [M]. Boston, MA: Artech House Inc, 1993.
		GAN Q, HARRIS C J. Comparison of two measure fusion methods for Kalman filter-based multisensor data fusion [J]. IEEE Transactions on Aerospace and Electronic Systems, 2001, 37 (1): 273 – 280.
		LI X R, ZHU Y M, WANG J, et al. Optimal linear estimator fusionpart I: Unified fusion rules [J]. IEEE Transactions on Information Theory, 2003, 49 (9): 2192 – 2205.
		ZHU Y M, YOU Z S, ZHANG K S, et al. The optimality for the distributed Kalman filtering fusion with feedback [J]. Automatica, 2001, 37 (9): 1489 – 1493.
		S9, S1. Multi-sensor optimal information fusion Kalman filter [J]. Automatica, 2004, 40 (6): 1017 – 1023.
		RAN C J, S10, LIU J F, et al. Self-tuning decoupled fusion Kalman predictor and its convergence analysis [J]. IEEE Sensors Journal, 2009, 9 (12): 2024 – 2032.
		RAN C J, S1. Self-tuning weighted measurement fusion Kalman filter and its convergence [J]. Journal of Control Theory and Applications, 2010, 8 (4): 435 – 440.
		LIU J F, S1. Self-tuning information fusion Kalman filter for ARMA signed and its convergence [C] //Proceedings of the 8th World Congress on Intelligent Control and Automation. Jinan: Shandong University Press, 2010, 6: 6907 – 6912.
		S9, S1. Distributed optimal steady-state Kalman filter for systems with coloured measurement noises [J]. International Journal of Systems Science, 2005, 36 (3): 113 – 118.
		LJUNG L. System Identification: Theory for User [M]. Engle-Wood Cliffs, NJ: Prentice-Hall, 1999.
		S1. 信息融合滤波理论及其应用 [M]. 哈尔滨: 哈尔滨工业大学出版社, 2007.
		S10, S1. Convergence of self-tuning Riccati equation for systems with unknown parameters and noise variances [C] //Proceedings of the 8th World Congress on Intelligent Control and Automation. Jinan: 2010, 6: 5732 – 5736.
		BAR SHALOM Y, LI X R. Multitarget-Multisensor Tracking: Principlesand Techniques [M]. Stors, CT: YBS Publishing, 1995.

续表

知识创新成果名称	主要参与人员	引用知识创新成果（参考文献）
广义系统信息融合稳态与自校正满阶Kalman滤波器	S_6, S_9	石莹，沈永良，S9，S1. 广义离散随机线性系统降阶Wiener滤波、平滑和预报器[J]. 控制理论与应用，2004（06）.
		S9，S1. 带有色观测噪声系统多传感器标量加权最优信息融合稳态Kalman滤波器[J]. 控制理论与应用，2004（04）.
		S9，S1. Multi-sensor optimal information fusion Kalman filter. Automatica, 2004.
		S9. Multi-sensor optimal information fusion Kalman filter with application, 2004.
		K. H. Kim. Development of track to track fusion algorithm, June1994.
		Nikoukhah R, Willsky A S, Bernard C L. Kalman Filtering and Riccati Equations for Descriptor Systems. IEEE Transactions on Automatic Control, 1992.
		Carlson N A. Federated square root filter for decentralized parallel processes. IEEE Transactions on Aerospace and Electronic Systems, 1990.
		X. Rong Li, YunminZhu, Jie Wang, Chongzhao Han. Optimal Linear Estimation Fusion-Part I: Unified Fusion Rules. IEEE Transactions on Information Theory, 2003.
		S9. Distributed optimal component fusion weighted by scalars for fixed-lag Kalman smoother. Automatica, 2005.
		Zhang H S, Chai T Y, Liu X J. A Unified Approach to Optimal State Estimation for Stochastic Singular Systems. Automatica, 1998.
		S9，S6. " Optimal filtering and smoothing fordiscrete-time stochastic singular systems," . Signal Processing, 2007.
		S9，MA J, XIAO W D. Optimal fusion reduced-order Kalmanfilters weighted by scalars for stochastic singular systems [C], 2006.
Wiener滤波，Kalman滤波和信息融合滤波理论研究进展	S_1	Sun X. J, S1 Information Fusion Wiener Filter for the Multisensor Multichannel ARMA Signals with Time-delayed Measurements[J], 2009.
		N. Wiener. Extrapolation, interpolation et calcul approché des suites stationnaires, avec applications à la technique. 1949 S1, Y. Gao, C. Li. Self-tuning decoupled information fusion Wiener state component filters and their convergence[J]. Automatica, 2008.
		Gao Y, S10, S1 Decoupled Distributed Kalman Fuser for Descriptor Systems[J]. Signal Processing. 2008 Ahlen A, Sternad M. Wiener filter design using polynomial equations. IEEE Transactions on Signal Processing, 1991.
		Box GEP, Jenkins GM. Time Series Analysis: Forecasting and Control. . 1970 Mendel JM. White_noise estimators for seismic data processing in oil exploration. IEEE Transactions on Automatic Control, 1977.
		Anderson B D O, Moore J B. Optimal Filtering. . 1979 S1, Xu Y. Descriptor Wiener state estimators. Automatica, 2000.
		Ljung L. System Identification: Theory for the User, 1999.
		S1, Zhang Huanshui, Liu Shujun, etal. Optimal and Self-tuning White Noise Estimators with Applications to Deconvolution and Filtering Problems. Automatica, 1996.
		S1, Gao Yuan, S8, Li Yun, Hao Gang. New approach to information fusion steady-state Kalman filtering. Automatica, 2005.

续表

知识创新成果名称	主要参与人员	引用知识创新成果（参考文献）
Wiener 滤波，Kalman 滤波和信息融合滤波理论研究进展	S_1	C. Ran, S10, J. Liu. Self-tuning decoupled fusion kalman predictor and its convergence analysis ［J］. IEEE Sensors Journal, 2009.
		Gao Yuan, Jia Wenjing, Sun Xiaojun, et al. Self-tuning multi-sensor weighted measurement fusion Kal man filter ［J］, 2009.
		X. J. Sun, S1. Optimal and self-tuning weighted measurement fusion Wiener filter for the multisensor multichannel ARMA signals ［J］. Signal Processing, 2009.
		X. J. Sun, Y. Gao, S1. Information fusion white noise deconvolution estimators for time-varying systems. Signal Processing, 2008.
		Uhlmann J K. General data fusion for estimates with unknown cross covariances, 1996.
		S1, Y. Gao, S10. Reduced-order steady-state descriptor Kalman fuser weighted by block-diagonal matrices ［J］. Information Fusion, 2008.
		M. E. Ljggins, D. L. Hall, J. Llinas. Handbook ofmultisensor data fusion, theory and practice, 2009.
		Y. Gao, C. J. Ran, X. J. Sun, et al. Optimal andself-tuning weighted measurement fusion Kalman fil-ters and their asymptotic global optimality ［J］, 2010.
		S9, S1. Multi-sensor optimal infor-mation fusion Kalman filter ［J］. Automatica, 2004.
		X. J. Sun, Y. Gao, S1. Multi-model infor-mation fusion Kalman filtering and white noise decon-volution ［J］. Information Fusion, 2010.
		S10, S1. Convergence of self-tuningRiccati equation for systems with unknown parametersand noise variances ［C］, 2010.
		C. J. Ran, S1. Self-tuning distributed meas-urement fusion Kalman estimator for the multi-channelARMA signal ［J］. Signal Processing, 2011.
		S1, Y. M. Liu. Descriptor Kalman estima-tors ［J］. International Journal of Systems Science, 1999.
		Y. Gao, H. Q. Xu, S1. Multi-stage infor-mation fusion identification method for multisensorARMA signals with white measurement noises ［C］, 2010.
		J. F. Liu, S1. Self-tuning information fusionWiener filter for ARMA signals and its convergence ［C］, 2010.
		S1. Time-domain approaches to multi channel optimal deconvolution ［J］, 2000.
		K. J. Hunt. Polynomial methods in optimal controland filtering ［M］, 1993.
		S. J. Julier, J. K. Uhlman. A non-divergent estima-tion algorithm in the presence of unknown correlations ［C］, 1997.
		Y. Gao, W. J. Qi, S1. Multichannel ARMAsignal covariance intersection fusion Wiener filter ［C］, 2011.
		齐文娟，高媛，S1. 观测滞后系统协方差交叉融合 Kalman 滤波器 ［J］. 科学技术与工程, 2011 (03).
		Chenjian RAN, S1 (Department of Automation, Heilongjiang University, Harbin Heilongjiang 150080, China). Self-tuning weighted measurement fusion Kalman filter and its convergence ［J］. Journal of Control Theory and Applications, 2010 (04).

续表

知识创新成果名称	主要参与人员	引用知识创新成果（参考文献）
Wiener 滤波，Kalman 滤波和信息融合滤波理论研究进展	S_1	S1，徐慧勤，S11．多变量偏差补偿递推最小二乘法及其收敛性［J］．科学技术与工程．2010（02）．
		S1，王伟玲，王强．自校正信息融合 Wiener 预报器及其收敛性［J］．控制理论与应用．2009（11）．
		S1，顾磊，冉陈键．带相关噪声的观测融合稳态 Kalman 滤波算法及其全局最优性［J］．电子与信息学报．2009（03）．
		冉陈键，顾磊，S1．相关观测融合 Kalman 估值器及其全局最优性［J］．控制理论与应用．2009（02）．
		S1，郝钢．自校正多传感器观测融合 Kalman 估值器及其收敛性分析［J］．控制理论与应用．2008（05）．
		冉陈键，惠玉松，顾磊，S1．相关观测融合稳态 Kalman 滤波器及其最优性［J］．自动化学报．2008（03）．
		S1，李春波．自校正信息融合 Kalman 平滑器［J］．控制理论与应用．2007（02）．
		S1，李云，王欣．多传感器最优信息融合白噪声反卷积滤波器［J］．控制理论与应用．2006（03）．
		S1，高媛，王好谦．基于 Kalman 滤波的统一的 Wiener 状态滤波器［J］．控制理论与应用．2004（06）．
		S1．时域 Wiener 状态滤波新方法［J］．控制理论与应用．2004（03）．
		S1，S9．基于 Kalman 滤波的 Wiener 状态估值器（英文）［J］．自动化学报．2004（01）．
		许燕，S1．广义系统 Wiener 状态滤波新算法［J］．控制与决策．2003（03）．
		S1．时变系统的统一和通用的最优白噪声估计器［J］．控制理论与应用．2003（01）．
		S1，许燕．基于 Kalman 滤波的白噪声估计理论（英文）［J］．自动化学报．2003（01）．
		S1，S11．统一的和通用的 Wiener 状态滤波器［J］．自动化学报．2002（03）．
		S1，王玉成，刘伟华．不带 Diophantine 方程的多通道最优去卷滤波器［J］．自动化学报．2002（01）．
		S1，S9，郭金柱．Wiener 状态去卷滤波器［J］．控制理论与应用．2001（04）．
		S1，郭金柱，S9．Wiener 去卷滤波器设计新方法［J］．自动化学报．2001（02）．
		S1，李北新．自校正 α—β 跟踪滤波器［J］．自动化学报．1992（06）．
带有色观测噪声的多传感器 ARMA 模型信息融合辨识	S_3，S_1	高媛，徐慧勤，S1，孟华，王欣，S8．多传感器系统模型参数和噪声统计的一种信息融合辨识方法［J］．科学技术与工程．2009（17）．
		高媛，王伟玲，王强，S1．多传感器系统噪声统计辨识的一种相关方法［J］．科学技术与工程．2009（01）．
		Ljung L. System Identification：Theory for the User. 1999.

续表

知识创新成果名称	主要参与人员	引用知识创新成果（参考文献）
带有色观测噪声的多传感器ARMA模型信息融合辨识	S_3, S_1	Y. Gao, H. Xu, S1. Multi-stage information fusion identification method for multi-sensor ARMA signals with white measurement noises［C］, 2010.
		Y. Gao, W. Wang, S1. Information fusion estimation of noise statistics for multisensor systems［C］, 2009.
		M. Gevers, W. Wouters. An innovations approach to the discrete-time stochastic realization problem［J］, 1998.
		Moir T J, Campbell D R, Dalois H S. A polynomial approach to opti-mal and adaptive filtering with application to speech enhancement. IEEE Transactions on Signal Processing, 1991.
多传感器ARMA信号自校正分布式融合Kalman滤波器	S_2, S_{11}, S_1	王伟, S1. 多传感器AR信号自校正加权融合Wiener滤波器［J］. 科学技术与工程. 2010（03）.
		高媛, 徐慧勤, S1, 孟华, 王欣, S8. 多传感器系统模型参数和噪声统计的一种信息融合辨识方法［J］. 科学技术与工程. 2009（17）.
		C. Ran, S10, J. Liu. Self-tuning decoupled fusion kalman predictor and its convergence analysis［J］. IEEE Sensors Journal. 2009.
		Kanen E W, Su J K. Intruduction to optimal estimate. 1999.
		S1, Y. Gao, C. Li. Self-tuning decoupled information fusion Wiener state component filters and their convergence［J］. Automatica. 2008.
		Gu L, Sun X J, S1. The convergence analysis of the self-tun-ing Riccati equation. . 2009 June17－19.
		Yunmin Zhu, Zhisheng You, Juan Zhao, et al. The optimality for the Distributed Kalman Filtering Fusion with Feedback. Automatica. 2001.
		S9, S1. Multi-sensor optimal information fusion Kalman filter. Automatica. 2004.
		S10, Guan Xuehui, S1. Self-tunning distributed fusion Kalman filter with asymptotic global optimality. . 2010 July29—31.
多传感器多变量AR模型信息融合辨识方法	S_7, S_1	S1, 徐慧勤, S11. 多变量偏差补偿递推最小二乘法及其收敛性［J］. 科学技术与工程. 2010（02）.
		徐慧勤, S1, S11. 多维和多重递推辅助变量辨识算法［J］. 科学技术与工程. 2010（02）.
		高媛, 徐慧勤, S1, 孟华, 王欣, S8. 多传感器系统模型参数和噪声统计的一种信息融合辨识方法［J］. 科学技术与工程. 2009（17）.
		高媛, 王伟玲, 王强, S1. 多传感器系统噪声统计辨识的一种相关方法［J］. 科学技术与工程. 2009（01）.
		Ljung L. System Identification：Theory for the User. 1999.
		H. F. Chen, J. M. Yang. Strongly consistent coefficient estimate for errors-in-variables models. 2005.
		Gao Y, Xu HQ, S1. Multi-stage information fusion identifica-tion methods for multisensor ARMAsignals with white measure noise. 2010.
		Gao Y, Wang W L, S1. Information fusion estimation of noise statistics for multi-sensor systems. 2009.

续表

知识创新成果名称	主要参与人员	引用知识创新成果（参考文献）
带未知模型参数的自校正集中式融合信息滤波器	S_5, S_{10}, S_1	关学慧，S1，石莹．自校正集中式融合信息滤波器［J］．科学技术与工程．2010（02）．
		S1，李春波．自校正解耦信息融合 Wiener 状态估值器［J］．控制理论与应用．2008（04）．
		孙小君，S12，S1．基于 Riccati 方程的自校正解耦融合 Kalman 滤波器［J］．控制与决策．2008（02）．
		S1 LI Chun-Bo Department of Automation, Heilongjiang Uninvesity, Harbin 150080, P. R. China. Self-tuning Information Fusion Kalman Predictor Weighted by Diagonal Matrices and Its Convergence Analysis［J］．自动化学报．2007（02）．
		X. J. Sun, S1. Information fusion white noise deconvolution estimators for multisensor sys-tems with different local models. June17 – 19，2009.
		X. Rong Li, YunminZhu, Jie Wang, Chongzhao Han. Optimal Linear Estimation Fusion-Part Ⅰ：Unified Fusion Rules. IEEE Transactions on Information Theory. 2003.
		E. W. Kamen, J. K. Su. Introduction to Optimal Estimation. 1999.
		Shin V, Shevlyakov G, Kim K. A new fusion formula and its applica-tion to continuous-time linear systems with multisensor environment. Computational Statistics. 2007.
		Fung P T K, Grimble M J. Dynamic ship positioning using a self-tun-ing Kalman filter. IEEE Transactions on Automatic Control．1983.
		Moir T, Grimble M J. Optimal self-tuning filtering, prediction, and smoothering for discrete multivariable processes. 1984.
		Ran C J, S10, Liu J F, et al. Self-tuning decoupled fusion Kal-man predictor and its convergence analysis. IEEE Sensors Journal．2009.
		Gu L, Sun X J, S1. The convergence analysis of the self-tun-ing Riccati equation. 2009 June17 – 19.
		Gao Y, Jia W J, Sun X J, et al. Self-tuning multisensor weighted measurement fusion Kalman filter. 2009.
多传感器分布式信息融合粒子滤波器	S_8, S_4	胡昭华，宋耀良，梁德群，樊鑫．复杂背景下多信息融合的粒子滤波跟踪算法［J］．光电子．激光．2008（05）．
		马加庆，韩崇昭．一类基于信息融合的粒子滤波跟踪算法［J］．光电工程．2007（04）．
		Doucet A, De Freitas JFG, Gordon NJ. Sequential Monte Carlo Methods in Practice. 2001.
		M Sanjeev Arulampalam, Simon Maskell, Neil Gordon, et al. A tutorial on particle filters for online nonlinear/non-Gaussian Bayesian tracking. IEEE Transactions on Signal Processing．2002.
		S9，S1. Multi-sensor optimal information fusion Kalman filter. Automatica．2004.

附表8 团队内部被引用的知识创新成果及来源知识创新成果
（注：团队相关人员名字已用其姓名代码替换）

团队内部被引用的知识创新成果	来源知识创新成果
S1，郝钢，. 自校正分布式观测融合 Kalman 滤波器. 电子与信息学报：2007，08.	Self-tuning Weighted Measurement Fusion Kalman Filter with Cooperating Identification for Multisensor System with Correlated Noises [C]. Proceedings of the 2011 Chinese Control and Decision Conference (CCDC)，2011.
冉陈键，惠玉松，顾磊，S1，. 相关观测融合稳态 Kalman 滤波器及其最优性. 自动化学报：2008，03.	
S1. 时变系统的统一和通用的最优白噪声估值器. 控制理论与应用：2003，01.	
冉陈键，惠玉松，顾磊，S1，. 相关观测融合稳态 Kalman 滤波器及其最优性. 自动化学报：2008，03.	
S1，许燕. 基于 Kalman 滤波的通用和统一的白噪声估计方法. 控制理论与应用：2004，04.	陈超；强文义；胡仕友；刘春雷. 应用于对海雷达的目标方位精确定位方法研究 [J]. 战术导弹技术，2010，(05).
S1. 时变系统的统一和通用的最优白噪声估值器. 控制理论与应用：2003，01.	
S1，高媛，王好谦. 基于 Kalman 滤波的统一的 Wiener 状态滤波器. 控制理论与应用：2004，06.	
S1，顾磊，冉陈键，. 带相关噪声的观测融合稳态 Kalman 滤波算法及其全局最优性. 电子与信息学报：2009，03.	
S1，郭金柱，S9. Wiener 去卷滤波器设计新方法. 自动化学报：2001，02.	
S1，郝钢，. 自校正多传感器观测融合 Kalman 估值器及其收敛性分析. 控制理论与应用：2008，05.	
S1，李北新，. 自校正 α—β 跟踪滤波器. 自动化学报：1992，06.	S1. Wiener 滤波，Kalman 滤波和信息融合滤波理论研究进展 [J]. 黑龙江大学工程学报，2011，(03).
S1，李春波，. 自校正信息融合 Kalman 平滑器. 控制理论与应用：2007，02.	
S1，李云，王欣，. 多传感器最优信息融合白噪声反卷积滤波器. 控制理论与应用：2006，03.	
S1，S9，郭金柱. Wiener 状态去卷滤波器. 控制理论与应用：2001，04.	
S1，S9. 基于 Kalman 滤波的 Wiener 状态估值器（英文）. 自动化学报：2004，01.	
S1，王伟玲，王强，. 自校正信息融合 Wiener 预报器及其收敛性. 控制理论与应用：2009，11.	
S1，王玉成，刘伟华. 不带 Diophantine 方程的多通道最优去卷滤波器. 自动化学报：2002，01.	

续表

团队内部被引用的知识创新成果	来源知识创新成果
S1，许燕．基于 Kalman 滤波的白噪声估计理论（英文）．自动化学报：2003，01．	S1．Wiener 滤波，Kalman 滤波和信息融合滤波理论研究进展［J］．黑龙江大学工程学报，2011，(03)．
S1，S11．统一的和通用的 Wiener 状态滤波器．自动化学报：2002，03．	
S1．时变系统的统一和通用的最优白噪声估值器．控制理论与应用：2003，01．	
S1．时域 Wiener 状态滤波新方法．控制理论与应用：2004，03．	
冉陈键，顾磊，S1，．相关观测融合 Kalman 估值器及其全局最优性．控制理论与应用：2009，02．	
冉陈键，惠玉松，顾磊，S1，．相关观测融合稳态 Kalman 滤波器及其最优性．自动化学报：2008，03．	
许燕，S1．广义系统 Wiener 状态滤波新算法．控制与决策：2003，03．	
S1，郝钢，．自校正多传感器观测融合 Kalman 估值器及其收敛性分析．控制理论与应用：2008，05．	冯磊．应用证据融合和禁忌搜索的不良数据检测与辨识研究［D］．燕山大学，2011．
S9，吕楠，白锦花，陈卓，．多传感器时滞系统信息融合最优 Kalman 滤波器．控制理论与应用：2008，03．	
S1，S9．基于 Kalman 滤波的 Wiener 状态估值器（英文）．自动化学报：2004，01．	高媛．最优和自校正多传感器观测融合滤波方法和算法研究［D］．黑龙江大学，2010．
S1．估计 MA 参数的多维强 Gevers-Wouters 算法及其在构造 ARMA 新息模型中的应用．控制理论与应用：2001，05．	
S1，．两种最优观测融合方法的功能等价性．控制理论与应用：2006，02．	
S1，高媛，．按对角阵加权信息融合 Kalman 滤波器．控制理论与应用：2005，06．	
S1，高媛．多通道 ARMA 信号信息融合 Wiener 滤波器．电子与信息学报：2005，09．	
S1，高媛．基于 Kalman 滤波的自回归滑动平均信号信息融合 Wiener 滤波器．控制理论与应用：2005，04．	
S1，高媛．快速信息融合 Kalman 滤波器．控制与决策：2005，01．	
S1，郝钢，．自校正多传感器观测融合 Kalman 估值器及其收敛性分析．控制理论与应用：2008，05．	

续表

团队内部被引用的知识创新成果	来源知识创新成果
S1，郝钢，．自校正分布式观测融合 Kalman 滤波器．电子与信息学报：2007，08．	高媛．最优和自校正多传感器观测融合滤波方法和算法研究[D]．黑龙江大学，2010．
S1，李春波，．自校正解耦信息融合 Wiener 状态估值器．控制理论与应用：2008，04．	
S1，李春波，．自校正解耦信息融合 Wiener 状态预报器．系统工程与电子技术：2007，05．	
S1，李春波，．自校正信息融合 Kalman 平滑器．控制理论与应用：2007，02．	
S1，刘叔军．单通道自校正白噪声去卷平滑器．信息与控制：1995，03．	
S1，S8．多传感器信息融合 ARMA 信号 Wiener 滤波器．系统工程与电子技术：2005，11．	
S1．时域 Wiener 状态滤波新方法．控制理论与应用：2004，03．	
S1，郝钢，．自校正分布式观测融合 Kalman 滤波器．电子与信息学报：2007，08．	关学慧．多传感器集中式与分布式信息融合滤波器[D]．黑龙江大学，2010．
S1，刘叔军．单通道自校正白噪声去卷平滑器．信息与控制：1995，03．	
S1．估计 MA 参数的多维强 Gevers-Wouters 算法及其在构造 ARMA 新息模型中的应用．控制理论与应用：2001，05．	
S1，S9．基于 Kalman 滤波的带相关噪声系统统一的 Wiener 状态估值器．控制理论与应用：2003，04．	韩睿．车道偏离预警系统中轨迹预测方法的研究[D]．燕山大学，2011．
S1，郝钢，．自校正多传感器观测融合 Kalman 估值器及其收敛性分析．控制理论与应用：2008，05．	
S1，．两种最优观测融合方法的功能等价性．控制理论与应用：2006，02．	郝钢．自校正观测融合 Kalman 估值器及其在典型跟踪系统中的应用[D]．哈尔滨工程大学，2011．
S1，顾磊，冉陈键，．带相关噪声的观测融合稳态 Kalman 滤波算法及其全局最优性．电子与信息学报：2009，03．	
S1，郝钢，．自校正分布式观测融合 Kalman 滤波器．电子与信息学报：2007，08．	
冉陈键，顾磊，S1，．相关观测融合 Kalman 估值器及其全局最优性．控制理论与应用：2009，02．	
冉陈键，惠玉松，顾磊，S1，．相关观测融合稳态 Kalman 滤波器及其最优性．自动化学报：2008，03．	

续表

团队内部被引用的知识创新成果	来源知识创新成果
S1，郝钢，．自校正多传感器观测融合 Kalman 估值器及其收敛性分析．控制理论与应用：2008，05．	郝钢；叶秀芬．多传感器加权观测融合自适应 UKF 滤波器［J］．宇航学报，2011，(06)．
S1，．两种最优观测融合方法的功能等价性．控制理论与应用：2006，02．	郝钢；叶秀芬；陈亭．加权观测融合非线性无迹卡尔曼滤波算法［J］．控制理论与应用，2011，(06)．
S1，郝钢，．自校正多传感器观测融合 Kalman 估值器及其收敛性分析．控制理论与应用：2008，05．	
S1，李春波，．自校正解耦信息融合 Wiener 状态估值器．控制理论与应用：2008，04．	S5；S10；S1．带未知模型参数的自校正集中式融合信息滤波器［J］．科学技术与工程，2010，(33)．
孙小君，S12，S1，．基于 Riccati 方程的自校正解耦融合 Kalman 滤波器．控制与决策：2008，02．	
S9．多模型多传感器信息融合 Kalman 平滑器．控制理论与应用：2005，02．	S5；S10；桑海涛．广义系统 Kalman 融合器的研究［J］．计算机仿真，2010，(04)．
石莹，沈永良，S9，S1．广义离散随机线性系统降阶 Wiener 滤波、平滑和预报器．控制理论与应用：2004，06．	S6；S9．广义系统信息融合稳态与自校正满阶 Kalman 滤波器［J］．控制理论与应用，2011，(09)．
S9，S1．带有色观测噪声系统多传感器标量加权最优信息融合稳态 Kalman 滤波器．控制理论与应用：2004，04．	
S1，高媛，．按对角阵加权信息融合 Kalman 滤波器．控制理论与应用：2005，06．	宋琳．多传感器时滞系统的信息融合算法研究［D］．上海交通大学，2010．
S9，崔平远．多传感器标量加权最优信息融合稳态 Kalman 滤波器．控制与决策：2004，02．	
S9，崔平远．两传感器最优信息融合 Kalman 滤波器及其在跟踪系统中的应用．宇航学报：2003，02．	
S9，S1．带有色观测噪声系统多传感器标量加权最优信息融合稳态 Kalman 滤波器．控制理论与应用：2004，04．	
S9，史雪岩，崔平远．多传感器最优信息融合 Kalman 多步预报器及其应用．宇航学报：2004，02．	
S1，高媛，．按对角阵加权信息融合 Kalman 滤波器．控制理论与应用：2005，06．	宋琳；蔡云泽；高建喜；许晓鸣．多传感器时滞系统数据丢失时滤波融合算法［J］．控制工程，2010，(S2)．
S9，崔平远．多传感器标量加权最优信息融合稳态 Kalman 滤波器．控制与决策：2004，02．	
S1，郝钢，．自校正多传感器观测融合 Kalman 估值器及其收敛性分析．控制理论与应用：2008，05．	孙继凯．应用优化算法和状态估计的理论线损计算研究［D］．燕山大学，2010．
S9，吕楠，白锦花，陈卓，．多传感器时滞系统信息融合最优 Kalman 滤波器．控制理论与应用：2008，03．	

续表

团队内部被引用的知识创新成果	来源知识创新成果
S1，高媛，李云，王欣．多传感器信息融合稳态最优 Wiener 反卷积滤波器．电子与信息学报：2005，04．	
S1，高媛．多通道 ARMA 信号信息融合 Wiener 滤波器．电子与信息学报：2005，09．	
S1，郭金柱，S9．Wiener 去卷滤波器设计新方法．自动化学报：2001，02．	
S1，郭金柱，许燕．广义系统 ARMA 最优递推状态估值器．自动化学报：2000，02．	
S1，李北新，．非平稳 ARMA 信号自校正滤波器及其应用．自动化学报：1992，01．	
S1，李北新，．自校正 α—β 跟踪滤波器．自动化学报：1992，06．	
S1，李云，高媛，．多通道 ARMA 信号的三种多传感器信息融合 Wiener 滤波器．信号处理：2006，01．	
S1，刘叔军．单通道白噪声估值器．控制与决策：1994，06．	
S1，刘伟华，石莹．应用 Diophantine 方程的多通道最优去卷．自动化学报：1999，03．	孙小君．最优和自校正多传感器信息融合白噪声反卷积估值器 [D]．黑龙江大学，2010．
S1，S9．郭金柱．Wiener 状态去卷滤波器．控制理论与应用：2001，04．	
S1，S9．基于 Kalman 滤波的 Wiener 状态估值器（英文）．自动化学报：2004，01．	
S1，王欣，李云，．多传感器分布式融合白噪声反卷积滤波器．电子与信息学报：2006，07．	
S1，王欣，李云．多传感器最优信息融合白噪声反卷积滤波器．电子学报：2005，05．	
S1，张焕水．单通道自校正去卷平滑器．控制与决策：1994，02．	
S1，张焕水．多通道最优和自校正去卷估值器．控制理论与应用：1995，02．	
S1，S11．统一的和通用的 Wiener 状态滤波器．自动化学报：2002，03．	
S1，周露．单通道最优和自校正去卷平滑器及其应用．信息与控制：1995，01．	
李云，王欣，S1，．多传感器信息融合白噪声去卷 Wiener 滤波器和平滑器．黑龙江大学自然科学学报：2006，02．	

续表

团队内部被引用的知识创新成果	来源知识创新成果
S8，S1，．信息融合 WIENER 信号滤波器．黑龙江大学自然科学学报：2005，04．	
S1，．两种最优观测融合方法的功能等价性．控制理论与应用：2006，02．	
S1，高媛，．按对角阵加权信息融合 Kalman 滤波器．控制理论与应用：2005，06．	
S1，高媛，王好谦．基于 Kalman 滤波的统一的 Wiener 状态滤波器．控制理论与应用：2004，06．	
S1，高媛．基于 Kalman 滤波的自回归滑动平均信号信息融合 Wiener 滤波器．控制理论与应用：2005，04．	
S1，高媛．快速信息融合 Kalman 滤波器．控制与决策：2005，01．	
S1，顾磊，冉陈键，．带相关噪声的观测融合稳态 Kalman 滤波算法及其全局最优性．电子与信息学报：2009，03．	
S1，郝钢，．自校正多传感器观测融合 Kalman 估值器及其收敛性分析．控制理论与应用：2008，05．	
S1，李春波，．自校正解耦信息融合 Wiener 状态估值器．控制理论与应用：2008，04．	孙小君．最优和自校正多传感器信息融合白噪声反卷积估值器 [D]．黑龙江大学，2010．
S1，李春波，．自校正解耦信息融合 Wiener 状态预报器．系统工程与电子技术：2007，05．	
S1，李春波，．自校正信息融合 Kalman 平滑器．控制理论与应用：2007，02．	
S1，李云，王欣，．多传感器最优信息融合白噪声反卷积滤波器．控制理论与应用：2006，03．	
S1，刘叔军．单通道自校正白噪声去卷平滑器．信息与控制：1995，03．	
S1，S8，．多传感器分布式融合 Kalman 预报器．电子与信息学报：2006，09．	
S1，S8．多传感器信息融合 ARMA 信号 Wiener 滤波器．系统工程与电子技术：2005，11．	
S1，王玉成，刘伟华．不带 Diophantine 方程的多通道最优去卷滤波器．自动化学报：2002，01．	
S1，许燕．基于 Kalman 滤波的白噪声估计理论（英文）．自动化学报：2003，01．	

续表

团队内部被引用的知识创新成果	来源知识创新成果
S1，许燕．基于 Kalman 滤波的通用和统一的白噪声估计方法．控制理论与应用：2004，04.	孙小君．最优和自校正多传感器信息融合白噪声反卷积估值器 [D]．黑龙江大学，2010.
S1．时变系统的统一和通用的最优白噪声估值器．控制理论与应用：2003，01.	
S1．时域 Wiener 状态滤波新方法．控制理论与应用：2004，03.	
高媛，李怀敏，S1，．带多层融合结构的广义系统 Kalman 融合器．自动化学报：2008，06.	
冉陈键，顾磊，S1，．相关观测融合 Kalman 估值器及其全局最优性．控制理论与应用：2009，02.	
冉陈键，惠玉松，顾磊，S1，．相关观测融合稳态 Kalman 滤波器及其最优性．自动化学报：2008，03.	
S9，崔平远．多传感器标量加权最优信息融合稳态 Kalman 滤波器．控制与决策：2004，02.	
S9，S1．带有色观测噪声系统多传感器标量加权最优信息融合稳态 Kalman 滤波器．控制理论与应用：2004，04.	
S9．多模型多传感器信息融合 Kalman 平滑器．控制理论与应用：2005，02.	
S1，秦滨．带输入估计的自校正 Kalman 滤波器及其应用．控制理论与应用：1992，06.	
高媛，李怀敏，S1，．带多层融合结构的广义系统 Kalman 融合器．自动化学报：2008，06.	S10；S5；侯九阳．带 ARMA 有色噪声的广义系统信息融合 Kalman 平滑器 [J]．系统科学与数学，2010，(02).
S9．多模型多传感器信息融合 Kalman 平滑器．控制理论与应用：2005，02.	
高媛，李怀敏，S1，．带多层融合结构的广义系统 Kalman 融合器．自动化学报：2008，06.	S10；S5；于海英．带有色观测噪声的广义系统 Kalman 滤波器 [J]．计算机仿真，2010，(03).
S9．多模型多传感器信息融合 Kalman 平滑器．控制理论与应用：2005，02.	
S9，崔平远．多传感器标量加权最优信息融合稳态 Kalman 滤波器．控制与决策：2004，02.	田甜．带随机观测滞后系统的信息融合滤波 [D]．黑龙江大学，2010.
S9，崔平远．两传感器最优信息融合 Kalman 滤波器及其在跟踪系统中的应用．宇航学报：2003，02.	
S9，史雪岩，崔平远．多传感器最优信息融合 Kalman 多步预报器及其应用．宇航学报：2004，02.	

续表

团队内部被引用的知识创新成果	来源知识创新成果
S1，郝钢，．自校正多传感器观测融合 Kalman 估值器及其收敛性分析．控制理论与应用：2008，05．	王宝卿．基于状态估计的在线理论线损计算［D］．华北电力大学（北京），2011．
S9，吕楠，白锦花，陈卓，．多传感器时滞系统信息融合最优 Kalman 滤波器．控制理论与应用：2008，03．	
S1，高媛．基于 Kalman 滤波的自回归滑动平均信号信息融合 Wiener 滤波器．控制理论与应用：2005，04．	王伟．多传感器伴随形系统自校正信息融合滤波器及其应用［D］．黑龙江大学，2010．
S1，刘叔军．单通道自校正白噪声去卷平滑器．信息与控制：1995，03．	
S1，S8．多传感器信息融合 ARMA 信号 Wiener 滤波器．系统工程与电子技术：2005，11．	
孙小君，S12，S1，．基于 Riccati 方程的自校正解耦融合 Kalman 滤波器．控制与决策：2008，02．	
S1，高媛．基于 Kalman 滤波的自回归滑动平均信号信息融合 Wiener 滤波器．控制理论与应用：2005，04．	王伟；S1．多传感器 AR 信号自校正加权融合 Wiener 滤波器［J］．科学技术与工程，2010，（03）．
S1，S8．多传感器信息融合 ARMA 信号 Wiener 滤波器．系统工程与电子技术：2005，11．	
S1，王欣，李云，．多传感器分布式融合白噪声反卷积滤波器．电子与信息学报：2006，07．	王欣．多传感器广义线性系统最优和自校正加权观测融合估计方法研究［D］．哈尔滨工程大学，2011．
S1，王欣，李云．多传感器最优信息融合白噪声反卷积滤波器．电子学报：2005，05．	
S1，许燕．一种统一的 Wiener 状态估值器．信息与控制：1998，05．	
S1，．两种最优观测融合方法的功能等价性．控制理论与应用：2006，02．	
S1，顾磊，冉陈键，．带相关噪声的观测融合稳态 Kalman 滤波算法及其全局最优性．电子与信息学报：2009，03．	
S1，郝钢，．自校正多传感器观测融合 Kalman 估值器及其收敛性分析．控制理论与应用：2008，05．	
S1，郝钢，．自校正分布式观测融合 Kalman 滤波器．电子与信息学报：2007，08．	
S1，李春波，．自校正解耦信息融合 Wiener 状态估值器．控制理论与应用：2008，04．	
S1，李春波，．自校正解耦信息融合 Wiener 状态预报器．系统工程与电子技术：2007，05．	

续表

团队内部被引用的知识创新成果	来源知识创新成果
S1，李春波，. 自校正信息融合 Kalman 平滑器. 控制理论与应用：2007，02.	
S1，李云，王欣，. 多传感器最优信息融合白噪声反卷积滤波器. 控制理论与应用：2006，03.	
S1，S8，. 多传感器分布式融合 Kalman 预报器. 电子与信息学报：2006，09.	
高媛，李怀敏，S1，. 带多层融合结构的广义系统 Kalman 融合器. 自动化学报：2008，06.	
冉陈键，顾磊，S1，. 相关观测融合 Kalman 估值器及其全局最优性. 控制理论与应用：2009，02.	
冉陈键，惠玉松，顾磊，S1，. 相关观测融合稳态 Kalman 滤波器及其最优性. 自动化学报：2008，03.	王欣. 多传感器广义线性系统最优和自校正加权观测融合估计方法研究［D］. 哈尔滨工程大学，2011.
石莹，沈永良，S9，S1. 广义离散随机线性系统降阶 Wiener 滤波、平滑和预报器. 控制理论与应用：2004，06.	
S9，S1. 带有色观测噪声系统多传感器标量加权最优信息融合稳态 Kalman 滤波器. 控制理论与应用：2004，04.	
S9，吕楠，. 带有色观测噪声多传感器多重时滞系统分布式融合滤波器. 自动化学报：2009，01.	
S9，吕楠，白锦花，陈卓，. 多传感器时滞系统信息融合最优 Kalman 滤波器. 控制理论与应用：2008，03.	
S9. 多模型多传感器信息融合 Kalman 平滑器. 控制理论与应用：2005，02.	
孙小君，S12，S1，. 基于 Riccati 方程的自校正解耦融合 Kalman 滤波器. 控制与决策：2008，02.	
S1，顾磊，冉陈键，. 带相关噪声的观测融合稳态 Kalman 滤波算法及其全局最优性. 电子与信息学报：2009，03.	
冉陈键，顾磊，S1，. 相关观测融合 Kalman 估值器及其全局最优性. 控制理论与应用：2009，02.	王欣；朱齐丹；S9. 不受约束的全局最优加权观测融合估计［J］. 计算机工程与应用，2010，(24).
S1，顾磊，冉陈键，. 带相关噪声的观测融合稳态 Kalman 滤波算法及其全局最优性. 电子与信息学报：2009，03.	
冉陈键，惠玉松，顾磊，S1，. 相关观测融合稳态 Kalman 滤波器及其最优性. 自动化学报：2008，03.	

续表

团队内部被引用的知识创新成果	来源知识创新成果
S1，顾磊，冉陈键，．带相关噪声的观测融合稳态 Kalman 滤波算法及其全局最优性．电子与信息学报：2009，03．	夏岩．基于联邦滤波的飞行器姿态确定算法研究 [D]．哈尔滨工业大学，2010．
S1，王伟玲，王强，．自校正信息融合 Wiener 预报器及其收敛性．控制理论与应用：2009，11．	
S9，吕楠，．带有色观测噪声多传感器多重时滞系统分布式融合滤波器．自动化学报：2009，01．	
S9，吕楠，白锦花，陈卓，．多传感器时滞系统信息融合最优 Kalman 滤波器．控制理论与应用：2008，03．	
S9，崔平远．多传感器标量加权最优信息融合稳态 Kalman 滤波器．控制与决策：2004，02．	熊瑜容．火箭飞行多源测量数据融合算法研究 [D]．重庆大学，2010．
S9，崔平远．两传感器最优信息融合 Kalman 滤波器及其在跟踪系统中的应用．宇航学报：2003，02．	
S1，李云，高媛，．多通道 ARMA 信号的三种多传感器信息融合 Wiener 滤波器．信号处理：2006，01．	徐慧勤．在噪声环境下多传感器系统多段辨识方法研究 [D]．黑龙江大学，2010．
S1，李春波，．自校正信息融合 Kalman 平滑器．控制理论与应用：2007，02．	
S1，高媛，．按对角阵加权信息融合 Kalman 滤波器．控制理论与应用：2005，06．	徐苏；杨红．基于贝叶斯估计的加权最小二乘分布式融合 [J]．探测与控制学报，2011，(06)．
梁佐江，S1，．按三种不同加权准则的信息融合 Kalman 滤波器的性能比较．黑龙江大学自然科学学报：2005，06．	
冉陈键，惠玉松，顾磊，S1，．相关观测融合稳态 Kalman 滤波器及其最优性．自动化学报：2008，03．	
S1．估计 MA 参数的多维强 Gevers-Wouters 算法及其在构造 ARMA 新息模型中的应用．控制理论与应用：2001，05．	鄢守玮．不确定观测多传感器 ARMA 信号信息融合估计 [D]．黑龙江大学，2010．
S9，崔平远．多传感器标量加权最优信息融合稳态 Kalman 滤波器．控制与决策：2004，02．	
S9，S1．带有色观测噪声系统多传感器标量加权最优信息融合稳态 Kalman 滤波器．控制理论与应用：2004，04．	
S9，吕楠，白锦花，陈卓，．多传感器时滞系统信息融合最优 Kalman 滤波器．控制理论与应用：2008，03．	
S9．多模型多传感器信息融合 Kalman 平滑器．控制理论与应用：2005，02．	

续表

团队内部被引用的知识创新成果	来源知识创新成果
S9，崔平远．多传感器标量加权最优信息融合稳态 Kalman 滤波器．控制与决策：2004，02．	杨红．污水生化处理的智能建模与优化控制策略应用研究[D]．华南理工大学，2010．
S1，．两种最优观测融合方法的功能等价性．控制理论与应用：2006，02． S9，崔平远．多传感器标量加权最优信息融合稳态 Kalman 滤波器．控制与决策：2004，02．	杨红；罗飞；李艳；许玉格．非线性离散系统的相关观测融合时变 Kalman 滤波[J]．控制与决策，2010，(05)．
S9，吕楠，白锦花，陈卓，．多传感器时滞系统信息融合最优 Kalman 滤波器．控制理论与应用：2008，03． S9，吕楠，白锦花，陈卓，．多传感器时滞系统信息融合最优 Kalman 滤波器．控制理论与应用：2008，03．	尧蓉欢．谢永芳．蒋朝辉．时滞系统的模糊 PI-Smith 控制器设计[C]．Proceedings of 2010 Chinese Control and Decision Conference，2010．
S1，郝钢，．自校正分布式观测融合 Kalman 滤波器．电子与信息学报：2007，08． S9，S1．带有色观测噪声系统多传感器标量加权最优信息融合稳态 Kalman 滤波器．控制理论与应用：2004，04．	叶廷东．多传感信息建模与动态校正方法研究[D]．华南理工大学，2010．
S1，王茹辉．固定区间 Kalman 平滑新算法．控制理论与应用：2000，05． S1，许燕．基于 Kalman 滤波的通用和统一的白噪声估计方法．控制理论与应用：2004，04．	俞泽鹏．一种新的带有色噪模型估值问题的研究[J]．安徽建筑工业学院学报（自然科学版），2010，(02)．
S1，高媛．基于 Kalman 滤波的自回归滑动平均信号信息融合 Wiener 滤波器．控制理论与应用：2005，04． S9，崔平远．多传感器标量加权最优信息融合稳态 Kalman 滤波器．控制与决策：2004，02．	张璨；张利；刘征宇．基于支撑裕的一致性多传感器融合算法[J]．电子测量与仪器学报，2010，(08)．
S1，王伟玲，王强，．自校正信息融合 Wiener 预报器及其收敛性．控制理论与应用：2009，11． S9，S1．带有色观测噪声系统多传感器标量加权最优信息融合稳态 Kalman 滤波器．控制理论与应用：2004，04．	S12；S1．带未知有色观测噪声的自校正融合 Kalman 滤波器[J]．控制理论与应用，2012，(01)．
S9，S1．极点配置固定区间 Kalman 平滑器和 Wiener 平滑器（英文）．自动化学报：2004，02． S1，王茹辉．固定区间 Kalman 平滑新算法．控制理论与应用：2000，05． S9．多模型多传感器信息融合 Kalman 平滑器．控制理论与应用：2005，02．	赵慧波；潘泉；梁彦；胡振涛．非合作机动目标平滑跟踪研究[C]．第二十九届中国控制会议论文集，2010
S1，王茹辉．固定区间 Kalman 平滑新算法．控制理论与应用：2000，05． S9，S1．极点配置固定区间 Kalman 平滑器和 Wiener 平滑器（英文）．自动化学报：2004，02． S9．多模型多传感器信息融合 Kalman 平滑器．控制理论与应用：2005，02．	赵慧波；潘泉；梁彦；王增福．基于 UIMMS 的多站雷达机动目标跟踪研究[J]．计算机科学，2010，(05)．

续表

团队内部被引用的知识创新成果	来源知识创新成果
S1，王茁辉．固定区间 Kalman 平滑新算法．控制理论与应用：2000，05．	赵慧波；潘泉；梁彦；杨峰；胡振涛．非合作机动目标平滑跟踪研究［J］．计算机测量与控制，2010，(08)．
S9，S1．极点配置固定区间 Kalman 平滑器和 Wiener 平滑器（英文）．自动化学报：2004，02．	
S9．多模型多传感器信息融合 Kalman 平滑器．控制理论与应用：2005，02．	

附录 C

该附录为本书所调研高校科研团队的基本状况。（注：所有团队的资料收集均以附录 B 中所展示团队的信息收集模式为范例，详细的原始资料随时备查。）

附表 9　本书所调研高校科研团队的基本情况

团队代号	团队负责人类型	团队人数	团队研究方向	知识创新成果级别、数量		知识特征数量	引用知识创新成果数量（篇次）	来源知识创新成果数量（篇次）
HLH	新世纪优秀人才支持计划入选者	11	纳米晶态功能材料研究	A类期刊	一区 SCI	198	790	80
					二区 SCI 21			
					三区 SCI 10			
					四区 SCI 40			
				B 类期刊	1			
				C 类期刊	2			
				D 类期刊	1			
				E 类期刊	0			
				总计	75			
FLX	普通教授	9	数学物理方程及其计算研究	A类期刊	一区 SCI 0	54	84	3
					二区 SCI 2			
					三区 SCI 2			
					四区 SCI 3			
				B 类期刊	1			
				C 类期刊	0			
				D 类期刊	7			
				E 类期刊	1			
				总计	16			

续表

团队代号	团队负责人类型	团队人数	团队研究方向	知识创新成果级别、数量		知识特征数量	引用知识创新成果数量（篇次）	来源知识创新成果数量（篇次）
CQ	普通教授	5	激光超快技术研究	A类期刊	一区SCI	0		
					二区SCI	3		
					三区SCI	9		
					四区SCI	5	38	334	45
				B类期刊		0		
				C类期刊		0		
				D类期刊		3		
				E类期刊		0		
				总计		20		
SSL	龙江学者、新世纪优秀人才支持计划入选者	10	分布式估计与控制研究	A类期刊	一区SCI	0		
					二区SCI	6		
					三区SCI	5		
					四区SCI	7	86	430	344
				B类期刊		2		
				C类期刊		7		
				D类期刊		16		
				E类期刊		0		
				总计		43		
WC	普通教授	9	聚合物光电材料研究	A类期刊	一区SCI	0		
					二区SCI	5		
					三区SCI	14		
					四区SCI	37	139	220	23
				B类期刊		1		
				C类期刊		1		
				D类期刊		1		
				E类期刊		0		
				总计		59		

续表

团队代号	团队负责人类型	团队人数	团队研究方向	知识创新成果级别、数量		知识特征数量	引用知识创新成果数量（篇次）	来源知识创新成果数量（篇次）
WQG	普通教授	10	气候暖化背景下生态系统碳汇变化机理研究	A类期刊	一区SCI	1	70	209	31
					二区SCI	1			
					三区SCI	0			
					四区SCI	5			
				B类期刊		0			
				C类期刊		2			
				D类期刊		2			
				E类期刊		0			
				总计		11			
XH	普通教授	5	金属有机光电功能材料研究	A类期刊	一区SCI	0	45	689	105
					二区SCI	5			
					三区SCI	9			
					四区SCI	14			
				B类期刊		0			
				C类期刊		0			
				D类期刊		0			
				E类期刊		0			
				总计		28			
ZYJ	普通教授	8	绿色催化过程的材料设计合成及其性能研究	A类期刊	一区SCI	2	118	583	122
					二区SCI	3			
					三区SCI	4			
					四区SCI	8			
				B类期刊		2			
				C类期刊		3			
				D类期刊		6			
				E类期刊		0			
				总计		28			

续表

团队代号	团队负责人类型	团队人数	团队研究方向	知识创新成果级别、数量		知识特征数量	引用知识创新成果数量（篇次）	来源知识创新成果数量（篇次）
CSX	龙江学者特聘教授	7	植物蛋白质组学研究	A类期刊	一区SCI	0	54	59	15
					二区SCI	2			
					三区SCI	1			
					四区SCI	1			
				B类期刊		0			
				C类期刊		2			
				D类期刊		7			
				E类期刊		0			
				总计		13			
GJP	普通教授	10	功能微生物选育及其产物应用研究	A类期刊	一区SCI	0	172	547	231
					二区SCI	0			
					三区SCI	1			
					四区SCI	3			
				B类期刊		3			
				C类期刊		22			
				D类期刊		16			
				E类期刊		2			
				总计		47			
JLQ	新世纪优秀人才支持计划入选者	7	光催化技术中的关键材料及应用基础研究	A类期刊	一区SCI	0	127	572	220
					二区SCI	14			
					三区SCI	16			
					四区SCI	14			
				B类期刊		0			
				C类期刊		0			
				D类期刊		0			
				E类期刊		0			
				总计		44			

续表

团队代号	团队负责人类型	团队人数	团队研究方向	知识创新成果级别、数量		知识特征数量	引用知识创新成果数量（篇次）	来源知识创新成果数量（篇次）
LJB	新世纪优秀人才支持计划入选者	8	嵌入式计算与传感器网络研究	A类期刊	一区SCI	0		
					二区SCI	2		
					三区SCI	0	134	420	10
					四区SCI	0		
				B类期刊		2		
				C类期刊		4		
				D类期刊		31		
				E类期刊		0		
				总计		39		
LPH	普通教授	10	先进媒体计算研究	A类期刊	一区SCI	0		
					二区SCI	1		
					三区SCI	1	69	242	77
					四区SCI	1		
				B类期刊		2		
				C类期刊		1		
				D类期刊		9		
				E类期刊		0		
				总计		15		
TAP	普通教授	12	寒区土木工程系统安全与防护科技创新研究	A类期刊	一区SCI	0		
					二区SCI	0		
					三区SCI	0	107	102	15
					四区SCI	0		
				B类期刊		0		
				C类期刊		21		
				D类期刊		4		
				E类期刊		0		
				总计		25		

续表

团队代号	团队负责人类型	团队人数	团队研究方向	知识创新成果级别、数量		知识特征数量	引用知识创新成果数量（篇次）	来源知识创新成果数量（篇次）
LYF	龙江学者特聘教授	7	碳纳米管与内嵌金属富勒烯的研究	A类期刊	一区SCI	0	60	126	12
^	^	^	^	^	二区SCI	0	^	^	^
^	^	^	^	^	三区SCI	2	^	^	^
^	^	^	^	^	四区SCI	3	^	^	^
^	^	^	^	B类期刊		0	^	^	^
^	^	^	^	C类期刊		4	^	^	^
^	^	^	^	D类期刊		0	^	^	^
^	^	^	^	E类期刊		0	^	^	^
^	^	^	^	总计		9	^	^	^
LSC	普通教授	10	光纤应用技术研究	A类期刊	一区SCI	0	63	240	26
^	^	^	^	^	二区SCI	2	^	^	^
^	^	^	^	^	三区SCI	4	^	^	^
^	^	^	^	^	四区SCI	4	^	^	^
^	^	^	^	B类期刊		2	^	^	^
^	^	^	^	C类期刊		4	^	^	^
^	^	^	^	D类期刊		8	^	^	^
^	^	^	^	E类期刊		0	^	^	^
^	^	^	^	总计		24	^	^	^
SFQ	普通教授	8	生态修复研究	A类期刊	一区SCI	0	77	344	105
^	^	^	^	^	二区SCI	1	^	^	^
^	^	^	^	^	三区SCI	1	^	^	^
^	^	^	^	^	四区SCI	1	^	^	^
^	^	^	^	B类期刊		1	^	^	^
^	^	^	^	C类期刊		11	^	^	^
^	^	^	^	D类期刊		7	^	^	^
^	^	^	^	E类期刊		2	^	^	^
^	^	^	^	总计		24	^	^	^

续表

团队代号	团队负责人类型	团队人数	团队研究方向	知识创新成果级别、数量		知识特征数量	引用知识创新成果数量（篇次）	来源知识创新成果数量（篇次）
MJ	普通教授	10	我国金融中介的发展与规制研究	A 类期刊	0	21	56	44
				B 类期刊	1			
				C 类期刊	3			
				D 类期刊	9			
				E 类期刊	0			
				总计	13			
YWX	新世纪优秀人才支持计划入选者	8	现当代文学的文化研究	A 类期刊	0	55	61	21
				B 类期刊	5			
				C 类期刊	2			
				D 类期刊	9			
				E 类期刊	0			
				总计	16			
JFY	龙江学者特聘教授	9	政治经济学研究	A 类期刊	0	46	107	46
				B 类期刊	4			
				C 类期刊	6			
				D 类期刊	7			
				E 类期刊	6			
				总计	23			
HY	龙江学者特聘教授	11	行政管理研究	A 类期刊	0	66	68	55
				B 类期刊	15			
				C 类期刊	0			
				D 类期刊	9			
				E 类期刊	8			
				总计	32			
CSL	普通教授	9	俄罗斯文化哲学理论与问题研究	A 类期刊	0	43	72	26
				B 类期刊	2			
				C 类期刊	9			
				D 类期刊	7			
				E 类期刊	2			
				总计	20			

续表

团队代号	团队负责人类型	团队人数	团队研究方向	知识创新成果级别、数量		知识特征数量	引用知识创新成果数量（篇次）	来源知识创新成果数量（篇次）
DLQ	新世纪百千万人才工程国家级人选	6	实践哲学研究	A 类期刊	0	41	34	19
				B 类期刊	4			
				C 类期刊	3			
				D 类期刊	6			
				E 类期刊	4			
				总计	17			
MWJ	普通教授	6	文化与教育心理学研究	A 类期刊	0	50	155	34
				B 类期刊	2			
				C 类期刊	8			
				D 类期刊	5			
				E 类期刊	7			
				总计	22			
DGP	新世纪优秀人才支持计划入选者	6	清代文学与文献研究	A 类期刊	0	43	52	15
				B 类期刊	3			
				C 类期刊	5			
				D 类期刊	4			
				E 类期刊	1			
				总计	13			
MHQ	新世纪优秀人才支持计划入选者	9	信息政策与法律研究	A 类期刊	0	106	302	261
				B 类期刊	7			
				C 类期刊	3			
				D 类期刊	13			
				E 类期刊	12			
				总计	35			
QWH	普通教授	11	独联体技术创新研究	A 类期刊	0	46	113	32
				B 类期刊	1			
				C 类期刊	6			
				D 类期刊	7			
				E 类期刊	5			
				总计	19			

续表

团队代号	团队负责人类型	团队人数	团队研究方向	知识创新成果级别、数量		知识特征数量	引用知识创新成果数量（篇次）	来源知识创新成果数量（篇次）
ZXF	普通教授	6	中国古代边疆与民族史研究	A 类期刊	0	30	61	15
				B 类期刊	1			
				C 类期刊	4			
				D 类期刊	4			
				E 类期刊	3			
				总计	12			
QZ	普通教授	7	经济理论与政策研究	A 类期刊	0	28	55	46
				B 类期刊	0			
				C 类期刊	4			
				D 类期刊	9			
				E 类期刊	1			
				总计	14			
JHF	普通教授	7	马克思主义历史哲学研究	A 类期刊	0	27	19	16
				B 类期刊	1			
				C 类期刊	3			
				D 类期刊	4			
				E 类期刊	0			
				总计	8			
MWY	普通教授	8	俄罗斯经济与社会问题研究	A 类期刊	0	15	142	27
				B 类期刊	0			
				C 类期刊	6			
				D 类期刊	1			
				E 类期刊	1			
				总计	8			

参考文献

[1] 林聚任，肖德武. 墨顿科学社会学思想发展的阶段特征 [J]. 山东师大学报（人文社会科学版），2001（2）：107-109.

[2] 曾国屏，李正风，杜祖贻. 当代科学共同体的分化与学术国际化问题的思考 [J]. 自然辩证法通讯，2002，24（6）：32-37，43.

[3] http://www.jyb.cn/high/gdjyxw/201202/t20120215_477729_1.html.

[4] 王斌，赵永乐. 人才团队创新价值分析模型 [J]. 人力资源开发，2006（4）：82-84.

[5] 姜颖南. 中国高校科研团队建设的现存困境及其对策研究——以诺贝尔现象为例 [J]. 中北大学学报（社会科学版），2010，26（6）：7-11，15.

[6] Schumpeter, J. A. The Theory of Economic Development: An Inquiry into Profits, Capital, Credit, Interest, and the Business Cycle [M]. Cambridge, MA: Harvard University Press, 1934.

[7] Fong P. Knowledge creation in multidisciplinary project teams: an empirical study of the processes and their dynamic interrelationships [J]. International Journal of Project Management, 2003, 21 (7): 479-486.

[9] Boer M. D., Bosch, Volberda H. W. Managing Organizational Knowledge Integration in the E-merging Multimedia Complex [J]. Journal of Management Studies, 1999, 36 (3): 379-398.

[9] Katila R. New product search over time: Past ideas in their prime? [J]. Academy of Management Journal, 2002, 45 (5): 995-1011.

[10] Zahra S. A., George G. Absorptive capacity: A review reconceptualization, and extension [J]. Academy of Management Review, 2002, 27 (2): 185-204.

[11] 李辉，张爽. 企业合作创新过程中知识整合机理研究 [J]. 情报杂志，2008（3）：54-56.

[12] Henderson, Rebecca M., Clark K. B. Architectural Innovation: the Reconfiguration of Existing Product Technologies and the failure of Established Firms [J]. Administrative Sci-

ence Quarterly, 1990, 35 (1): 9 – 30.

[13] 赵蓉英, 邱均平. CNKI 发展研究 [J]. 情报科学, 2005, 23 (4): 626 – 634.

[14] Tober M. PubMed, ScienceDirect, Scopus or Google Scholar – Which is the best search engine for an effective literature research in laser medicine? [J]. Medical Laser Application, 2011, 26 (3): 139 – 144.

[15] 刘军. 整体网分析讲义——UCINET 软件实用指南 [M]. 上海: 格致出版社, 2009.

[16] 赵丽梅, 张庆普. 基于科学知识图谱的我国知识管理研究范式分析 [J]. 情报学报, 2012, 31 (1): 95 – 103.

[17] 任皓, 邓三鸿. 知识管理的重要步骤——知识整合 [J]. 情报科学, 2002, 20 (6): 650 – 653.

[18] 陈力, 鲁若愚. 企业知识整合研究 [J]. 科研管理, 2003, 24 (3): 31 – 38.

[19] Kogut B., Zander U. Knowledge of the firm, combinative capabilities, and the replication of technology [J]. Organization Science, 1992, 3 (3): 383 – 397.

[20] Inkpen C. Creating Knowledge Through Collaboration [J]. California Management Review, 1996, 39 (1): 123 – 140.

[21] 胡婉丽. 知识整合的流程与机制 [J]. 价值工程, 2008 (5): 41 – 44.

[22] Iansiti M., Clark K. B. Integration and dynamic capability: evidence from product development in automobiles and mainframe computers [J]. Industrial and Corporate Change, 1994, 3 (3): 557 – 605.

[23] Teece D. J., Pisano G., Shuen A. Dynamic capabilities and strategic management [J]. Strategic Management Journal, 1997, 18 (7): 209 – 533.

[24] 沈群红, 封凯栋. 组织能力、制度环境与知识整合模式的选择——中国电力自动化行业技术集成的案例分析 [J]. 中国软科学, 2002 (12): 81 – 87.

[25] 高巍, 田也壮, 姜振寰. 企业知识整合研究现状与分析 [J]. 研究与发展管理, 2004 (5): 33 – 39.

[26] 王彦博, 和金生. 知识有机整合的过程模型及案例分析——以世界第一款混合动力车普锐斯的开发为例 [J]. 中国地质大学学报 (社会科学版), 2010, 10 (1): 115 – 119.

[27] 魏江, 王铜安. 知识整合的分析框架: 评价、途径与要素 [J]. 西安电子科技大学学报 (社会科学版), 2008, 18 (2): 8 – 14.

[28] Fay D., et al. Getting the most out of multidisciplinaryteams: A multi-sample study of team innovation in health care [J]. Journal of Occupational and Organizational Psychology, 2006, 79 (4): 553 – 567.

[29] Chen Y. J. Knowledge integration and sharing for collaborative molding product design and

process development [J]. Computers in Industry, 2010, 61 (7): 659-675.

[30] Tsou H. T., Chen J. S. The Influence of Interfirm Codevelopment Competency one-Service Innovation [J]. Information & Management, 2010, 49 (3-4): 177-189.

[31] Xu J., et al. Fostering continuous innovation in design with an integrated knowledge management approach [J]. Computers in Industry, 2011, 62 (4): 423-436.

[32] 张庆普,单伟. 企业知识转化过程中的知识整合 [J]. 经济理论与经济管理, 2004 (6): 47-51.

[33] 魏江,王铜安,喻子达. 知识整合的实现途径研究——以海尔为例 [J]. 西安电子科技大学学报(社会科学版), 2008, 29 (3): 22-27, 42.

[34] 单伟,张庆普. 企业自主创新中知识整合机理与模式研究 [J]. 预测, 2008, 27 (1): 23-28.

[35] 林向义,张庆普,罗洪云. 集成创新中的知识整合机理研究 [J]. 哈尔滨工业大学学报(社会科学版), 2009, 11 (6): 121-126.

[36] 曾德明,陆良琼,王业静,禹献云. 基于激进式产品创新的供应商知识整合机制研究 [J]. 情报杂志, 2011, 30 (7): 109-113, 93.

[37] 孔凡柱,罗瑾琏. 企业自主创新跨组织知识整合模型及实现机制 [J]. 中国流通经济, 2012 (6): 76-81.

[38] Alzarooni S. A., et al. Exploring the Strategic Value of Interdisciplinary Collaboration: COINs in the Creation of Business [C]. Procedia-Social and Behavioral Sciences, 2011 (26): 130-135.

[39] Beaudry C., Schiffauerova A. Impacts of collaboration and network indicators on patent quality: The case of Canadian nanotechnology innovation [J]. European Management Journal, 2011, 29 (5): 362-376.

[40] 詹勇飞,和金生. 基于知识整合的知识网络研究 [J]. 研究与发展管理, 2009, 21 (3): 28-32.

[41] Ko K. K. B., et al. Analytic collaboration in virtual innovation projects [J]. Journal of Business Research, 2011, 64 (12): 1327-1334.

[42] 谢洪明,吴隆增,王成. 组织学习、知识整合与核心能力的关系研究 [J]. 科学学研究, 2007, 25 (2): 312-318.

[43] 国维潇,王端旭. 授权型领导对知识团队绩效的影响机理研究 [J]. 软科学, 2014, 28 (1): 68-71.

[44] Nambisan, Satish. Industry technical committees, technological distance, and innovation performance [J]. Research Policy, 2013, 42 (4): 928-940.

[45] Huang N., Diao S. Ontology-based enterprise knowledge integration [J]. Robotics and Computer-Integrated Manufacturing, 2008, 24 (4): 562 – 571.

[46] Breslin J. G., et al. Semantic Web computing in industry [J]. Computers in Industry, 2010, 61 (8): 729 – 741.

[47] Matsokis A., Kiritsis D. An ontology-based approach for Product Lifecycle Management [J]. Computers in Industry, 2010, 61 (8): 787 – 797.

[48] Papageorgiou E. I., et al. Formalization of treatment guidelines using Fuzzy Cognitive Maps and semantic web tools [J]. Journal of Biomedical Informatics, 2012, 45 (1): 45 – 60.

[49] Coulet A. Using text to build semantic networks for pharmacogenomics [J]. Journal of Biomedical Informatics, 2010, 43 (6): 1009 – 1019.

[50] 储节旺, 闫士涛, 谈甄. 知识管理学产生、存在与发展的关键因素研究 [J]. 情报杂志, 2012, 31 (2): 108 – 113.

[51] 陈勇跃, 夏火松. 企业知识整合机制构建研究 [J]. 情报杂志, 2009, 28 (4): 119 – 120, 157.

[52] 李亚子, 钱庆, 刘峥, 方安, 洪娜, 王军辉. 基于 UMLS 的疾病知识整合框架研究 [J]. 现代图书情报技术, 2011 (2): 34 – 41.

[53] 黄晓斌, 夏明春. 资源整合视角下的数字图书馆发展方向 [J]. 国家图书馆学刊, 2009 (4): 41 – 46.

[54] Thomopoulos R, Destercke, Sébastien, Charnomordic B, et al. An iterative approach to build relevant ontology-aware data-driven models [J]. Information Sciences, 2013, 221: 452 – 472.

[55] Scheuer S, Haase D, Meyer V. Towards a flood risk assessment ontology – Knowledge integration into a multi-criteria risk assessment approach [J]. Computers Environment & Urban Systems, 2013, 37 (1): 82 – 94.

[56] Reboiro-Jato M, Laza, Rosalía, López-Fernández, Hugo, et al. genEnsemble: A new model for the combination of classifiers and integration of biological knowledge applied to genomic data [J]. Expert Systems with Applications, 2013, 40 (1): 52 – 63.

[57] Kern R, Stolarczyk T, Nguyen N T. A formal framework for query decomposition and knowledge integration in data warehouse federations [J]. Expert Systems with Applications, 2013, 40 (7): 2592 – 2606.

[58] Baudrit C, Destercke S, Wuillemin P H. Unifying parameter learning and modelling complex systems with epistemic uncertainty using probability interval [J]. Information Sciences, 2016 (367 – 368): 630 – 647.

[59] Maleszka M, Mianowska B, Nguyen N T. A method for collaborative recommendation using knowledge integration tools and hierarchical structure of user profiles [J]. Knowledge-Based Systems, 2013, 47 (3): 1-13.

[60] Bodein Y, Rose B, Caillaud E. A roadmap for parametric CAD efficiency in the automotive industry [J]. CAD Computer Aided Design, 2013, 45 (10): 1198-1214.

[61] Liedloff A C, Woodward E L, Harrington G A, et al. Integrating indigenous ecological and scientific hydro-geological knowledge using a Bayesian Network in the context of water resource development [J]. Journal of Hydrology, 2013, 499: 177-187.

[62] Katz R., Allen T. J. Investigating the Not Invented Here (NIH) syndrome: A look at the performance, tenure, and communication patterns of 50 R&D Project Groups [J]. R&D Management, 1982, 12 (1): 7-20.

[63] Alavi M., Tiwana A. Knowledge integration in virtual teams: the potential role of KMS [J]. Journal of the American Society for Information Science and Technology, 2002, 53 (12): 1029-1037.

[64] 陈文春. 高科技企业团队信任对团队知识整合影响的实证研究 [J]. 科技管理研究, 2012 (10): 148-151, 168.

[65] 张可军, 廖建桥, 张鹏程. 团队环境、组合能力与团队知识整合关系研究 [J]. 图书情报工作, 2009, 53 (14): 32-35.

[66] 张可军. 基于知识离散性的团队知识整合途径研究 [J]. 科技进步与对策, 2011, 28 (24): 164-171.

[67] 张可军. 基于知识离散性的团队知识整合阶段及其影响因素分析 [J]. 图书情报工作, 2011, 55 (6): 124-128.

[68] 董太安. 虚拟团队环境中的知识整合 [J]. 图书馆工作与研究, 2010 (9): 8-11.

[69] Erkelens R., et al. Knowledge Integration in Global R&D Networks [J]. Global Sourcing of Information Technology and Business Processes, 2010, 55: 82-102.

[70] 张喜征, 单泪源, 傅荣. 基于"师—徒"结对工作模型的虚拟项目团队知识整合研究 [J]. 科技管理研究, 2006 (2): 137-139.

[71] 张鹏程. 团队知识整合机制的实证研究——基于媒介丰富度与联结强度的视角 [J]. 科学学研究, 2010, 28 (11): 1705-1716.

[72] Hansen, M. T. The Search-Transfer Problem: The Role of Weak Ties in Sharing Knowledge across Organization Subunits [J]. Administrative Science Quarterly, 1999, 44 (1): 82-111.

[73] Newell S., Huang J., Tansley C. ERP Implementation: A Knowledge Integration Challenge

[74] Basaglia S., et al. IT knowledge integration capability and team performance: The role of team climate [J]. International Journal of Information Management, 2010, 30 (6): 542-551.

[75] Kleinsmann M., Valkenburg R. Learning from collaborative new product development projects [J]. Journal of Workplace Learning, 2005, 17 (3): 146-156.

[76] 邹凌飞, 张金隆, 刘文兴. 领导对员工参与知识管理过程的影响机制研究——基于领导自我牺牲行为的视角 [J]. 工业工程与管理, 2013, 18 (6): 99-105.

[77] 彭伟, 周晗鹭, 符正平. 团队内部社会网络对团队创新绩效的影响机制——以企业R&D团队为样本的实证研究 [J]. 科研管理, 2013, 34 (12): 135-142.

[78] 李杰义. 虚拟团队社会资本与知识整合对创新绩效的影响——中国文化情境下的实证研究 [J]. 社会科学家, 2018 (01): 91-97.

[79] Kannan Mohan, Balasubramaniam Ramesh. Traceability-based knowledge integration in group decision and negotiation activities [J]. Decision Support Systems, 2007, 43 (3): 968-989.

[80] Klenk N. L., Hickey G. M. A virtual and anonymous, deliberative and analytic participation process for planning and evaluation: The Concept Mapping Policy Delphi [J]. International Journal of Forecasting, 2011, 27 (1): 152-165.

[81] 晋琳琳, 李德煌. 科研团队学科背景特征对创新绩效的影响——以知识交流共享与知识整合为中介变量 [J]. 科学学研究, 2012, 30 (1): 111-123, 144.

[82] 刘泽双, 杜若璇. 创业团队知识异质性、知识整合能力与团队创造力关系研究 [J]. 科技管理研究, 2018, 38 (08): 159-167.

[83] 王磊, 李翠霞. 团队特征对高校科研团队个体创造力影响的跨层次研究——以团队知识整合能力为中介变量 [J]. 软科学, 2016, 30 (9): 75-78.

[84] 张宝生, 张庆普. 基于耗散结构理论的跨学科科研团队知识整合机理研究 [J]. 科技进步与对策, 2014, 31 (21): 132-136.

[85] 杨映珊, 陈春花. 科研组织团队运作的应用研究 [J]. 科学学研究, 2002, 20 (2): 206-208.

[86] 邓修权, 康云鹏, 席俊锋, 白冰, 毛杨絮. 高校科研团队资源能力模型构建及其应用研究 [J]. 科学学研究, 2012, 30 (1): 102-110.

[87] 张喜爱. 高校科研团队建设和管理的几个问题 [J]. 技术与创新管理, 2007, 29 (5): 36-39.

[88] 汪应洛, 李勖. 知识的转移特性研究 [J]. 系统工程理论与实践, 2002 (10): 8

-11.

[89] 王铜安,赵嵩正,罗英. 知识转化灰箱模型与企业知识管理策略的研究 [J]. 科研管理, 2005, 26 (5): 86-89.

[90] 何炳祥. 知识整合在技术创新中的作用与实施 [J]. 广东行政学院学报, 2008, 20 (5): 83-85.

[91] 姜大鹏,赵江明,顾新. 知识链成员之间的知识整合 [J]. 中国科技论坛, 2010 (8): 121-125.

[92] Yang J. Knowledge integration and innovation: Securing new product advantage in high technology industry [J]. Journalof High Technology Management Research, 2005, 16 (1): 121-135.

[93] 何友,关欣,王国宏. 多传感器信息融合研究进展与展望 [J]. 宇航学报, 2005, 26 (4): 524-530.

[94] 彭冬亮,文成林,薛安克. 多传感器多源信息融合理论及应用 [M]. 北京: 科学出版社, 2010: 1-32.

[95] 黄晓瑞,崔平远,崔祜涛. 多传感器信息融合技术及其在组合导航系统中的应用 [J]. 高技术通讯, 2002 (2): 107-110.

[96] Esteban J., et al. A review of data fusion models and architectures: towards engineering guidelines [J]. Neural Computing & Applications, 2005, 14 (4): 273-281.

[97] 何友,王国宏,陆大金,彭应宁. 多传感器信息融合及应用 [M]. 北京: 电子工业出版社, 2007.

[98] 韩立岩,周芳. 基于D-S证据理论的知识融合及其应用 [J]. 北京航空航天大学学报, 2006, 32 (1): 65-73.

[99] 王志刚,吴追风,张瑞杰. 基于D-S证据理论的信息网络系统可生存性评价 [J]. 情报杂志, 2010, 29 (12): 80-82.

[100] 付家才,万遂. 基于D-S证据理论和BP神经网络的多传感器信息融合 [J]. 自动化与仪器仪表, 2011 (1): 22-24.

[101] 韦运杰,李扬. 基于D-S证据理论的电力客户满意度评价 [J]. 电力需求侧管理, 2010, 12 (6): 21-23.

[102] 田卫东,张建良. 证据理论与模糊距离不确定性信息融合方法 [J]. 计算机工程与应用, 2011, 47 (30): 148-151.

[103] 姜江. 证据网络建模、推理及学习方法研究 [D]. 国防科学技术大学, 2011.

[104] 郑登攀,党兴华. 基于社会网络分析的技术创新网络中创新主体中心性测量研究——对波纳西茨中心度的改进 [J]. 系统管理学报, 2010, 19 (4): 415-419.

[105] 臧得顺. 格兰诺维特的"嵌入理论"与新经济社会学的最新进展 [J]. 中国社会科学院研究生院学报, 2010 (1)：108 – 115.

[106] 郑海燕. 引文研究的发展 [J]. 国外社会科学, 1996 (6)：2 – 8.

[107] 张慧敏. 引文分析法的内涵及研究实证 [J]. 编辑学报, 2006 (S1)：174 – 177.

[108] 周红云. 社会资本：布迪厄、科尔曼和帕特南的比较 [J]. 经济社会体制比较, 2003 (4)：46 – 53.

[109] 姚福喜, 徐尚昆. 国外社会资本理论研究进展 [J]. 理论月刊, 2008 (5)：143 – 148.

[110] 郑莉. 比较社会交换理论与理性选择理论的异同——以布劳、科尔曼为例 [J]. 学术交流, 2004 (1)：108 – 113.

[111] 刘敏, 奂平清. 论社会资本理论研究的拓展及问题 [J]. 甘肃社会科学, 2003 (5)：96 – 99.

[112] Lin N. Building a Network Theory of Social Capital [J]. Connections, 1999, 22 (1)：28 – 51.

[113] 张维迎. 博弈论与信息经济学 [M]. 上海：上海人民出版社, 1996：398 – 440.

[114] Silvers R. The value of information in a principal-agent model with moral hazard：The ex-post contracting case [J]. Games and Economic Behavior, 2012, 74 (1)：352 – 365.

[115] Radner R. Monitoring Cooperatirve Agreements in a Repeated Principal-Agent Relationship [J]. Econometrica, 1981, 49 (5)：1127 – 1148.

[116] Rubinstein. Strong Perfect Equilibrium in Super Games [J]. International Journal of Game Theory, 1980 (9)：1 – 12.

[117] Fama, Eugene F. Agency Problems and the Theory of the Firm [J]. Journal of Political Economy, 1980, 88 (2)：288 – 307.

[118] Pau, L. F. Sensor data fusion [J]. Journal of Intelligent and Robotic Systems, 1988, 1 (2)：103 – 116.

[119] 王耀南, 李树涛. 多传感器信息融合及其应用综述 [J]. 控制与决策, 2001, 16 (5)：518 – 522.

[120] 郭强, 关欣, 曹昕莹, 张政超, 何友. 知识融合理论研究发展与展望 [J]. 中国电子科学研究院学报, 2012, 7 (3)：252 – 257.

[121] 赵黎明, 刘贺平, 张冰. 多源信息融合技术及其工业应用 [J]. 自动化仪表, 2010, 31 (9)：1 – 5.

[122] Moorman C., Rust R. T. The role of marketing [J]. Journal of Marketing, 1999, 63 (4)：180 – 198.

[123] Anand V., Clark M., Zellmer-Bruhn A. Team knowledge structures：Matching task to

information environment [J]. Journal of Managerial Issues, 2003, 15 (1): 15 – 31.

[124] 文庭孝, 汪全莉, 王丙炎, 周永红. 知识网络及其测度研究 [J]. 图书馆, 2009 (1): 1 – 6.

[125] 刘则渊, 陈悦, 侯海燕. 科学知识图谱方法与应用 [M]. 北京: 人民出版社, 2008: 3 – 28.

[126] 林聚任. 社会网络分析: 理论、方法与应用 [M]. 北京: 北京师范大学出版社, 2009: 41 – 103.

[127] 庞景安. 科学计量研究方法论 [M]. 北京: 科学技术文献出版社, 2002: 145.

[128] 姚清耘, 刘功申, 李翔. 基于向量空间模型的文本聚类算法 [J]. 计算机工程, 2008, 34 (18): 39 – 41, 44.

[129] 宋昊苏, 李宁, 张伟. VSM 模型在文档结构识别中的应用 [J]. 北京信息科技大学学报 (自然科学版), 2011, 26 (6): 66 – 69, 75.

[130] 赵蓉英, 邱均平. 知识网络研究 (Ⅰ): 知识网络概念演进之探究 [J]. 情报学报, 2007, 26 (2): 198 – 209.

[131] http://baike.baidu.com/view/3461258.htm.

[132] Ding Y., Chowdhury G. G., Foo S. Bibliometric cartography of information retrieval research by using co-word analysis [J]. Information Processing and Management, 2001, 37 (6): 817 – 842.

[133] Khan G. F., Moon J., Park H. W. Network of the core: mapping and visualizing the core of scientific domains [J]. Scientometrics, 2011, 89 (3): 759 – 779.

[134] 孔金生, 李文艺. 基于模糊集合的证据理论信息融合方法 [J]. 计算机工程与应用, 2008, 44 (20): 152 – 154.

[135] 周洁敏, 韩静, 肖纪立. 利用数据融合来解决目标识别问题 [J]. 吉林工业大学自然科学学报, 2001 (4): 69 – 72.

[136] 万继宏, 刘后铭. 一种高性能目标识别融合算法 [J]. 电子科技大学学报, 1995, 24 (2): 137 – 142.

[137] 王伟. 信息计量学及其医学应用 [M]. 北京: 人民卫生出版社, 2009.

[138] 邢清华, 刘付显. 直觉模糊集隶属度与非隶属度函数的确定方法 [J]. 控制与决策, 2009, 24 (3): 393 – 397.

[139] 邢清华, 刘付显. 空袭目标类型的模糊识别与聚类研究 [J]. 系统工程理论与实践, 2004 (6): 139 – 143.

[140] Robin R. Murphy, Ronald C. Arltin. SFX: An Architecture for Action-Oriented Sensor Fusion [C]. Proceedings of the 1992 IEEE/RSJ International Conference on Intelligent Ro-

bots and Systems, July 7 – 10, 1992.

[141] 曾德明, 成春平, 禹献云. 产业技术创新战略联盟的知识整合模式研究 [J]. 情报理论与实践, 2012, 35 (4): 29 – 33.

[142] 陈静. 基于过程视角的知识整合能力形成机理 [J]. 科技管理研究, 2010, 30 (22): 186 – 189.

[143] 于海云. 内外资企业间员工流动与内资企业的知识整合机制研究——基于外资企业衍生内资企业的视角 [J]. 科学学与科学技术管理, 2012, 33 (7): 160 – 170.

[144] 戴勇, 朱桂龙, 肖丁丁. 内部社会资本、知识流动与创新——基于省级技术中心企业的实证研究 [J]. 科学学研究, 2011, 29 (7): 1046 – 1055.

[145] 刘臣, 张庆普, 单伟, 刘岩芳. 学科知识流动网络的构建与分析 [J]. 情报学报, 2009, 28 (2): 257 – 265.

[146] Yu G., Wang L. The self-cited rate of scientific journals and the manipulation of their impact factors [J]. Scientometrics, 2007, 73 (3): 321 – 330.

[147] Rousseau R. Temporal differences in self-citation rates of scientific journals [J]. Scientometrics, 1999, 44 (3): 521 – 531.

[148] 王开明. 团队生产与团队协调——企业知识理论与主流企业理论的比较、综合与发展 [J]. 经济评论, 2002 (6): 106 – 110.

[149] Katz J. S., Martin B. R. What is research collaboration? [J]. Research Policy, 1997, 26 (1): 1 – 18.

[150] 欧阳莹之. 复杂系统理论基础 [M]. 上海: 上海科技教育出版社, 2002: 1 – 39.

[151] 张鹏程, 彭菡. 科研合作网络特征与团队知识创造关系研究 [J]. 科研管理, 2011, 32 (7): 104 – 112.

[152] 闫相斌, 宋晓龙, 宋晓红. 我国管理科学领域机构学术合作网络分析 [J]. 科研管理, 2011, 32 (12): 104 – 111.

[153] 张自立, 张紫琼, 李向阳. 基于2-模网络的科研单位和关键词共现分析方法 [J]. 情报学报, 2011, 30 (12): 1249 – 1260.

[154] 沙勇忠, 牛春华. 信息分析 [M]. 北京: 科学出版社, 2009.

[155] 邱均平. 信息计量学 [M]. 武汉: 武汉大学出版社, 2007: 397 – 427.

[156] 许振亮. 50 年来国际技术创新研究的可视化计量分析——基于作者共被引分析视角 [J]. 科研管理, 2011, 32 (5): 17 – 28.

[157] Hanneman R. A., Riddle M. Introduction to social network methods [M/OL]. [2012 – 09 – 13]. http://faculty.ucr.edu/~hanneman/nettext/.

[158] 罗家德. 社会网分析讲义 [M]. 北京: 社会科学文献出版社, 2010: 227 – 229.

[159] 邱均平, 王菲. 基于 CSSCI 的国内情报学领域作者共被引分析 [J]. 情报学报, 2012, 31 (1): 104 – 112.

[160] Scott J. Social Network Analyis: A Handbook [M]. London: Sage Publications Ltd, 2000: 63 – 81.

[161] 朱亚丽, 徐青, 吴旭辉. 网络密度对企业间知识转移效果的影响——以转移双方企业转移意愿为中介变量的实证研究 [J]. 科学学研究, 2011, 29 (3): 427 – 431.

[162] Latora V., Marchiori M. Economic small-world behavior in weighted networks [J]. The European Physical Journal B, 2003, 32 (2): 249 – 263.

[163] Nagurney A., Qiang Q. A Network Efficiency Measure for Congested Networks [J]. Europhysics Letters, 2007, 79 (3): 1 – 5.

[164] Wasserman S., Faust K. Social Network Analysis: Methods and Applications [M]. New York: Cambridge University Press, 1994: 192 – 219.

[165] Borgatti S. P. Centrality and network flow [J]. Social Networks, 2005, 27 (1): 55 – 71.

[166] 熊焰, 李杰义. 网络结构、知识整合与知识型团队绩效关系研究 [J]. 研究与发展管理, 2011, 23 (6): 8 – 16.

[167] Everett M. G., Borgatti S. P. Categorical attribute based centrality: E-Iand G-F centrality [J]. Social Networks, 2012, 34 (4): 562 – 569.

[168] Soffer S. N., Vázquez A. Network clustering coefficient without degree-correlation biases [J]. Physical Review E, 2005, 71 (5): 057101.

[169] Newman, M. E. J. The structure and function of networks [J]. Computer Physics Communications, 2002, 147 (1 – 2): 40 – 46.

[170] 何大韧, 刘宗华, 汪秉宏. 复杂系统与复杂网络 [M]. 北京: 高等教育出版社, 2009: 127 – 130.

[171] Nonaka, I. Redundant, overlapping organization: a Japanese approach to managing the innovation process [J]. California Management Review, 1990, 32 (2): 27 – 38.

[172] Tiwana A, McLean E. R. Expertise integration and creativity in information systems development [J]. Journal of Management Information Systems, 2000, 22 (1): 13 – 43.

[173] 柯江林, 孙健敏, 石金涛, 等. 企业 R&D 团队之社会资本与团队效能关系的实证研究 [J]. 管理世界, 2007 (3): 89 – 101.

[174] 谢洪明, 陈盈, 程聪. 网络密度、知识流入对企业管理创新的影响 [J]. 科学学研究, 2011, 29 (10): 1542 – 1548, 1567.

[175] 任胜钢, 吴娟, 王龙伟. 网络嵌入结构对企业创新行为影响的实证研究 [J]. 管理工程学报, 2011, 25 (4): 75 – 80.

[176] Portes A. Social Capital: its Origins and Applications in Modern Sociology [J]. Annual Review of Sociology, 1998, 24 (1): 1 – 24.

[177] Granovetter M. Economic Action and Social Structure: the Problem of Embeddedness [J]. American Journal of Sociology, 1985, 91 (3): 481 – 510.

[178] Portes A. Economic Sociology: a systematic inquiry [M]. Princeton: Princeton University Press, 2010.

[179] 陆立军, 郑小碧. 企业网络化创新的创新网络——社会资本研究框架 [J]. 科研管理, 2011, 32 (8): 34 – 41.

[180] 李贞, 杨洪涛. 吸收能力、关系学习及知识整合对企业创新绩效的影响研究——来自科技型中小企业的实证研究 [J]. 科研管理, 2012, 33 (1): 79 – 89.

[181] 吴明隆. 结构方程模型——AMOS 的操作与应用 [M]. 重庆: 重庆大学出版社, 2010: 2 – 30.

[182] 刘慧. 基于 PLS-SEM 的中国高等教育学生满意度测评研究 [D]. 江苏大学, 2011: 98 – 106.

[183] Liang H., Saraf N., Hu Q., Xue Y. Assimilation of enterprise systems: the effect of institutional pressures and the mediating role of top management [J]. MIS Quarterly, 2007, 30 (1): 59 – 87.

[184] Anderson J. C., Gerbing D. W. Structural Equation Modeling in Practice: A Review and Recommended Two-Step Approach [J]. Psychological Bulletin, 1988, 103 (3): 411 – 423.

[185] 叶强, 方安儒, 鲁奇, 李一军. 组织因素对 ERP 使用绩效的影响机制——基于中国数据的实证研究 [J]. 管理科学学报, 2010, 13 (11): 77 – 83.

[186] Rosenzweig E. D. A contingent view of e-collaboration and performance in manufacturing [J]. Journal of Operations Management, 2009, 27 (6): 462 – 478.

[187] Kumar G., Banerjee R. N. Collaboration in supply chain: an assessment of hierarchical model using partial least squares (PLS) [J]. International Journal of Productivity and Performance Management, 2012, 61 (8): 897 – 918.

[188] Youn S., Yang M. G. (Mark), Hong P. Integrative leadership for effective supply chain implementation: An empirical study of Korean firms [J]. International Journal of Production Economics, 2012, 139 (1): 237 – 246.

[189] 王颖, 彭灿. 知识异质性与研发团队知识创新绩效——以共享心智模型为中介变量 [J]. 情报杂志, 2011, 30 (1): 58, 113 – 116.

[190] 武欣, 吴志明. 基于共享心智模型的团队知识管理研究 [J]. 研究与发展管理, 2006, 18 (3): 9 – 15.

[191] Nonaka I., Takenchi R. The knowledge-creating company [M]. New York: Oxford University Press, 1995.

[192] 朱鲁秀, 程盟. 外汇储备对名义产出与物价的影响: 动态特征与经济解释 [J]. 管理评论, 2010, 22 (5): 20-28.

[193] 拉斯姆森. 博弈与信息 [M]. 北京: 中国人民大学出版社, 2009.

[194] Kreps D. M. Intrinsic Motivation and Extrinsic Incentives [J]. The American Economic Review, 1997, 87 (2): 359-364.

[195] 蒲勇健, 赵国强. 内在动机与外在激励 [J]. 中国管理科学, 2003 (5): 95-100.

[196] Gibbons. Incentives and Careers in Organizations. [EB/OL] [04-01-2011]. http://www.nber.org/papers/w5705.pdf.

[197] Lazear. Performance, Pay and Productivity. [EB/OL] [04-05-2011]. http://dse.univr.it/zago/documents/MicroMath/Spunti/Lazear_pay.pdf.

[198] Kohn A. Why Incentive Plans Cannot Work. [EB/OL] [05-05-2011]. http://www.pda.ethz.ch/education/hs2011/351-0729/111103Kohn.pdf.

[199] London A. The impact of intrinsic and extrinsic motivation on job choice in Generation Y [C]. 4thAnnual Siena College Student Conference in Business, April 17, 2009.

[200] 田雨洋. 期望效用理论在企业风险投资决策中的运用 [J]. 财会通讯, 2011 (5): 12-13.

[201] 龚云雷. 期望效用理论的确定性等价方法 [J]. 数量经济技术经济研究, 2005 (04): 31-42.

[202] 陈柏福. 国有企业经营者的市场声誉模型研究 [J]. 财经理论与实践, 2007 (2): 103-107.

[203] 孙世敏, 王昂, 贾建锋. 基于价值创造和动态基础薪酬的经营者激励机制研究 [J]. 中国管理科学, 2011, 19 (5): 153-159.

[204] 王勇, 徐鹏. 考虑公平偏好的委托模式融通仓银行对3PL激励 [J]. 管理工程学报, 2010, 24 (1): 95-100.

[205] 李福华. 论科学研究中的委托代理问题及制衡机制 [J]. 科学学与科学技术管理, 2002 (8): 33-35.

[206] 陈通, 吴勇. 信任视角下研发外包知识转移策略 [J]. 科学学与科学技术管理, 2012, 33 (1): 77-82.

[207] 吴联生, 林景艺, 王亚平. 薪酬外部公平性、股权性质与公司业绩 [J]. 管理世界, 2010 (3): 117-126.

[208] 国家自然科学基金委员会数理科学部. 数理科学部2006—2008年度结题的国家杰

出青年科学基金资助项目成果简介［J］. 中国科学基金, 2009（6）: 343-352.

［209］刘思峰, 朱建军, 党耀国, 谢乃明, 王业栋, 郭本海, 赵强强. 科研经费中劳务费偏低问题亟待解决——提高我国科研经费使用效率问题研究专题之一［A］. 中国科学技术协会学会学术部. 2010 中国科协调研动态汇编, 2010: 202-204.

［210］D. 普赖斯（著）, 宋剑耕, 戴振飞（译）. 小科学, 大科学［M］. 北京: 世界知识出版社, 1982: 80-100.

［211］Jackson M. O., Watts A. The Evolution of Social and Economic Networks［J］. Journal of Economic Theory, 2002, 106（2）: 265-295.

［212］Watts A. A Dynamic Model of Network Formation［J］. Games and Economic Behavior, 2011, 34（2）: 331-341.

［213］Harkins A. Team Incentives in Networks［Z］. http://www2.warwick.ac.uk/fac/soc/economics/pg/current/phd_programme/upgrade_presentatins/team_incentives_in_networks.pdf.

［214］徐德斌, 胡石, 张震宇. 图书馆个性化服务绩效评价初探［J］. 情报科学, 2011, 29（2）: 191-194.